JN214076

# 中世公武新制の研究

佐々木文昭著

吉川弘文館

# 目次

史料集・刊本からの引用や出典の表記については、主として以下のようにした。

＊『新訂増補国史大系』・『大日本古記録』・『史料纂集』・『増補（正・続）史料大成』によったものは、刊本に関する注を略した。また『増補（正・続）史料大成』と『大日本古記録』又は『史料纂集』とが重複している場合は後者によった。

❶新訂増補国史大系

『日本書紀』・『本朝世紀』・『日本紀略』・『百練抄』・『扶桑略記』・『帝王編年記』・『続史愚抄』・『延喜式』・『新抄格勅符抄』・『類聚符宣抄』・『続左丞抄』・『別聚符宣抄』・『政事要略』・『類聚三代格』・『朝野群載』・『本朝文粋』・『吾妻鏡』・『公卿補任』・『尊卑分脈』

❷大日本古記録

『貞信公記』・『九暦』・『御堂関白記』・『小右記』・『後二条師通記』・『殿暦』・『中右記』・『猪隈関白記』・『民経記』・『深心院関白記』・『実躬卿記』・『後愚昧記』・『建内記』

❸史料纂集

『吏部王記』・『権記』・『台記』・『明月記』（未刊部分は国書刊行会本を使用）・『葉黄記』・『公衡公記』・『花園天皇宸記』・『園太暦』・『師守記』・『国史館日録』・『福智院家文書』

❹増補史料大成（正・続）

『歴代宸記』・『花園天皇宸記・伏見天皇宸記』・『権記』・『左経記』・『春記』・『中右記』・『長秋記』・『兵範記』・『平知信朝臣記』・『台記』・『山槐記』・『吉続記』・『三長記』・『平戸記』・『妙槐記』・『勘仲記』・『春日社記録』・『土右記』・『玉英記抄』・『愚管記』・『鎌倉年代記裏書』・『永仁三年記』

＊『玉葉』は、主として宮内庁書陵部編『圖書寮叢刊』本を用い、未刊分については国書刊行会本を使用した。

＊右記以外の史料集・刊本からの引用については、そのつど又は末尾の注記のなかで記した。

＊竹内理三氏編『平安遺文』・『鎌倉遺文』所収文書を注記する場合は、それぞれ『平』・『鎌』と略した。

# 序章

## 1

中世の法形式の一つである新制については、朝廷が公布した公家新制、鎌倉及び室町幕府による武家新制、そして寺院が発布していた寺家新制という、三種が知られている。なかでも公家新制は、平安中期から南北朝期までという長期間にわたり発布され続けた。各新制の条文は、それぞれの時期の朝廷の政治方針を示すとして、政治史・社会経済史はもとより広い分野において注目されており、またその研究は大きな成果をあげてきた。これに対して武家新制と寺辺（家）新制については、必ずしも十分な検討が行われてきたとは言い難い状況に置かれている。本書は、このうち公家新制及び武家新制を主たる対象としつつ、新制という法形式のもつ歴史的意義を考察することを目標とする。

その研究史については、既に稲葉伸道氏による、簡にして要を得た整理があるが[1]、その後の論考も含めてみていくことにする。但し長い歴史を持つ公家新制については、個々の新制に着目した論考が枚挙に遑がないほどの蓄積がある。必要な限り本文中で触れることとし、ここでは新制全般に関わる著書・論文に限定したい。

公家新制研究の出発点に位置するのは、三浦周行氏の「新制の研究」[2]である。三浦氏は公家新制について、宣旨の系統に属し、「もと旧符、先符の対称なること『自今以後全守旧符、莫違新制』といふが如き文に徴して知らるべし。後世に於ては、専ら衣服調度の奢侈（過差）に流るゝを禁ずる一種の倹約令を指」すが、「必ずしも此一事に局限せられしにあらず」と指摘する。そのうえで新制の変遷過程を、平安期・鎌倉前中期・同後期から南北朝期という、三期に分けて解説した。なかでも第二期に相当する鎌倉時代の前中期に発布された新制については、新発掘を含めて豊富に史料を提示しつつ各条文に解説を加えた。氏は、鎌倉幕府との関わりについても、新制を幕府に伝達していたことと御成敗式目以下の武家新制の条文にも影響を与えていたことなどに言及している。[3]しかし、新制の定義についていえば、他の法令との相違という面で曖昧さを残した。第一期については保元元（一一五六）年閏九月二十三日発布の法令などごく一部を論ずるのみで、平安時代に触れるところは少なかった。また各新制の政治史的意義についても言及されていない。

三浦氏の研究を飛躍的に発展させたのが、水戸部正男氏の著書『公家新制の研究』[4]である。水戸部氏は、法形式上の特徴として、(1)発布者（天皇又は院）の制定への意志が明瞭に認められる点で他の法令と異なること、及び(2)多くの場合、複数の条文で発布されていることの二点を挙げる。次いで内容上では、(3)禁制法的性格が強いこと、(4)身分を過ぎた奢侈を意味する過差という語が使用されていることからも明らかとなるように、法の主たる対象者が下級官人であったことなどに、新制の法としての特色を求めた。そして天暦元（九四七）年を嚆矢としてそれ以降制定されていくとした。しかしながら、後述する稲葉氏が指摘しているように、これらの四点は必ずしも新制のみの特徴を示すとはいえず、依然新制とは何かという基本的問題は残された。また三浦氏と同様に、史的意義を論ずるところも少ないと言わざるをえない。氏の本領が発揮されているのは、三浦氏の研究では手薄の感があった平安時代の新制史料を発掘しつつ、平安・鎌倉時代の新制条文に、公家・武家を問わず詳細な解釈を施したことにある。さらに前後の新制の「継承」関係を指摘し、かつ不明とされていた条文を推定しながら、多数の関連史料にも論及した。新制研究にとっては必携の書であり、ここに公家新制研究の基礎が確立されたといえる。その後の新制研究は本書を含めて水戸部氏の業績を出発点としているといっても過言ではない。

稲葉氏「新制の研究」[5]は、新制を徳政との関連で捉えようとした論文である。この論文中で同氏は公家新制について、①十二世紀初め頃から天変などを契機に徳政策の一環として発布されていたこと、②国家統治という面と朝廷の内部規律という二つの側面を持つこと、③天皇の勅旨に基づく点に重要性があること、④施行文書である宣旨・官符・官牒・官宣旨・院宣等には個々の役割があること、⑤関東（武家）新制との関連、という主に五点に考察を加えた。ここに新制の発布契機や制定過程、伝達方式などが明確となった。特に⑤については、当初の「武家新制が公家新制の伝達施行の段階から、鎌倉中期になると独自に発布するようになること。武家新制の発布の主体は、基本的には将軍にあり、頼経・宗尊将軍期に確認できるが、やがて北条氏得宗に移行すると思われる」と指摘するなど、手薄の感があった武家新制の輪郭を明らかにしたのは、本書の視角からすると特に注目すべき視点である。しかしながら論文の性格上、各公家新制の歴史的意義への論及は少なく、また関東新制についても発布主体を中心としての考察となったため、新制条文の分析が残されたのはやむをえないところであった。

このように、公武の新制についての研究は着実に進展してきたとはいえるが、包括的な論文は以上に尽きるのであり、必ずしも多いとはいえないのが現状である。また稲葉氏の研究以後は、全体像を明らかにすることを意図した論考も発表されていない。そこで次に、時代を限った研究を振り返っておきたい。

平安時代についての注目すべき論文として、保立道久氏による一連の研究[6]がある。保立氏は、公家新制を「王権の法、国家の法」と理解する。そのうえで特に平安時代の特徴を、天皇の代替わりに発布される法という点に求めた。即ち天皇＝王の代替わりには、国家統治法の「維新」として、新制が公布されたとする。なかでも花山天皇の代始めに発布された諸法令を寛和新制（九八五〜八七年）と捉えてその重要性を説いた。この時代の新制の主要項目とされてきたものに荘園整理令がある。五味文彦氏は、この法令が天皇即位と連動して、代始めに発布されていたと指摘した[7]。

両氏の見解は、新制が徳政の一環であるとの解釈では稲葉氏とも共通するが、その発布契機として従来からの天変・三合の厄いを避けるためなどとの見方に、新たに代替わり＝代始め徳政とする理解が加わったことになる。

　平安時代後期の新制として、最も著名なのが保元元年の法令である。この新制に言及した論文は多数にのぼるが、この新制を含めて当該時期の新制を概括した論考に棚橋光男氏の「院権力論」(8)がある。保元元年から建久二（一一九一）年までの新制条文に分析を加えて、公家新制は、①政治権力の所在の明示、②職の体系・身分体系の整序、③京都市中法の策定、④軍事統率権の「院＝天皇」権力による観念的掌握とその部門への委任、という四つの性格を持つとする。なかでも建久二年新制は、この時期の新制の集大成としての意義があると指摘した。同論文は公家新制の分析を基礎に、後白河院政期の政治史的意義の考察を行った。下郡剛氏は、棚橋氏と同様に後白河院政期を中心に公家新制に検討を加えた。そのなかで当初は荘園整理を主眼として新制は発布されていたが、治承年間（一一七七〜一一八一）以降になると徐々に過差禁制が主要な項目となっていくとした。またこの禁制については、摂関政治期まで遡りつつ史料を博捜しながら、その歴史的意義の変遷を追い、当初は攘災の法としての側面が強かったが、この時期になると政策基調を示すようになり、禁令の性格に変化がみられると指摘している(9)。両氏の論考にみるように、政治的意義の考察に踏み込むまでに深化しつつあり、この時期の新制については最も研究が進展している。

　鎌倉時代の公家新制については、個々の新制または各新制の条文に言及した論考が多く発表されている。なかでも訴訟関係の条文を対象とした研究(10)は着実に進んできた。しかしながらこの時代全般に関わる考察は、既に触れた三浦氏以下の三論文にほぼ限られると言わざるをえない。そのなかで鎌倉時代中後期の新制史料の紹介を中心とした小品ではあるが、後藤紀彦氏「『田中本　制符』(11)」は見逃せない。後藤氏は、標題に示される田中勘兵衛氏旧蔵の「制符」に厳密な校訂を加えつつ翻刻した。従来知るところのなかった弘長元（一二六一）年及び弘安二（一二七九）年・同八年の各新制の、それぞれ一部とはいえ条文内容が初めて明らかとなった。通説の修正を迫る指摘を随所に行うなど、貴重な業績である。羽下徳彦氏「領主支配と法」[12]は、新制の「性格」に着目した論文である。羽下氏は、特に建久二年・寛喜三（一二三一）年・弘長三年を取り上げて、支配者である朝廷の占める位置の変遷を考察した。そして、新制には全国的支配者としての統治の法と、支配者たる朝廷内部の規律との二面がある。前者は荘園整理的な、即ち国衙・本所段階での土地領有秩序の画定を主とし、これは鎌倉初期までは明示されるがやがて後退し、かわって限定された範域内での支配の公正と内部規律の維持が強調される。

と総括した。この論稿で初めて、新制を鎌倉時代政治史のなかに捉えようとする試みがなされた。ここに公家新制の研究は、新たな段階に入ったといえよう。また羽下氏は、同論考のなかで弘長元年に鎌倉幕府が発布した関東新制の条文を分析して、公家新制の系譜を引く条項とそれ以外の幕府独自の条項とに分け、後者における撫民の論理にその特徴を見いだしつつ、「幕府法は新制という形で公家法を受容しながら、その中に武士集団の基本律を立てることによって独自性を主張」したと指摘した。このように同氏は、公武両者の新制に目配りしながら、制定者の論理を明らかにしたのである。ただその後も鎌倉幕府が発令した関東新制については、著名な永仁五（一二九七）年の徳政令を除くと、専論はほとんどないといってよい状況にあり、実態の究明は未解明なまま残されてきた。そのなかで五味氏は、関東新制の発布契機が代替わりに多いことを指摘[13]したことは注目される。

鎌倉時代の後期以降南北朝期になると、三浦氏以外には、新制を直接扱う研究は皆無に近い状態が続いており、わずかに訴訟関係に触れた論考[14]がみられる程度となる。

本書で扱うところの新制とは、いかなる意味をもつ用語だったのであろうか。本論に入る前に、この点を簡単に触れておきたい。

## 2

公布の契機から検討していくことにする。稲葉氏が明確にしたように[15]、(1)天変地異、(2)辛酉革命、(3)三合、などをきっかけとする災異を避けるための徳政策の一環という意図をもって新制は発布されていたと考えられる。(1)の例として、寛喜三年公布の新制を取り上げる。結論を先に言えば、この新制は前年秋の「大風」に始まった飢饉による、社会的混乱の鎮静化を図るために発布されていたと思われる。その根拠を述べておこう。同年五月三日に、関白九条道家より「去年異損之間、今年飢饉死骸充満由、所驚聞食也」との仰せがあり[16]、「於殿下天下飢饉事内々有評定」りと、議定が行われた[17]。この評定はさらに同月十日・十二日と継続されたが、『民経記』十二日条には「倹約事有評定」りとの記事がある。この評定について『洞院摂政記』は、

又新制之間事、有沙汰。予(九条教実)、内府(西園寺実氏)已下人々内々定之。超過于前々、殊可有試沙汰云々[18]。

と記していた。即ち、『民経記』でいう「評定」は、新制の篇目を定めるために行われていたことが明らかとなる。ここで審議されている新制は当然「天下飢饉」と、それのもたらす社会的混乱に対処することを目的としていたと判断される。従って、この新制の条文には、飢饉を意識する姿勢が色濃く現われていた。例えば、第一条には多くの新制同様に「可如法勤行諸社祭礼年中神事等事」を配しているが、事実書中に他の同種条文にはみられない、

広瀬・龍田之祠者、大忌風神之祭、又守其厳粛、殊可催行。至徳所感、通於神明、然間、寒暑克調、風雨有節者歟[19]。

(傍点筆者、以下本書では特に断らない限り筆者とする)

との文言があり、「大風」により始まった飢饉を明らかに意識している。またこの新制は、現存新制中、最も詳細な過差禁令＝「倹約事」が規定されていたが、その理由の一端も発布の動機に求めうるであろう。

さて天変と新制との関係についてみると、『玉葉』安元三（一一七七）年三月七日条には、

全経之所判、天変有二義。一者、変異先星、禍福後顕、是必然而不感。一者、変異不可必果成。所以何者、為使君施治政、為使臣謁忠節、以棄悪取善之謀、天示之。因之聖主施徳政、変早退也。以此説為勝。

という記事がある。天変とは、天が「棄悪取善」ることを要求することと当時考えられていた。これにより天変が発生すると朝廷内では徳政が審議されることになり[20]、その一環として新制を公布していたと思われる。天変を契機として発布された新制は多いが、そこにはこのような背景があったのである。

次に(2)の辛酉革命についても触れておきたい。辛酉年は鎌倉時代では、建仁元（一二〇一）年、弘長元年、元亨元（一三二一）年の三度であった。このうち弘長元年及び元亨元年については、公家新制の発布が確認される。順を違えて後者の場合から考察する。『万一記』元応二（一三二〇）年五月十四日条[21]は、この日後宇多上皇の御所で評定が開催されていたことを伝える。その席上で上皇は、「勅定曰、政道事大綱、当時簡要公事用途等事可定申」しと、政道の「大綱」を定めることを指示した。これに対して記主万里小路宣房は、

予申云、政道事、誠者天之道也。自誠而明曰聖、自明而誠曰賢、聖賢之道誠之外無他。代々制符無其実無益歟。今年一蔀之終也。明年辛酉也。当革命殊施徳化、可被攘其災歟。神事・仏事・任官・文学・雑訴・南都北嶺嗷訴等、被定条々篇目、而真実可被遵行也。（中略）所詮四十余篇目必可被遵行也。

と所信を述べた。彼は当時の新制が「無其実無益」しと実効性に欠けた存在となっているとして、神事以下「真実」の遵業を求めての政策提案を行っている。宣房の発言は「明年辛酉也。当革命殊施徳化、可被攘其災歟」と、翌年が

辛酉年にあたることを強く意識しての提言であったが、後宇多上皇が諮問を行ったこと自体、この点を踏まえていた可能性がある。さてその後徳政の篇目が定められ、後日と推測されるが、評定衆による詳細の注進が行われた。翌年正月に至って漸く神事以下の条項を決定し[22]、四月に入って官宣旨などで新制が公布された[23]。

弘長元年の場合についても、その前年の段階で『妙槐記』文応元（一二六〇）年四月十二日条には、

　去年閑院皇居焼亡、今年仙洞焼亡、連年火災尤可恐々々。辛酉之運在近々故歟。上下不慎可悲々々。

との文言があり、記主藤原（花山院）師継は皇居及び仙洞の火災という災害の原因を、辛酉年が近づいてきたことと結びつけていた。『経俊卿記』正元元（一二五九）年四月十九日条には、日吉社造営の審議のなかで「徳政事辛酉在近、其時□□（可有カ）沙汰歟、此条々可仰合之由被仰下」るとの記事[24]がある。朝廷内では、二年前という時点で最早辛酉年を強く意識していたことになろう。これが徳政と結合されて弘長元年新制の発布に繋がっていた。以上の例に見るように、辛酉年には徳政を実施しなければ、災異などに見舞われる危険性が高いと認識されていたのであり、廷臣層にとっては徳政への期待感ともなっていたと思われる。

　このように新制は、朝廷による支配を動揺させるような、諸々の事象に対処することを意図して発布されていたのである[25]。朝廷にとって危険な徴候に対処するために、旧来の政治方針を改めて、新しい政治規範を作成するという意味が、新制には込められていたのではなかろうか。ここに、「新」の意味があろう。

　なお新制は口宣案を基として、その施行文書として太政官発給文書である太政官符ないし官宣旨・官牒などの様式で公布されていたことに注目しておきたい[26]。多くの新制が口宣案として残されている故に、従来の研究ではともすれば天皇あるいは治天の君としての院の意向を強調しすぎるきらいがあるように思う。この点は条文作成の手続きを検討するとさらに明瞭となる。記録類などにより新制の制定過程をみていくと、廷臣による議定の存在が重要な役割を

果していた。寛喜三年の新制では、先述のように、九条道家が主導権を握り審議を進めていた。この事情は、延応二（一二四〇）年や寛元三（一二四五）年の新制でも同様であり、廷臣達は条項をめぐり様々な議論を行っていた。このような関係が後世になって『建内記』中の、

抑徳政之号者、被施皇化古来之通称也。被召意見於諸人令切磋、其中被定新制事也。[27]

という文言となって反映される。さらに、口宣案や施行文書の文言からすると、新制は申請雑事を含まないことも指摘できる。太政官の発議ないしは時の権勢者の意向が、新制発布の要因をなしていたと思われる。[28]

ところで「制」とは、奈良・平安期ではいかなる意味をもつ用語だったのだろうか。周知のとおり中国では、「王言之制、有七」りとして、その二つめに「制書」[29]を定める。制書は、「一般行政に関する皇帝の意思表現であり」、「軍国の重事に関して立法・施行」されるものと中国では考えられていた。[30] しかしながら朝廷内においては、「制」の語は当初から天皇の意志に限定的に使用されていたとはいえない。[31] 山田英雄氏は、奈良時代に時期を絞りつつ「制とは当時の行政の施行上の細目を規定した」ものであると論じている。[32] また、『六国史』における「制」を検討された早川庄八氏は、制が①詔または勅、②奉勅を経る法令（論奏型・奏事型）、③奉勅を経ない法令（太政官宣型・太政官処分型）、の三種の様式を取り定立されていたと指摘していた。[33] 両氏の成果により、奈良・平安初期における制の語は、中国とは異なり、無限定に使用されていたのは確実である。但し早川氏が、その後になって「唐風文化の模倣」により、制の語には中国的意味（皇帝の命）が付与されていくと論じてもいる点[34]に注目しておきたい。公家新制という際の「制」は、中国でいう「制、天子之言」（『正字通』）と直接的に結びつくものではないように思える。というのは、既述したように、平安末・鎌倉期の新制では、制定過程における廷臣の役割や施行文書の様式などを重視すべきであると考えるからである。新制の「制」の語は重事に関して立法・施行するという面では中国の観念を受け継ぎつつ、

「釐革旧政」するものとして認識されていたのではなかろうか。[35] 以上のような「新」と「制」それぞれの意味から、新制は、朝廷による支配が動揺した時、あるいは動揺を与えると予測しうる事象が生じた時に、その克服を意図して新たな政治方針を表明する手段の一つとして発布されていたのではなかろうか。このように法として新制の性格を捉えつつ、本書での考察を進めていきたい。

**3**

最後に、本書の構成と既発表論文との関連について述べておきたい。

序章は新稿だが、第2項については既発表論文となる第一部第四章の「はじめに」をもとにした。

第一部は、朝廷発布の過差新制及び公家新制について、平安時代中期から南北朝期にかけて時代順に考察を進めるなかで、その全容を明確化することを目的とした論稿で構成した。

第一章では、平安時代中・後期の公家新制において主要な条項を占めた過差関係条文について、史料の発掘を行いつつ、その歴史的意義を検討する。また中世につながる新制の出発点に関する水戸部説を再検証することも課題とした。本書に収載するにあたり、史料を追加し、また法の制定から執行に至る過程の叙述などを加筆した（初出は『北海道武蔵女子短期大学紀要』二四号、一九九二年）。

第二章では、同じく平安時代中後期の新制について、過差禁制と荘園整理令の意義を追うなかで、徳政の一環としての新制の位置付けを考える（初出は佐伯有清氏編『日本古代の社会と政治』吉川弘文館、一九九五年）。

第三章は、平安末期から鎌倉時代初期の新制に考察を加える。この時期については、最も研究が進展している。しかしながら不明な条文があり、また発布時期などについても再検討の余地を残している。これらの問題に言及しつつ、各条文の意義などを明らかにしたい（初出は『北大史学』一九号、一九七九年）。

第四章が対象とする鎌倉時代の新制は、三浦・後藤両氏などにより、史料的な面についてはほぼ明らかにされてきた。そこで本章では、幾つかの条文に絞りつつ、朝廷の政策基調を考察する。弘長三年新制については特に節を設けてその歴史的意義を検討した（初出は佐伯有清氏編『日本古代史論考』吉川弘文館、一九八〇年）。

第五章は、公家新制の終末期とされてきた建武新政後の様相を検討することを目標とした。この時期については三浦周行氏の論稿を除くと手が付けられずほとんど不明のまま残されてきた。そこで徳政と政道という視点を設定して、この時期の朝廷の政治的課題を考察する。そのなかで公家新制の終末の様相をみていく（初出は佐伯有清氏編『日本古代中世の政治と宗教』吉川弘文館、二〇〇二年）。

第二部は鎌倉幕府が発布した関東新制と法令に関わる幕府の訴訟裁決機関についての考察を行う。関東新制については、専論というべき研究は皆無に等しい状態である。

第一章では、この時代の中期を対象として史料的な問題の解明を目指す。また鎌倉幕府が発布した新制のなかで唯一全条文が判明している弘長元年の関東新制の分析を行う。本書に収載するにあたり、末尾に弘長元年新制の意義についての叙述を加えた（初出は義江彰夫氏編『古代中世の政治と権力』吉川弘文館、二〇〇六年）。

第二章は、近年幕府後期の政治史を考える上で画期的意味を持つと注目されてきた弘安七年の所謂「新御式目」に再検討を加える。この式目を水戸部氏は新制と理解していた。他方この時代の政策綱領とする有力な見解もある。そこでこの式目の分析を通して政治史に論及しつつ、この時期の新制の意義を考察したい。新稿。

第三章は、鎌倉幕府前期において主要な訴訟裁決機関であった問注所の役割の変遷を追う。そのなかで幕府の政治機構の位置付けを見直す（佐伯有清氏編『日本古代中世史論集』吉川弘文館、一九八七年）。

第四章は、幕府内で最も重要な政務決定機関であり、新制の制定作業にも重要な役割を果していた評定制に再検討を加えつつ、執権の位置付けを考察する（初出は『史学雑誌』九二編九号、一九八三年）。

以上のように公家新制及び関東新制を中心に検討を加えながら、その歴史的意義の解明をはかっていきたいと思う。本来であれば、寺辺新制[36]の考察を含めることで、はじめて中世法に特有の法形式である新制の全貌が明らかになるのであろうが、本書では触れることができなかった。御寛恕を乞いたい。

なお既発表論文は、本書に収載するにあたって標題の統一を図った。また第一部第一章及び第二部第一章を除き、校正ミスや稚拙な文さらには文意不明瞭な表現を改めたが、論旨には原則として手を加えず、訂正・補足すべき点については補注などで示した。但し研究史の整理については見直し簡略化した。注記については、初出後の著書・論文や史料の追加を行うなど、断りなく一部書き改めた部分がある。公家新制の条文番号は、水戸部正男氏の前掲書に従う。さらに第一部では公家新制を、第二部では関東新制をそれぞれ新制と略称することがある。

注

（1）稲葉氏「新制の研究」（『史学雑誌』九六巻一号、一九八七年）。
（2）三浦氏「新制の研究」（同氏『日本史の研究』新輯一、岩波書店、一九八二年、初出は一九二五・二六年）。
（3）武家新制という用語に問題が残ることは、第二部第一章参照。本書では、鎌倉幕府の新制は関東新制、室町幕府発布の新制をも含む場合は武家新制と使い分けることとする。
（4）水戸部氏『公家新制の研究』（創文社、一九六一年）。
（5）稲葉氏前掲注（1）論文参照。
（6）保立氏「平安時代の王統と血」（『別冊文芸　天皇制』、一九九〇年）、「中世初期の国家と庄園制」（『日本史研究』三六二号、一九九二年）。また同氏『平安王朝』（岩波書店、一九九六年）も参照のこと。同氏には源頼朝期の公家新制を論じた「日本国惣地頭・源頼朝と鎌倉初期の新制」（『国立歴史民俗博物館研究報告』三九集、一九九二年）もある。

(7) 五味氏『院政期社会の研究』（山川出版社、一九八四年）第一部第二章及び第三部第二章など参照。

(8) 棚橋氏『中世成立期の法と国家』（塙書房、一九八三年）VI章参照。

(9) 下郡氏「後白河院政期の公家新制」（同氏『後白河院政の研究』吉川弘文館、一九九九年）・「後白河院政期新制の条文復元」（『日本歴史』六二一号、二〇〇〇年）及び「後白河院政期新制の基礎的考察」（『立正史学』八七号、同年）参照。また同氏には鎌倉時代の公家新制を考察した「鎌倉時代新制考」（『明月記研究』七号、二〇〇二年）もある。

(10) 本郷和人氏『中世朝廷訴訟の研究』（東京大学出版会、一九九五年）をあげるにとどめる。

(11) 後藤氏「田中本　制符」（『年報　中世史研究』五号、一九八〇年）。また佐藤進一氏他編『中世法制史料集』第六巻、公家法・公家家法・寺社法（岩波書店、二〇〇五年）には、保元元年以後の公家新制が厳密な校訂を施して翻刻されている。

(12) 羽下氏「領主支配と法」（『岩波講座　日本歴史』中世一、岩波書店、一九七五年）。

(13) 五味氏「執事・執権・得宗」（同氏『吾妻鏡の方法』吉川弘文館、一九八九年、初出は一九八八年）参照。

(14) この時期の訴訟関係を扱った論文に、森茂暁氏『鎌倉時代の朝幕関係』（思文閣出版、一九九一年）第四章がある。なお笠松宏至氏「中世の政治社会思想」（同氏『日本中世法史論』東京大学出版会、一九七九年、初出は一九七六年）は、この時期における徳政思想の重要性を指摘した最初の論文であり、新制研究にも多大な影響を与えてきた。

(15) 稲葉氏前掲注(1)論文参照。なお本項の叙述のもととなった拙稿初出時には、表1として公家新制の一覧を掲げたが、不十分な内容であり省いた。

(16) 『民経記』同日条。

(17) 同右書のそれぞれ当該日条参照。

(18) 同年五月十二日条（『大日本史料』同年十一月三日条）。

(19) 同年十一月三日　後堀河天皇宣旨（「近衛家文書」『鎌』四二四〇号）。なお『民経記』同年五月三日条には、「御祈事」として「各申云、可依例、可為廿二社。広瀬・龍田必可備其数。祈年穀有謂之神也」が提案されていた。本文中で引用した史料にはこの提言が反映している。

(20) この点については、第一部第二章でさらに検討を加える。また本書のような新制と徳政との密接な連関という捉え方については、法制史研究者からの厳しい批判がある。谷口昭氏「公家新制に関する覚書」（『名城法学』四三巻一・二合併号、一九九三年）及び同氏「中世国家と公家新制」（上横手雅敬氏監修『古代・中世の政治と文化』思文閣出版、一九九四号）。野田武志氏「新制について」（『國學院法研論叢』二七号、二〇〇〇年）など。また早川庄八氏「起請管見」（同氏『日本古代の文書と典籍』吉川弘文館、一九九七年、初出は一九八九年）は、奈良・平安時代の「起請」の語義の分析を通して、従来からの新制の理解に批判を加えたが、この点についても前記同章で検討する。

(21) 宮内庁書陵部編『皇室制度史料　太上天皇』三（吉川弘文館、一九八〇年）収載。

(22) 『万一記』元亨元年正月九日条（同右書収載）より推測した。なお『花園天皇宸記』同年二月二十三日条に「今夜辛酉杖議」との記事があることから、四月に至るまで制定作業が行われていたと推測される。

(23) 条文の一部は、元亨元年四月十七日　官宣旨（「祇園社記雑纂部一」『鎌』二七七六六号）で知ることができる。同新制には、その他に殺生禁断令も規定されていた（『師守記』康永三〈一三四四〉年六月二十四日条参照。なお第一部第四章補注四参照）。

(24) 『経俊卿記』（宮内庁書陵部）。残る建仁元年については、管見の限り史料的に跡づけることができなかった。

(25) ここで三合年についても触れておきたい。市沢哲・稲葉伸道両氏は、建久二年の二つの新制の発布契機を三合年に求めた（市沢氏「公家徳政の成立と展開」、『ヒストリア』一〇九号、一九八五年。稲葉氏前掲注(1)論文）。なお本稿の初出時には、両新制について治承寿永の内乱により生じた社会的混乱の克服をこの新制の発布契機としたが、これは失考であり両氏の見解に従う。また保元新制についても同様に保元の乱による混乱の克服をきっかけとしたと理解したのは誤りであり、稲葉氏が指摘しているように飢饉などを契機としたと訂正したい。但し両新制の意図するところは、詳細は第一部第三章で論じるが、それぞれの乱によって生じた秩序の混乱の回復にあり、このことを目指す条文が取り上げられていたと依然考えている。

また稲葉氏は同論文において、建久二年の新制については、前年九月以降に三合への対応としての徳政策が藤原兼実を中心に検討されていたことを明らかにした。ここで着目したいのが、条文の審議に際して重視された、文治三（一一八七）年に行われた意見封事の内容を記した「意見目六」（『玉葉』建久元年十一月一日条など）である。奥田環氏は、「建久II令（三月二十八日発布）は文治の意見封事の結果と過差新制の流れを汲み、改めて当時の朝廷規範を決定したもの」と指摘した（奥田氏「九条兼実と意見封事」（『川村学園女子大学研究紀要』一号、一九九〇年参照。同論文ではこの時兼実は周到な準備を経て意見封事を行っていたことにも注目している）。従ってこの意見封事に際して提出された意見は、同年発布の新制の制定時も参照されたではあろうが過差規制を中心とした内容になってしまい、四年後になって実質的に日の目を見たことになるだろう。では逆に文治三年新制では、十分に反映されなかったのはなぜなのであろうか。同年五月には意見は奏上済みであり、新制の発布は十一月以降であった。他の新制の審議過程の例からみて、意見内容を反映した法の作成を図っていたとしても時間的な不足はないと思われる。とするとここは同年には新制として発布すべき事由がなかったと考えることができるのではあるまいか。そこで竟見封事を主導した兼実は、建久二年の三合を捉えての満を持しての動きとなったと判断されよう。

なお文治三年新制については、奥田氏前掲論文、永井英治氏「鎌倉前期の公家訴訟制度」(『年報中世史研究』一五号、一九九〇年)、及び下郡剛氏前掲注(9)の「後白河院政期の公家新制」などが考察を加えている。発布日や条文数については三氏一致しない。永井氏は過差禁制の他にも出挙利息規制と殺生禁断令が含まれていたと主張する。しかしながら、私見はやや根拠薄弱ながら、同新制が石清水及び賀茂両社の行幸を直接の契機としていたことは明白であることから、単行法令的過差禁制の可能性が高いと考える。下郡氏が同論文で指摘しているが、『玉葉』文治三年十一月二日条に「意見事、行幸以前不及其沙汰。先過差之制、行幸以前可被仰與」との文言も傍証となろう。

(26) この点については下郡氏より批判を受けている(前掲注(9)「鎌倉時代新制考」論文参照)。
(27) 『建内記』嘉吉元(一四四一)年九月十四日条。
(28) 『明月記』寛喜二年四月十九日条によると、藤原定家にも新制宣下の有無が諮問されていた。
(29) 『大唐六典』巻九中書令職掌参照。
(30) 橋本裕一氏「唐代告身四種と制書について—唐公式令研究(三)」(『大手前女子大学論集』一〇号、一九七六年)。
(31) 早川庄八氏「制について」(同氏『日本古代の文書と典籍』吉川弘文館、一九九七年、初出は一九七八年)参照。
(32) 山田英雄氏「奈良時代における太政官符について」(坂本太郎博士古稀記念会編『続日本古代史論集』中巻、一九七二年)参照。
(33) 早川氏「太政官処分について」(前掲注(31)書、初出は一九七六年)及び前掲注(31)論文参照。
(34) 早川氏前掲注(31)論文一五〇頁参照。
(35) 前掲注(29)史料参照。
(36) 寺辺新制については、稲葉氏「寺辺新制」(同氏著『中世寺院の権力構造』岩波書店、一九九七年、初出は一九八六年)参照。

# 第一部　公家新制の研究

# 第一章　平安中・後期の過差禁制

## はじめに

本章では、平安中・後期における公家新制を考究するための予備的作業として、過差禁制に分析を加える。過差は奢侈を表わす語であり、律令制的身分主義に立脚して古くから種々な規制が行われてきたが、なかでもこの時期には集中的に禁制が発布されていた。またこの禁令は、荘園整理令とともに、新制条項としても注目されている。

しかるに管見の限り、過差禁制そのものを直接対象とした研究は意外と少ない。わずかに野上俊子氏[1]が、服装史の立場から服飾禁令を扱っているが、古代全般を対象とするという論文の性格上、平安中・後期についての記述にはやや不安を残すところがある。水戸部正男氏『公家新制の研究』[2]は新制研究の基礎を確立した著作であるが、その中で過差禁制に論及しその重要性を指摘した。但し、当該時期の過差関係史料については、官符を中心に置いたことから、記録類が軽視されたという面があるのは否めない。近年西村さとみ氏[3]が、奈良時代から平安中期にかけて過差禁制が定着していく過程を明らかにし、その歴史的意義を考察している。さらに遠藤基郎氏[4]は、宮廷社会の文化様式と徳治主義との交錯のなかで、過差禁制を捉えるという新視点を打ち出し検討を加えた。両氏の論考により、この禁制についての研究は新段階を迎えつつある。

そこで本章の課題とするところをまず限定しておきたい。過差禁制については、看過されがちであったことから、史料そのものの収集・復原という作業には依然として意味があろう。まずはこの点から始める。そのうえで過差禁制の全般的な検討を行いたいと考える。また対象とする時期としては、十世紀後半から保元元（一一五六）年以前とする。(5)

## 一　過差禁制の史料的検討

当該時期の過差禁制の史料的な考察として、水戸部及び西村両氏による成果がある。しかしながら平安中・後期についてては必ずしも十分とは言い難い。そこで、史料中に「制」・「制符」あるいは「新制」との語がみられる禁令を中心に分析することにしたい。なお水戸部氏等が指摘した法については史料的検討を省略する。さらに、過差関連事項自体は史料中に頻出するが、禁令発布が確実なものまたはほぼ確実なものに限定した。

●天暦四（九五〇）年閏五月一日以前

憲平親王（冷泉天皇）の御七夜の儀式に際して、『九暦』同日条には「須設被物、而依纏頭制新旧相重。所不設也」との記事がある。「新旧」の文言より、この日以前に纏頭規制が発布されていたと推定する。

●天元三（九八〇）年五月二十八日

『小記目録』第一七同日条に、「禁制侍臣美服事」とあるのみで詳細は不明。

●永観二（九八四）年十月十四日

『小右記』同日条には、「仰（花山）云、献五節人々守式不可過差之由、可召仰者、仰左大将（藤原朝光）・藤宰相（佐理）・景舒（藤原）朝臣了」との記事があり、翌月十九日に行われる予定となっていた五節に対する過差禁令が指令されている。史料中の「可召仰」しという文言から、同日の発布と推定する。また、『日本紀略』同年十一月十一日条の「禁制諸所饗禄」すとの記述は、

詳細は不明だが同じく五節を控えてのものと考えられる。(6)

●永延二（九八八）年七月二十八日

『日本紀略』同日条に、「今日、仰有司、禁奢僭」ずとの記事がある。この日相撲召合が行われていたことから、相撲節会を対象とした禁制であろう。

●同年十月十九日（?）

『小記目録』第七同月十七日条に「禁制五節童装束改替事」、同書十九日条には「五節禁制過差事」とあり、翌月十九日の五節の際の禁令として発布されていた。

●永祚元（九八九）年二月二十五日以前

『小右記』同日条には、「余三个日前駈五品四人・六位六人、是過差法、追近代例」うと記されている。この記事は記主実資が参議に任官(7)した折りに、慶賀のため各所を訪問した時の従者数の規制を示している。「近代例」との記述からすると、同年中の発布としてよいのか、検討の余地はあるが、ひとまず項を立てておく。

●長徳元（九九五）年七月十五日以前(8)

『編年小記目録』同日条に、「御衣袖令縫縮給事　公卿衣袖同前、依宣旨也。一尺八寸」との記事がある。発布契機などの詳細は不明。

●長保四（一〇〇二）年四月二十日以前

『小記目録』第五同月二十五日条に、「依山城介淑光（紀）僕従過差、被召問事」とあり、二十日に行われた賀茂祭に際しての過差違犯者を示す記事である。この時従者数についての規制が発布されていたと推定する。(9)

●同五年七月二日

『小記目録』第六同日条に、「相撲両日間、不可改装束事」との項目があり、同月二十日からの相撲節会の際の装束規制が制定されていたと考えられる。

●寛弘元（一〇〇四）年四月十七日以前

『御堂関白記』同日条には、

右衛門督(藤原斉信)来云、仰事祭間、調童・雑色人等、奉供者数多随身可制止者、早召官人可被仰者。又見物者車(有)新、同可制也。

との記事がある。藤原道長は、検非違使別当藤原斉信に、二十日に行われる賀茂祭に際しての、従者数と新車の規制を命じていた。

●同二年十二月十六日

『小記目録』第一七同日条に、「禁美服宣旨事」との項があるが、詳細は不明[10]。

●長和元（一〇一二）年十一月八日

『小記目録』第七同日条には、「五節間停止装束過差事」とあり、二十日に行われる五節の装束について過差禁制が発布されていた。

●同二年四月十九日

『小右記』同日条に、

頭弁朝経(藤原)来伝勅、禊前駈幷祭諸使従者廿人・童六人、不可過此数、可禁着織物、童襲(装)束不可着二襲、仰検非違使可令制止者、密々有伝勅之事。

との文言があり、さらに「童幷従者等数、左苻(府)(道長)被奏、不可着織物之事、出自叡慮」ずとも記されていることから、賀茂祭に際しての「倹約宣旨[11]」が、藤原道長と三条天皇それぞれの規制案をもとに作成されたことが判明する。

●同二年七月十九日

『小記目録』第六同日条には、「相撲節間、不可著両色事」との項目があり、相撲節会の際の装束についての規制が発布されたと考えられる。(12)

●同三年三月二十九日

『小右記』同日条は、

　倹約宣旨下了。左相（府）（道長）云、不可随身童部、可従雑色八人。不可令着紅色者、手振十二人下襲・袴可調与。

との記事を伝える。賀茂祭に際して、従者数や美服に関する禁制を含む倹約宣旨が発布されていた。同書四月十九日条には、「諸大夫多会合、脱衣給引馬纜近衛等、如理（マヽ）両所如之、已背倹約之例（制）」との文言があることから、この倹約宣旨中には、纏頭の禁制も含まれていたことが判明する。(13)

●同年十一月二十一日以前

『小右記』同日条には、

　兼有可禁過差之仰。而童女・下仕着織物、更無勘当。相府（道長）被申不可有禁断（制カ）之由、亦六位着紅色、是有不可着之仰、而不憚着用、強乖叡慮、王化之薄歟、甚以歎息。施（弛）張只懸執権臣之心、明日於五節所脱衣之事、兼不可令然之由、殊有勅令。

との記事がある。五節に際して美服及び纏頭の禁が発布されていたが、当日は道長の意向で無視された様相を知ることができる。(14)

●同四年四月二十四日以前

『小右記』同日条の賀茂祭の記事中に、「今般無過差、無童従者如法」しとの文言がある。「如法」=過差禁令は、同年新たに発布されたと解釈してよいのか確証に欠けるが、ひとまず項を立てておく。

●同五年三月二十八日

『小右記』同日条に、

> 大納言公（藤原公任）、送書札云、賀茂祭所々使々皆調童云々、両日装束不可改着之由云々。仍惣不可調童、先日所示之装束可停止。

との記述がある。賀茂祭の時の装束・童についての規制が行われたことが明らかとなる。また同書四月二十一日条には、「頭（藤原資平）云、摂政（道長）命検非違使別当実成（藤原）云、祭使等調新車有何事、其外調華美車不可然、可制止」しとの文言があり、新車の禁止も発布されていた。(15)

●寛仁三（一〇一九）年四月十九日以前

『日本紀略』同日条に、

> 斎院禊也。今日右兵衛佐経輔（藤原）牛童着過差装束。検非違使以看督長召搦之間、左衛門尉為親（藤原）従者打奪件童。官人等捕搦為親従者了。

との記事がある。明証には欠けるものの、賀茂祭において牛童の装束規制に関する禁制が発布されていたと推定する。(16)

●同年七月二十日

『小右記』同月十八日条には、

> 宰相（資平）来云、蔵人範国（平）云、一日摂政（藤原頼通）命云、相撲楽猶被強行。但人々装束不可調二襲、織手等愁歎無極云々。両宮令参上給之間、依御装束等事多、是所愁云々。問遣頭弁経通（藤原）、報云、未承計也、有制歟。

との文言があり、二日後には相撲節会で「相撲装束二襲、其制尤重」しと規制が行われていた。(17)

●治安三（一〇二三）年七月二十六日

『小右記』七月十六日条には、

又云（頼通）、相撲両日装束不可改着如何。答云（実資）、尤善事也、唯有楽之年必無禁二襲、好過差之輩定謗難歟、倹約猶善、二色過差。又云、下人着紅色事可制止歟、随身着紅不□□□、苦熱間着帷有何事哉。又云、官人等可着何色単衣歟。答云、黄朽葉下襲着支子染単衣尤善、上古如此。又云、舞人如何。答云、至于舞人可随宜歟。

との記事があり、相撲節会に対する過差禁制の内容について、関白頼通と実資との問答が記載されている。結局二十六日に至って、

関白命云、官人已下（不脱カ）可令着紅色。又云、上達部不可着二襲由同可披露者。件事不可下宣旨、只示案内許也云々。（中略）不可着紅色事便仰保重（身人部）、又仰随身訖。[18]

との記事にみるように、頼通は、官人以下の美服及び公卿の二襲着用の禁を指令した。

●万寿元（一〇二四）年七月二十九日

『小記目録』第六同日条に、「相撲両日、不可改装束事」との項がある。翌日からの相撲節会の時の装束についての規制が行われていた。

●同二年十一月八日

『小右記』同日条には、

蔵人式部丞（親任カ）来云、五節過差殊有禁制、不可着織物衣者。余問云、織物唐衣・裳腰等如何。不可有制者。又問、御覧童女事如何。云、不可御覧、又不可改着他色者。令申談奉由、若可有制法者、兼可被下　宣旨歟、業已成了、被下　宣旨可無益耳。

との記述がある。実資は、五節過差禁制についての報告を受けた際に、禁令内容を確認するとともに、宣旨発布の有無を尋ねている。この時は、美服・改着などが規制された。[19]

●同三年四月十七日以前

『左経記』同日条には、

依御消息詣按察大納言(藤原行成)御許。被命云、祭日所衆車中、張施錦繍、塗鏤金銀、而検非違使等不糺過之、慥可召問者。(中略)有次申可被問使官人等之由。仰云、不可被咎車一事、以綾絹為装衣袴之者、有其員者、同不糺之由可被問也。以此由可申関白(頼通)殿。

との記事がある。賀茂御禊の時に車過差と衣袴の規制に違反した者の処罰が、検非違使に命じられている。[20]この時過差禁制公布を直接示す史料は残されてはいないものの、施行例から法の発布を推定する。

●同四年四月十一日

『小右記』同年四月十三日条には、「一昨禊祭日□(制カ)□□(前カ)駈使々等僕従数并過差等事、大納言行成卿上(行事)奉勅宣下」すとの文言がある。四月十一日藤原行成を上卿として、賀茂祭使の従者数及びその過差についての禁制を発布していたことが明らかとなる。[21]

●長元元(一〇二八)年十月三日

『小右記』同日条に、「蔵人式部丞経任云、五節有過差制、不可着綾衣、々五外不可着」ずとの文言があり、翌月に予定されていた五節の際の過差規制として綾衣とその枚数を五枚とする法が発布された。また同書十一月十四日条には、「後聞、進(近)親上達部并雲上侍臣・地下人等、到中将(源顕基)五節蜜(密)々脱衣。雖被副(制)過(差)着、於簾中所為」かとの記事があり、顕基が脱衣纏頭し禁制に違反していた。この時美服及び纏頭についての禁制の発布が明らかとなる。[22]

●同二年四月十日（?）

『小右記』同日条に、

左兵衛督（藤原兼隆）来云、祭使等従者四位・五位十五人、又可禁過差之由、可被仰下也。頭弁（源経頼）所談、而未被仰。使○少将馬副（藤原経季）
僕従不可着紅色事、仰信通（藤原）朝臣、為令伝但馬守（藤原能通）朝臣。

との文言がある。二十一日の賀茂祭に対して、従者数及び美服についての禁令が立法されていた。しかし「而未被仰」ずとも記されていることから、十日余りの間に官符として発布されていたのか疑問を残すが立項しておく。

●同二年七月十二日

『小右記』同日条に、「頭弁（経頼）伝勅称、相撲不可着用二襲装束之由、可宣下之者。令奏承由、多是雲上侍臣所着用也」との記事があり、相撲節会に際しての装束禁制が発布されていた。

●同三年四月六日

『小記目録』第五同日条に、「祭間制法事」との項目がある。また『日本紀略』同月十五日条には、「賀茂祭。今日、見物車出紅衣。検非違使源清以下糺弾之」すとの記事がある。従って、賀茂祭に際して美服規制を含む禁制が発布されていたと推定する。[23]

●同三年九月（?）

『小右記』九月三日条には、

頭弁（経頼）来、伝関白相府（頼通）消息云、（中略）世間美服制任長保宣旨可行歟。弁（予カ）云、重下宣旨被行尤可佳事也。国々衰亡只
在過差、能被禁止。

との記事がある。同書十二日条に「可禁制美服宣旨等案、令覧関白。可清書之由示仰也」との文言もある。史料中の

「長保宣旨」とは、長保元（九九九）年七月二十七日付太政官符中の「応重禁制男女道俗着服事」[24]条を示すと考えられる。この時過差禁制の発布に至ったのか、なお不明確ではあるが項として立てておく。

●同四年七月二十五日

『小右記』同日条に、「又相撲両日上下装束二襲禁過（差脱カ）宣旨今日被下者。最可然矣。古人之（动）、従諫之聖有咸之」りとの文言があり、相撲節会の際の装束について過差禁制が発布されていた。

●同五年十二月（？）

『小右記』同月二十五日条には、「頭弁（経頼）持来宣旨三枚」るとして、「一枚綱所（僧綱皆連署）申、新被下宣旨、禁制諸寺衆僧恣着用美服・綾羅文」との割注がある。僧綱所からの申請を受けて僧侶に対する美服に関する過差禁制を発布していたことが判明する。発布日は不詳。

●長暦元（一〇三七）年十一月十七日以前

『平記（行親記）』同日条[25]には、「童御覧、依有制不着紅色等」ずとの記事があり、五節に際して美服禁制が発令されていた。法の発布日等々の詳細は不明。

●同二年十二月九日以前

『春記』同日条には、

瀧口正任為検非違使俊基被破却皷（マヽ）紅衣之次、被打調、其耻無極云々。前々破却制物、令脱其衣破之、而打調、殊無例。

との記載がある。これは、春日行幸のために前日に行われた諸社奉幣の時の事件[26]と考えられる。美服禁制が明らかとなるが、法の発布日などは不明。

●同三年十一月十四日以前

『春記』同日条に、「唐衣外不可用織物、又重被禁紅紫色云々。過差太重云々。件事経成(源)先日奉仰云、五節出人々」との記述がある。この記事以下に脱文があり文意を取りにくいところがあるが、五節当日以前に織物及び美服着用を禁止していたと思われる。

●長久元（一〇四〇）年四月二十二日以前

『春記』同日条に「人々従者皆如法、但多有染色」りとあり、同書同月二十五日条には「件等人々従者装束、或有染色。但其衣員皆如制也。使々車等、殊無過差風流也」との文言がある。賀茂祭に際して、従者数と装束及びその枚数についての禁制が発布されていた。但し発布日などは不明。

●同年十月三日（？）

『春記』九月三十日条には、

又世間過差可制止之由先日有仰事(後朱雀)、以其由可被仰下右大臣(実資)也。五節過差事全被仰下也。童女御覧事被停止可宜歟、早被仰下一定可佳歟、其制法定後可仰下者也。至于定者来月三日許可宜也。

との記事がある。十一月に行われる五節に対する過差禁令を制定するための議定を十月三日に開くことが決定していた。その後同書十一月十六日条に「今日無童女御覧事、是先月定也。先例必無此事何況於有過差制乎」、また翌日条には豊明節会に際して「今般無纏頭事、依過差制也」との記述がある。従って、五節童女御覧停止と纏頭禁止についての過差禁制が発令されていたことが明白となる。但し、発布日については十月中であることは明らかだが確定できない(27)。

●同二年四月二十日以前

『春記』三月二十二日条に、「参御前（後朱雀）。仰云、賀茂祭過差可制止事、今朝以泰憲（藤原）遣示関白（頼通）許已了者」との記事があり、この日から翌月に迫った賀茂祭に対する過差禁令制定の動きが始まる。さらに『百錬抄』四月二十日条には、「賀茂祭還立。於神館検非違使追捕近衛使少将信宗（源）、依牛童過差也」との記述があり、過差法に違犯した牛童のことで信宗が追捕されていた。少なくとも牛童に関する禁制発布は確実である。

●永承七（一〇五二）年四月十九日以前

『春記』同日条は、賀茂祭の斎院御禊の様相を伝えるが、ここに「各雑色十余人或八人莫不染色。又車皆施風流。（中略）難（雖カ）有過差之制不能糺弾也」との文言がある。詳細は不明だが、この時美服及び車についての禁制が発布されていた[28]。

●康平三（一〇六〇）年十一月十九日以前

『平記（定家朝臣記、康平記）』同日条に[29]、「節会。（中略）源大納言（師房）已下御内府五節所、依有制無纏頭事」との記事がある。五節に際し纏頭規制に関する制が発布されていた[30]。

●延久元（一〇六九）年四月二十二日以前

『土右記』同日条には、

長官平昌綱過差禁制、尤前駈雑色五位六人・六位四人。斎院車、女房衣五領、無上衣打衣等。又車部無金物、只有簾懸張還付許。

との文言がある。賀茂祭において、従類人数・服装・車などについての規制が行われていた。

●同年十月二十八日

『後三条天皇御記』には、

令実季朝臣仰右大臣云、公卿下襲尤過先例。宜仰大臣七尺・大納言六尺・中納言五尺・参議四尺・殿上人三尺。
(藤原)　(師房)

但殿上人事、不仰大臣、直令実季朝臣宣下。

と記されており、この日衣服規制が発布されていた。(31)

●寛治元（一〇八七）年四月十六日以前

『為房卿記』同日条の賀茂祭の記事中に、(32)「近衛使雑色六人之外、加長二人於列見辻。心之厳制稠畳之故也」との文言がある。従者数の制限を含めた禁制が発布されていたと推定する。

●同五年四月二十二日以前

『参軍要略抄』下巻の「殿下役事　引分乗尻事」条に、(33)「於大路為先下臈、雑色装束兼日有制被□云々」との記述があり、賀茂祭において従者の装束過差の規制が破られていたことが判明する。よって従者の装束規制が発布されていたと推定する。(34)
(破カ)

●同六年二月八日以前

『中右記』同日条には、

前駈定日、唐錦・紅打衣装束二襲、可禁制由雖有其仰、一人不守此法。皆以紅打衣・錦二襲所着用也。

との記事がある。春日祭に対して美服禁制が発布されたにもかかわらず、制法が遵守されていない様子が窺われる。(35)

●同年八月八日

『後二条師通記』同日条には、童相撲装束について、

被定童相撲装束色。内取日摺染紅帷定、召合日退紅、内蔵寮設之。犢鼻褌等・白帷・合袴等不具云々。御覧日二藍狩襖・〻袴・紅帷被定。
(狩)

と記されている。過差の語はないが、童相撲に際しての規制と判断する。

●嘉保元（一〇九四）年閏三月八日以前

『中右記』同日条に、

近曾有新制、布衣烏帽者〇（不）可入陣中。又近衛府者皆帯劔祗候、摺物・兵仗重可禁制之由、被仰別当（源俊実）。

との記事がある。過差禁制に限定すべきか検討の余地があるが、立項しておく。

●康和五（一一〇三）年十一月十日

『殿暦』同月八日条には、

以蔵人知信（平）令奏云、使々纏頭巨多之由、世間風聞、返々不便事候。去寛治比件事制極重。而去年御賀比已破了。而彼時尤可被加制止也。雖然依希代事無其沙汰、於今猶可被加制止歟。抑如此之事付頭（源重資）可奏也。雖然世間事無術恐思給候、仍所令奏密々也。若院辺聞候ハ、定御気色不快ニ罷成歟。

との記述がある。ここで纏頭が禁止されている行事は春日祭と考えられる。なおこの記事中から、寛治年間には纏頭禁制が重視されていたが、前年に行われた白河上皇五十歳の賀では規制されなかったこと、また上皇及び院近臣達によるこの禁令に対する反発を、藤原忠実が恐れている様子を窺うことができるのは興味深い。結局十日に至って、「今夕纏頭可停止由被下宣旨了。使々權等無饗応事歟」[36]との文言にみるように宣下された。

●長治元（一一〇四）年十一月三日以前

『中右記』同日条は、春日祭から還向した祭使を迎える記事を伝えるが、そこには「給官人以下襷禄、依纏頭制無饗応儀。只一家人々蜜（密）々有小饗応歟」との文言がある。この纏頭規制の発布年月日は不明であり、前項と同一の可能性も残るとはいえ、ひとまず項を立てておきたい[37]。

●同二年三月十日以前

『中右記』同日条には「於纏頭者有制」りとある。また同書四月十五日条に、

　　犠二人敦時(下毛野)・兼近(中臣)召天、聊給例禄・被物・装束・綿衣等。又御厩舎人牛飼童給。近日被止纏頭、仍不及広。親人八九輩、密々纏頭也。

との記事がある。藤原宗忠は、賀茂祭における斎院御禊に関わった随身らに、密かに纏頭していた。ここに「近日」纏頭規制が行われたと記されており、賀茂祭以前に禁制が発布されていたことが明らかとなる。(38)但し両記事が同一の禁制を指すのかは不明である。

●嘉承二（一一〇七）年四月十八日以前

『中右記』同日条は白河法皇の賀茂祭見物の様子を伝えるが、その記事中に「一家人々卅人許、相分纏頭。是雖有制、竊以有此事也」との文言がある。やはり賀茂祭に際して、纏頭規制が発布されていたと考えられる。

●天永二（一一一一）年四月二十四日以前

『中右記』同日条には、「依纏頭止、不招人々、不及過差也」との記事がある。この年の賀茂祭のために禁制が発布されていたのか、やや確実性を欠くところがあるが、纏頭規制として立項しておきたい。(39)

●永久二（一一一四）年四月八日（？）

『中右記』同日条には、

　　奏(宗忠)云、祭間庁下部装束過差事可制止。色々金銀錦紅打衣、如鏡鈴風流之類也。仰(白河)云、尤可制、早可廻告検非違使。

との記事がある。賀茂祭供奉の使庁下部に対する美服禁制が発布された。(40)

●同二年九月二十八日

『中右記』同日条には、

　(大江)行重来云、行幸供奉諸司之中、従者等着用擢衣輩、重可禁制之由、只今(藤原実行)頭弁被仰下者、早可令仰知左右検非違使等也。

との記述がある。翌月に予定されていた賀茂・石清水行幸の際の従者に対する美服規制を発布していた。

●同二年十一月十二日

「雅兼（卿）記」同日条には、[41]

　(藤原)為房卿御願供養請僧・従僧不可過新制。又童子明服可令停止金銀錦繡織物・浮線等之類之由書之、給総在庁威儀師(算カ)静等給。

との文言がある。同月二十九日に予定されていた白河阿弥陀堂での法会に対して、従僧数の制限や童子美服規制を発布していた。[42]

●保安四（一一二三）年十月二十五日以前

『台記』康治元（一一四二）年十月二十六日条[43]に、「瀧口調度懸十人、（中略）装束保安四年新制不令着打衣、」との割注がある。保安四年十月二十五日の崇徳天皇即位による大嘗会御禊のための行幸に際して、滝口の美服規制が発布されていた。発布日などは不明。

●天治二（一一二五）年七月十八日

『中右記目録』同日条に、「天下倹約議定」との一項がある。禁制を発布していたかなど詳細不明。なお季節的にみると相撲節会と関連するかに思われるが、この節会は保安三年から中断していた。[44]

●大治五（一一三〇）年四月十一日（?）

『中右記』同日条には、

夜前被下宣旨云、禊祭供奉諸司非法過差幷纏頭宜停止者。件宣旨職事可被下禊祭上卿也。被下他上卿事、頗無其謂也。事触祭宣旨ハ可下禊祭上卿也。

との記事がある。賀茂祭に際して過差と纏頭とが禁止されていた。

●長承二（一一三三）年二月十一日以前

『中右記』同日条には、「近日纏頭殊有制之比也。雖然依有先例、内々取院（鳥羽）御気色、有此事由、大殿（藤原忠実）所被仰也」との記事がある。春日祭が終了し、禁制よりも先例を優先してこの日纏頭が行われた。史料中に「近日」との文言があることより、纏頭規制が発布されていたと推定する。[45]

●同三年二月十七日以前

『長秋記』同日条には、「今度法会被停止過差由、宣下先了。仍無着金銀人、尤善政也」との記事がある。この日鳥羽上皇が法勝寺に行幸し、一切経供養が行われている。その法会に際して美服禁制が発布された。

●保延元（一一三五）年四月二十一日以前

『長秋記』同日条には、「今日纏頭如何、纏頭新制不可破、仍一家人々所告廻也」との文言がある。この記事は、賀茂祭使らへの纏頭にどのように対処するかを伝えている。この新制は、直接賀茂祭を対象とした禁制ではない可能性も残るが、ひとまず項を立てておく。[46]

●同六年四月十八日以前

『百錬抄』同日条には、

於別当宗能（藤原）門前、検非違使等破裂関白（藤原忠通）随身左近府生武正衣裳。御禊日忘制法、着美服之故也。

との記事がある。賀茂祭御禊日に、美服規制が行われていたことが明らかとなる。賀茂祭を対象とする過差禁令を発布していたと推定する。

●久安二（一一四六）年十二月以前

摂政藤原忠通の五十の算賀に際して、『台記』同月十六日条裏書には、忠通の言葉として「依新制近来無纏頭」しと記している。「近来」との表記のみのため、根拠不十分ではあるが、同年中の発布と推定する。

●同三年中（？）

『台記　別記』同四年九月二十九日条は、頼長の娘多子の入内を伝えるが、「乗車後之人、着皆紅衣八領。而去年以来新設憲法、重禁過差。将従彼例」うとの記事がある。月日までは不明であるが、久安三年中に美服禁制が発布されていたことは確実である。(47)

●仁平元（一一五一）年十一月十五日以前

『台記　別記』同日条に春日祭使の還立に伴う禄法について、「依新制無纏頭」しとの注記があり、この日以前に纏頭規制が発令されていたと判断する。

## 二　過差禁制の諸側面

### 1

平安中・後期における過差禁制に史料的な検討を加えてきた。依拠すべき記録・編纂物が乏少な時期もあり、不十分なものではあるが、その傾向を窺うことは許されよう。そこで本節では同禁令の諸側面について考察したい。
　前節で得られた知見をもとに、まずは法の制定から執行までの過程を整理しておきたい。この種禁制には、特定行事を主たる対象とするものと、天災を契機に制定された法の二類型がある。[48]ここでは前者に限定して検討を加える（なお前節で触れた禁制については、史料の注記を省く）。
　法の立案者については、天皇や摂関などからの指示で行われたとみられる事例が多いことを指摘できる。例えば長和二（一〇一三）年四月の賀茂祭に際しては、藤原道長の提案に三条天皇により追加された内容で過差規制が布告されていた。この他に各種行事を担当する組織が関与する場合もある。万寿四（一〇二七）年四月の賀茂祭に対しての過差規制は藤原行成が「奉勅宣下」していたが、これは彼が禊祭の上卿で就いていたことによると思われる。[49]より詳細が判明するのが永久二（一一一四）年四月の賀茂祭の場合である。この月白河上皇の許を訪ねた検非違使別当藤原宗忠は、
　去年賀茂祭、検非違使所相具之庁下部等、或付鏡鈴等、或着錦紅衣、如此過差欲停止。去年別当新任之間、不知案内已過了也。
と、前年の過差に流れた実情への反省をもとに、禁制の発布を上皇に申請した。この記事より昨年は規制が行われなかったこと、その原因が別当たる自分の不慣れにあったと述べているのが目を引く。対して上皇は「尤可制止。但可制事不可制事、慥分別可下知」しと受け入れた。その後宗忠は関白藤原忠実宅を訪ねて「被仰合万事」れていたことから、ここで忠実の了解も取り付けていたと推測される。夜に入って宗忠は、使庁官人の坂上（中原）明兼に「祭間庁下部装束過差事」等についての規制内容を提示している。結局二日後の八日には前節でも引用した、
　祭間庁下部装束過差事可制止。色々金銀錦紅打衣、如鏡鈴風流之類也。仰云、尤可制、早可廻告検非違使。

という記事から明らかとなるように、白河上皇の裁可を得て禁制が発令された。[50]宗忠を中心に禁令が作成されたのは、祭を華やかに彩る「庁下部」に限定した法令の発布を意図していたことに基づくのであろう。時代は降るが承安三（一一七三）年三月二十日藤原成親を上卿として実施された石清水八幡行幸の時には「諸衛二三分、依新制従類七人之外留之」むという規制が行われる。[51]この新制は、同月十二日に成親が「定下」[52]した法令であった。成親が法の作成に関与したのは、行幸の上卿に任じられていたことによると考えられる。このように各種行事においては担当の上卿らを中心に、関係する組織内において原案の作成が行われ、裁可を受けた後に発令されていたと思われる。これが行事の参加者のみならず見物者なども対象者に含めた禁制の場合には、長和二年の例のように、天皇以下の指示により条文が作成されるのであろう。

次に法の伝達方式についてみていきたい。規制が発令されると、まずは各行事責任者に宣旨が下付され、その後上卿などの手を経て関係者に知らしめるというのが原則と考えられる。[53]前述の永久二年の場合に、白河上皇が「早可廻告検非違使」しと述べていたのはその方式の一端を示すものとして注目される。この文言の通りであれば、口頭で規制対象者に指示していたことを示唆するではないだろうか。前節で触れた治安三（一〇二三）年七月の相撲節会の際に関白藤原頼通が「件事不可下宣旨、只示案内許也」と述べていた記事とも符合する。また万寿二年の五節に関わる規制の時に、藤原実資が「可有制法者、兼可被下　宣旨歟。業已成了。被下　宣旨可無益」しと指摘して、節会まで僅かに二日しかない状態での発布では規制が徹底化しないことを批判していた。対象となる行事までの時間的余裕の存否が宣旨とするか或いは口頭での指示に止めるという、伝達方法の相違につながった可能性もある。

さて違反者が出た場合はどのように対応していたのか。この点については、既に三浦氏が検非違使が担当していたことを明らかにしているが、[54]史料的にも多数確認することができる。これは特定行事を対象とした過差禁制に限らない。長保二（一〇〇〇）年前年発令した新制に違反する者が多いとして、天皇から叱責を受けた検非違使庁は法文に修正を加えつつ新法の制定を申請したが、これは審議を経たうえで同所に宛てた官宣旨で再施行されていた。[55]長元五（一〇三二）年十二月に僧綱からの申請により「諸寺衆僧」の美服を禁じた時に藤原実資は、

綱所申請状中、綱所糺断者、綱所者非糺断之所、申請之理、不可然、仰使庁可令糺断也。[56]

と発言している。法の提案者である僧綱所は自らが違反者を「糺断」するという内容の申請を行ってきたのに対して、実資は使庁がその取締りにあたるべきとの意見を述べていた。『延喜弾正式』（巻四十一）中の「凡新有立制宣旨者、告示検非違使」すとの記述は、この点を示す文言なのであろう。

次に禁制の発布理由を検討する。過差禁制は、前節より明白となるように、朝廷行事を契機として発布されたものが、大部分を占めていることに気付かされる。他の行事や祭祀に関する規制も散見するものの、特に、賀茂祭・相撲節会・五節に対する法が圧倒的に多いといえよう。この三行事の場合は、それぞれ幾年か連続して発布されていたり、永延元（九八七）年のように三行事全てに別個の禁制の発令が確認できる年もあり、なかばこれら儀式に際しては、過差禁制の施行が慣例化していたのではないかとすら思えるほどである。

『玉葉』に「於相撲五節者載旧符、是依為例事歟」[57]との文言があり、ここでは賀茂祭の記述を欠くとはいえ、保元以降になっても、これらの行事において過差禁制を発布することは「例事」と認識されていたことが判明する。事実相撲節会の場合、保安三（一一二二）年以来長らく中断していたのが、保元三（一一五八）年に復活すると、当然の如く「不可改装束」なる過差禁制が発布されていた。[58]過差禁制と朝廷行事、なかんずく前記三行事との密接な関連に着目しておきたい。

但しこの三行事に際して、なぜかくも集中的に禁制が発令されるのか、その共通点については不明とせざるをえな

い。そこで個々を取り上げて簡単に検討を加える。賀茂祭は単に「祭」とも称されたように、国家の「中祀」として盛大に行われた。またこの祭は、天皇の「直轄祭祀」という性格が濃厚でもある。祭当日は、騎兵を始めとして華麗な装束を身に纏った祭列が続き、上皇・女院・摂関以下都市民に至るまで諸階層の人々が見物に集まった。祭の場の常として祭使らは贅を尽した。ここに、過差禁制の発布と検非違使による取締りを通じて、朝廷の威信を発揮せんとすることになる。(59)

相撲節会は三度節の一つとして重視されていた。儀式自体は基本的にわずか一日で終了するとはいえ、朝廷はその準備のために相撲司を設置しさらには装束司も置いた。この節会は、五穀豊穣を祈願しまた農産物の豊凶を占うという意味をもつ行事であり、国家的儀式として重要な存在であった。なお儀式の観客は天皇以下高位高官者に限られた。(60)これが相撲召合の翌日の装束改替と纏頭の禁制に、法令の内容が限定されていた理由である。

最後は五節についてである。これは直接には五節舞のことを指し、新嘗祭の一環として豊明節会において舞うものである。豊明節会は直会としての性格をもち、風流に流れがちであった。舞姫は公卿・受領の子女から原則として四名を選ぶ。費用が自弁ということもあり、華美を競う傾向がみられた。このため、「寛平御遺誡」(61)や三善清行の「意見十二箇条」(62)などからも明白なように、たびたび奢侈を禁制すべきことが説かれてきた。この行事に際して、過差禁制が発布されることになるのは当然のなりゆきであろう。

さて禁令がしばしば施行されたということは、逆にいうならば、時限立法的な性格を示す可能性が生ずる。即ち、特定の行事を対象として立法され、かつ連年発布されていたことから判断して、儀式終了後には法的効力を喪失することになると思われる。法としての継続性はさほど期待されていないように見受けられる。

規制内容からみるとそれぞれの行事に特徴が認められる。なかでも相撲節会においては、二襲の禁にほぼ固定化していた。また賀茂祭は祭使及びその従者に関連する事項、五節では美服の禁が多いようである。纏頭禁制はこれら三行事を含めた全行事において認められる。

## 2

ここで天暦元（九四七）年の禁制について触れておきたい。後掲する天暦元年十一月十三日付太政官符（以下天暦元年令と略称）は、水戸部正男氏の研究[63]以来、新制の出発点をなすとして高く評価されてきた。水戸部氏は、後年本令が「新制」と称されていることと、この過差禁制が複数の条文で構成されていることの二点をもって、新制成立の根拠とする。前者は、旧法に対して新しく制定した禁制という意味での「新制」の語はしばしば使用例があり[64]、理由としては薄弱である。後者は確かに重要な視点である。しかし天暦以前においても、複数条文を持つこの種の禁制が発布されていた可能性も否定はできない。新制の成立を天暦元年令に求めることにやや不安を憶える。それではこの法令の意義はどこに求められるのであろうか。この法を再検討したい。

その条項としては、

①　一、応禁制六位以下着襖子重下襲事
②　一、応禁制諸司史生以下着縑白絹事
③　一、応禁制諸衛舎人諸司幷院宮諸家雑色以下人等着手作衣袴事
④　一、応重禁制男女道俗着美服事
⑤　一、応禁断諸司雑任以下輙着絹絁皮履事
⑥　一、応禁制諸司諸衛官人饗宴裹銭事

という六カ条が復元されてきた[65]。天暦元年令の制定過程については、『日本紀略』及び『貞信公記』等に、断片的な記載があり[66]、右大臣藤原師輔を上卿として審議・発布されたと考えられる。

『吏部王記』には制定の四日後となる十七日条に、

兵庫頭忠幹伝右大臣消息云、近日有被定行倹約事、多是依奉祭使及出立五節妓者費多也。自余雑事、諸卿色々有定申。就中下襲長、(中略)公卿節会日得用綾、六位不得着襖子、下人猟衣不得用手作布。又紅花染色、禁用蘇芳、王卿各可相慎紀、雖末下宣旨、且用意宜歟。

(藤原)兵庫頭忠幹伝右大臣(師輔)消息云 / 相慎紀(紀カ)

との記事がある。記主重明親王は、この禁制が奉祭使及び五節を主たる取締り対象とし、これに他の条項を付加したものであるとの上卿からの書状を受け取っていた[67]。従ってこの法は、翌日の五節さらには二十三日に予定されていた賀茂臨時祭[68]に対する過差禁制として制定していたと考えられる。本令が十一月に発布されたのは、ここに直接的な理由がある。とするならば、天暦元年令はその他の過差禁制と基本的には同質の法令といえよう。天暦元年令の禁制内容自体、既に朝廷が規制し続けてきたところでもある。賀茂祭使については、承平三(九三三)年に「祭使等摺袴下襲、其長過多」として、別当宣[69]ではあるが禁令が施行されていた。美服停止についても、九世紀後半以来、深紅色の禁として規制対象となっていたのである[70]。

しかし、ここで注目したいのはその規制対象である。当該期の禁制の多くは、先述のとおり、個々の行事を対象とし、儀式終了後には法的意味合いが薄れがちであった。これに対して本令は、五節・賀茂臨時祭をさしあたりの対象にするとはいえ、⑥条から明らかとなるように、二月の列見・定考から十一月の五節までと、数多くの年中行事をも規制する法として制定されていた。例えば②条は翌年三月には早くも修正[71]されたが、これは諸社祭が行われる時期を迎えて現状により合致させようとしたものであった。

『政事要略』は編者惟宗允亮の見解・解釈を随所に記す。そのなかに前掲の『吏部王記』の記事を引用しつつ、「親王以下下襲長、雖不立制法為知聖代定、載件日記耳」[72]との文言がある。ここには、天暦元年令を「聖代定」として、一つの基準にするという意志が認められる。①条中の「襖子重着」については、「私案。襖子重制、先後有疑」りとして、先＝「延喜弾正式」と後＝「天暦符」を取り上げていた。結局允亮は、

爰欲沿従新制之旨、未詳改旧法之文。但時之行事、五位以上任着、六位以下不着。相尋其情、猶従後符歟[73]。

と記しており、「後符」＝天暦元年令に従うとの見解を示している。このように、天暦元年令は後世過差禁制の基準ともなっていたのである。奈良時代以来たびたび発布されてきた禁令は、十世紀前半に至ると深紅色の禁に集中的に表わされた。またこの時代になって、個々の行事を対象とする禁制も発布されるようになる。天暦元年令は、この動向のうえに制定されたのであり、それまでの過差禁制の一つの到達点をなすと評価しておきたい。そしてその後の禁制は、本令の継承といえるのではなかろうか。

水戸部氏は、新制の「成立」として天暦元年令を捉えた。しかしながら、ここまで評価することには躊躇を覚える。従って本章では、平安中・後期における過差禁制の出発点ということにとどめておきたいと考える。

ところで、保元以降鎌倉時代にかけての過差禁制については、従来ほとんど顧慮されてこなかった。では禁令は発布されなくなるのであろうか。保元三年の相撲節会に際して、過差禁制が発令されていたことは既に触れた。文治三（一一八七）年の石清水・賀茂行幸の時にも朝廷はやはり禁制を発布していた[74]。延応二（一二四〇）年には賀茂祭についての過差禁令が施行されていた[75]。さらには鎌倉後期の新制の多くが、倹約令＝過差禁制に限定されていくことも忘れられない。このように過差禁制そのものは、保元以降にも引き継がれていたのである。

最後に過差禁制の意義について検討する。服飾に関する禁制そのものは、周知の通り、天武十（六八一）年以来朝

廷は立法化してきた[76]。服飾・服色はまさに身分を可視的に表現するものであり、儀式・行事の場において規制することは特に効果的であったろう。またこの規制は、「衣服制度、貴賤相分」[77]つとの文言からも理解できるように律令制的身分主義に立脚しており、とりわけ下級官人らを対象とした過差の抑制に主眼が置かれていた。一方負担軽減のためという、まさに倹約としての意味もあったと思われる。本章ではさらに過差禁制の徳政的側面にも注意を払いたい。

この点を考察する前提として、まず当時の貴族達が過差という行為をどう受け止めていたのか確認しておきたい。長久元（一〇四〇）年九月の内裏焼亡という混乱に際して、藤原実資は「世務背理」し「又過差甚盛之故」との感想を洩していた[78]。過差の隆盛などにより朝政はあるべき姿からかけ離れてしまったこと、この結果が内裏焼失という凶事に繋がったとする見方を窺うことができる。過差は悪政そのものと捉えられていたのである。ここには、悪政が災厄や天災を生むという天人相関説の強い影響力があった。

とするならば、次には一方策として、過差を停止することで除災を図ろうとする考え方が生ずることになるであろう。長元二（一〇二九）年は三合年にあたるとして、朝廷は壊災を意図して陣定において奉幣使の派遣など慣例ともなっていた対策を決定した。この報告を受けた実資は、「心中所思者天下衰幣殊甚、試被行倹約可被侍天咎歟」[79]と書き残している。ここに「天咎」との語があることからも明らかとなるように、彼は、倹約＝過差禁止を施行することで朝廷が徳政の実施を天下に宣言し、もって天からの災厄を避けるべきだと考えていたのである。過差禁制は、徳政そのものとする意識が存在していたといえる。

過差禁制が特定行事を対象に発布されることが多いという点については指摘してきた。勿論、身分制的あるいは倹約令的な面こそが本義であることに変わりはなかろう。しかしこの禁令の背景として、徳政の実施という面もまた見逃されるべきではないと考える。

この性格が鮮明になるのが鎌倉期の過差禁制である。文治三年の禁制は、「内乱と天災を収束するための徳政の一環」として行われた意見封事を基にして発布されたのであった。[80] 延応二年の場合もまた攘災を意図した徳政議定の場で決定されている。さらに鎌倉後期の新制の多くが倹約令に集約されつつも発布し続けられたのは、朝廷の政権的位置の後退を意味するとともに、その徳政的意義によるのであろう。鎌倉期に至って過差禁制が[補注]突然の如く徳政としての意味をもったとは考えられまい。やはり、平安中・後期の段階で、この禁制発布の一つの理由に徳政という要素が内在していたことが示されているのではなかろうか。

## おわりに

新制は、「天人相関説」を思想的背景に、徳政の一環として発布されたと[81]考えられている。しかし、十一世紀以前の新制については、徳政との直接的な関連そのものは否定的に理解されてきた。[82] また、この時期の新制なる語は、単に新しい禁制を示すにすぎないとする有力な見解[83]もある。このように、十一世紀以前の段階では、新制という語に特別な意味を付与しうるのかという、根本的な問題が残されている。そこで本章では、新制条項として主要な要素を占めた過差禁制について検討してきた。その結果、過差禁制は徳政としての意義をもつ法令であるとの結論に、一応辿りつけたことと思う。この時期の過差禁制は、第二節で論じたように、宮中行事を対象に発布されることが多く、なかば慣例化していたこともまた確実である。しかしながら、過差の抑制は徳政に繋がると考えられており、直接徳政の一環として施行された禁令も存在したとみられることから、後者の場合は新制と認めてもよいと考える。

注

(1) 野上氏「日本古代の服飾禁令について(1)・(2)」(『光華女子短期大学紀要』十四・十五集、一九七六・一九七七年)。

(2) 水戸部氏『公家新制の研究』(創文社、一九六一年)。

(3) 西村氏『平安京の空間と文学』(吉川弘文館、二〇〇五年)第三・四章参照。

(4) 遠藤氏「過差の権力論」(服藤早苗氏編『王朝の権力と表象』森話社、一九九八年)参照。

(5) 西村氏前掲注(3)書第三章には、奈良時代から平安時代中期(永承七〈一〇五二〉年)までの過差規制関係の法令一覧が掲載されている。さらに下郡剛氏「後白河院政期の公家新制」(同氏『後白河院政の研究』吉川弘文館、一九九九年)は、保元年間から文治年間までの、過差禁制の史料的確認をしつつ、平安中期を含めたこの禁制の分析を行っている。

(6) 長保元年七月二十五日付太政官符(『新抄格勅符抄』巻十)⑩条「応重禁制諸司諸衛官人饗宴碁手輩事」の事実書中に「永観二年符」との文言がある。あるいはこの符と関連があるか。

(7) 実資の任官については、『大日本史料』同月二十三日条参照。

(8) 『日本古典文学大系　栄花物語』巻四には、同年のこととして藤原伊周が「人の衣・袴の丈伸べ縮め制せさせ給ふ」と指示したとの記述がある。あるいは賀茂祭に関わるか。

(9) 同書五月一日条にも関連事項が記されている。

(10) なお『御堂関白記』翌三年十一月十五日条は、「六位等依美服有勘当」りと五節に際して美服着用者を処罰した記事を載せる。前日には五節の行事が行われていたので、この日になって処罰された可能性がある。とするならば、この年にも規制が発布されていたのかもしれない。

(11) 同右書同月二十四日条参照。『小右記』同月二十一・二十四・二十九日条からは、この禁制が遵守されていなかった実情が判明する。また『御堂関白記』同月二十八日条・五月十三日条も参照。

(12) 『小右記』長和三年二月十三日条も参照。

(13) 『小右記』同年二月十三日条の、「又賀茂祭使之童事申案内。命(令申)云、去年有制法、今年一向停止」すとの文言から明らかとなるように、当日から規制内容についての審議が開始された。また、関連記事には、『小右記』四月十六・十七・十八日条がある。

(14) 『小右記』同月二十三日条にも関連記事がある。

(15) 『御堂関白記』同年四月二十四日条には、賀茂祭当日の違反者を処罰したことが記されている。また『小右記』同月十七・二十四・二十五日条参照。

(16)『小右記』同日条参照。

(17)『小右記』同月二十日条参照。

(18)『小右記』同日条。史料中にこの禁制が宣旨による発布ではなく、「示案内」すという形で施行されていることに疑念が生ずる。しかし、このような例は幾つか認められる（例えば、万寿二年十一月八日発令の禁制など）。なお第二節参照。

(19)『小右記』十一月十三・十四日条など参照。

(20)『小右記』同日条及び十五日条参照。さらにこの経過については、『左経記』四月十九日条・同月二十七日条・五月二日条・同月三日条参照。『小右記』五月三日条にも関連記事がある。

(21)『小右記』四月十二日条には、

御禊祭間可禁過差之宣旨下了云々。兼日可被下之宣旨也、還有事煩歟。見物人云々。検非違使群立大宮辻、禁制過差従類云々。多有遁避者。

との記述がある。実資は、発布が祭当日に近接しすぎており、規制が徹底しないことを批判している。事実違反者が続出した（『小右記』同日条参照）。『日本紀略』四月十五日条も参照。

(22)『左経記』十一月十四・十五・十六日条参照。なお同書同年四月二十日条には、賀茂祭に際して「各皆倹約、敢不過差」ずとの記事を載せている。この時規制が発布されていたかについては疑問が残るため、参考として掲げる。

(23)『小記目録』第五四月十五日条も参照。

(24)『新抄格勅符抄』巻十。この官符については後述参照。

(25)『陽明叢書　記録文書篇』第六輯（思文閣）。

(26)『春記』同年十二月十日条参照。

(27)宮崎康充氏の紹介による『春記』同年十月条の断簡（『書陵部紀要』五四号、二〇〇二年）の冒頭部(1)に「左大弁経輔（藤原）候。予面仰之。衣裳之制、未被定仰其法」との記述がある。この記事は、本文で触れたところから判断すると、同月三日の日記の内容かとも思われる。

翌十一月二十三日の祐子内親王着袴の儀式に際して、『春記』同日条は、今日彼宮女房装束其数已過制旨、皆着織物。又件破子入物非制法。過差之甚又以如之。厳制雖重畳、一切無益歟。との記事を伝える。この儀式のために衣服数・美服についての制を発布していたのか判然としないが後考のために記す（なお次章参照）。

(28) 同書四月二十二日条にも関連記事がある。

(29) 『群書類従』二五輯、雑部。

(30) 『日本古典文学大系　栄華物語』巻三十六には、「殿の大納言（藤原師実）、五節出させ給。（中略）この御時には制ありて、衣五つなどあれど、厳しからねば」との文言があり、天喜五（一〇五七）年（年代比定は松村有司氏『栄華物語全注釈』七巻、角川書店、一九七八年、一二〇頁に従う）十一月の五節に際しても過差禁制が発布されていた可能性がある（同書巻三四も参照）。

ここで同書にみえる過差規制関係の記事を一括して取り上げておきたい。長久五（寛徳元、一〇四四）年正月には、「この御時は、制ありて、衣の数は五つ、紅の織物などは制あり」（巻三四）とある。さらに承保四（承暦元、一〇七七）年正月の関白臨時客に際しては、「制あれば、数五つなり。されど、綿いと厚くて、少しとも見えず」（巻三九）と女房達が規制にささやかな抵抗をしていた様子を描いている。同書ではこの時期に、女房の衣（袿）の枚数を制限する制がしばしば発令されていたことが他にも記されている。しかし、管見の限り、これらの記事を記録類で確認することはできなかった。

(31) 『玉英記抄』「衣類」項所載の建武元（一三三四）年九月七日宣旨は、「延久二年符」を引載するが、その規制内容は本文と一致している。翌年再度制定されたとすべきか、異なる法令であるのか、或いは誤記とみるべきか確認できなかった。また『史料綜覧』延久二年二月七日条の綱文には「絹布の制を定む」とし、同書と『扶桑略記』を典拠としている。前者は右述の記事を指すと思われるが、後者には「被定絹両数、疋別三両二分」以下の規定を定めたとするのみで、両書の記述内容は異なる。

(32) 『大日本史料』同日条。

(33) 『続群書類従』一一輯下、公事部。

(34) 同年十月十五日の前斎院篤子内親王の御禊に際して、『為房卿記』同日条には「源大納言（経信）被扈従、女房車二両、為密々事、被従倹約也」との記述がある（『大日本史料』同日条）。この時過差禁制が発布されていた可能性もあるが後考を待ちたい。

(35) 同年四月の賀茂祭についての『中右記』の記事中に、「纏頭一日䌨等、年来有制被止此事。自去春比頗出来也」との文言がある（四月二十四日条）。「年来」䌨に対する纏頭規制が発布されていたことが明らかとなるが詳細は不詳。

(36)『中右記』同日条。また『為房卿記』同日条（『大日本史料』康和五年十一月九日条）には、実際には纒頭が行われており、制符が発布された当日のうちに破られていたことが判明する。
　なお『中右記』同年十二月二十一日条は藤原家忠の大饗を伝えるが、その記事中に「彼息侍従忠宗纒頭。但纒頭此間有制之比、依密々儀不及広歟。此事且又先規也」との文言がある。「此間」の制とは、本文中の十一月十日の禁制の可能性もある。さらに、『殿暦』同年十二月九日条には、「頭弁(源重資)来云、色々制ノ宣旨を持来、目録止了」との記事がある。詳細は全く不明だが、「色々制」が何を指すのか注目したい。あるいは前述の纒頭の禁を含むものであろうか。

(37)『中右記』同年十二月二十五日条にも、「内大臣(源雅実)召光(狛)末(季)於欄下給出衣、事不及広。依有纒頭制歟」との記述がある。本文中の規制との関連は不明。

(38)『中右記』同年三月十日条には「於纒頭者有制」りとの文言がある。本項と関連があるのか不明。

(39) 同書同月十八日条にも関連記事がある。また摂政藤原忠実の春日詣の際に現地で実施された競馬の様子を伝える『中右記』同年十二月十七日条に「上達部三人幷殿上人両三人纒頭。但有制不及広」ずとの文言がある。さらに同書翌三年二月十日条にも、「就中近代纒頭有制之比也」との記事がある。「近代」との語に曖昧さは残るが、春日祭に際して纒頭規制が行われていた可能性がある。

(40) 但し記主藤原宗忠は、当時検非違使別当である。従って、この禁制は使庁内を対象とする法にすぎないとも解釈できる。『中右記』三月三十日条・四月六日条・同月十五日条・同月十六日条・同月十七日に関連記事がある。なお第二節参照。

(41)『永久二年白河御堂供養記』（『続群書類従』二七輯上、釈家部）。

(42)『中右記』元永元（一一一八）年四月二十二日条に、「従御禊前駈人々許祭使所々数十人集会纒頭。天下過差如此事、度々雖被制、不随順歟」との記述がある。賀茂祭終了後に、制を無視して大規模な纒頭が行われていたことを知る。「度々雖被制」もとの文言からすると、この行事のために改めて発布されていたのかなど詳細は不明。

(43)『御禊行幸服飾部類』（『群書類従』八輯、装束部）。

(44)『樗嚢抄』（『続群書類従』一〇輯上、公事部）。なお後掲注(58)も参照。

(45)『長秋記』同年六月十四日条は、祇園御霊会の様相を伝えるが、記事中に「被拘制法、不足(衍カ)施金銀錦絵」ず、さらに「馬長等破制法着金銀。頗似無故歟」との文言がある。この時に美服禁制が発布されていた可能性がある。

(46)『平知信朝臣記』同年二月八日条は、藤原頼長の右近衛大将兼任の大饗の様相を伝えるが、その記事中に「依為御随身、殊有饗応。依新制不及他人纏頭」ずとの文言がある。個々の貴族の行事に際して、朝廷が個別の禁制を発布したとは考えにくいが、ひとまず注記しておく。

(47)同書同年十月二日・五日条も参照。また同書同年三月二十八日条は藤原忠実七十歳の賀を伝えるが、記事中に「姫宮女房出袖已上、不改昨日色依新制也。」との割注がある。本文中の新制との関連は不詳。さらに同書同六年五月二十三日条には、「今日、執柄(忠通)使宮宣旨示曰、有不可改女房所出衣也。新制而改之如何」との記述がある。この美服規制の発布日などは不明。

(48)この点については、次章第一節も参照のこと。

(49)行成が上卿に就いていたことは、『小右記』同年三月十二・十三日条参照。大治五年の賀茂祭の時の規制についても、前節で提示した史料からも明白になるように、禊祭上卿に宛て宣旨が出されるべき事を藤原宗忠は主張していた(この時宗忠は同祭の上卿)。

(50)以上、『中右記』同月六・八日条参照。

(51)『玉葉』同日条参照。

(52)『百練抄』同日条に「別当成親卿定下諸衛官人二分三分郎従員数」すと、前注の『玉葉』とほぼ同文の文言があることから推定した。成親の上卿任命を示す史料は、管見の限りでは、確認できなかった。

(53)鎌倉時代の例ではあるが、寛元元(一二四三)年十月には、五節に対する六カ条の規制が「五節所」に指示されている(『百練抄』同月二十四日条参照)。

(54)三浦氏前掲注(2)論文参照。検非違使庁と新制との関連についての近年の論文に前田禎彦氏「摂関期の闘乱・濫行事件」(『日本史研究』四三三号、一九九八年)がある。笠原英彦氏「中世法成立期の制符と使庁」(『法学研究』六五巻六号、一九九二年)も参照のこと。

(55)同年六月五日付官宣旨(『政事要略』巻六七)参照。なお長保元年令については次章参照。

(56)『小右記』同年十二月二十五日条参照。

(57)『玉葉』文治三年十一月三日条。

(58)前掲注(44)書参照。十二世紀にはいると相撲節会に対する規制が少なくなるかにみえる。これは十一世紀後半から次第に開催の間隔が開き始め、十二世紀にはいると僅かに五回の実施に止まったことにその要因がある。相撲節会は長治元（一一〇四）年・天永二（一一一一）年・保安三（一一二二）年、本文中で触れた保元三（一一五八）年、そして承安四（一一七四）年を最後として廃絶した（吉田早苗氏「『中右記部類』と相撲」『東京大学史料編纂所研究紀要』八号、一九九八年、参照）。この内過差禁制の発布を確認できるのは、管見の限り、保元三年のみとなる。ただ開催直前に起きた大炊殿の火災により急遽中断されることになった永久四（一一一六）年の場合は、七月十二日付で検非違使に宛てた「新制宣旨七箇条」が『朝野群載』に収められている（同書第十一巻）。その第一条は「五節相撲両日間、不可改着装束二具事」なる条文であり、明らかに一カ月後に予定されていたこの節会を意識した条項となっている。さらに『江家次第』八（相撲召仰）（『新訂増補故実叢書』）には、「朽葉下襲或二藍等也。若有着美服（制カ）別時、両日着位袍」すと記されている。この文言からも相撲節会に際して、禁制が発令されることが多かった様子がうかがえる。これに前掲注(57)の『玉葉』の記事を考え合わせると、本文中の解釈でよいように思う。

(59)　以上の賀茂祭の記述については、岡田荘司「平安前期神社祭祀の『公祭』化」（同氏『平安時代の国家と祭祀』続群書類従刊行会、一九九四年、初出は一九八六年）及び丸山裕美子氏「平安時代の国家と賀茂祭」（『日本史研究』二三九号、一九八二年）による。

(60)　相撲節会については、横山健堂氏『日本相撲史』（富山房、一九四二年）、宮本徳蔵氏『力士漂泊』（小沢書店、一九八五年）、山口昌男氏「相撲における儀礼と宇宙観」（『国立歴史民俗博物館研究報告』第十五集、一九八七年）、大日向克己氏「相撲節」（『古代国家と年中行事』吉川弘文館、一九九三年）、新田一郎氏『相撲の歴史』（山川出版社、一九九四年）、山田知子氏『相撲の民俗史』（東京書籍、一九九六年）、吉田早苗氏「平安前期の相撲人」（『東京大学史料編纂所　研究紀要』七号、一九九七年）など参照。なお宮本氏は前掲書において、童相撲の開催が天災・凶作と密接な関係にあることを指摘している。

(61)　『政事要略』巻二六参照。

(62)　山岸徳平氏他編『日本思想大系　古代政治社会思想』（岩波書店、一九七九年）所収の第五条参照。

(63)　水戸部氏前掲注(2)書第一章参照。

(64)　早川庄八氏「起請管見」（同氏『日本古代の文書と典籍』吉川弘文館、一九九七年、初出は一九八九年）参照。

(65)　なお水戸部氏は、⑥条の事書を「応賀茂祭六月禊等饗従倹約事」と推定した。これは、『別聚符宣抄』の編纂索引に従ったものとみられるが、規制内容を考慮するとやや不正確なように思われる。というのは、同書中の文言は「太政官列見、定考、賀茂祭、六月禊等饗、年来之間、甚以過差。自今以後、惣従倹約。至裏銭、一切停止」（『大日本史料』天暦元年十一月十三日条の別本に従う）というものである。すると水戸部氏による事書の復元では前半部のみを示すことになるだろう。また『政事要略』巻二十二には「但裏銭、自天暦元年停止」すとの割注があり、後半部も無視できないことを意味している。そこで、本令を引用する掲注(6)長保元年七月二十七日太政官符⑩条に基づき、本文のように改めた。

『政事要略』所収の天暦元年十一月十三日宣旨（⑥条）には、「左大臣宣」との文言がある。しかし同宣旨を収める『別聚符宣抄』は「右大臣宣」とあり、①〜③条の官符も「右大臣」とする。さらに上卿が本文の通り右大臣師輔であることを考慮するならば、『別聚符宣抄』に従い、『政事要略』の宣旨も「右大臣」と訂正されるべきである。

(66) 『日本紀略』同年十一月一・七・十三日条及び『貞信公記』同年十一月十六日条参照。

(67) ①〜⑤条が奉祭使及び五節と無関係に制定されたのでは勿論ない。これら条項も、この行事に際しての規制という役割をもっていた。②条については後述参照。

(68) 但し臨時祭は内裏での穢発生により二十七日に延引されていた（『日本紀略』同月二十三・二十七日条参照）。

(69) 『法曹至要抄』（『群書類従』六輯、律令部）禁制條参照。

(70) 延喜十七（九一七）年十二月二十五日三善清行「請禁深紅衣服奏議」（『政事要略』六七巻）には、深紅色の禁に関する変遷が記されている。

(71) 天暦二年三月十五日太政官符（『政事要略』六七巻）。

(72) 同右書巻六七。

(73) 同右書巻六七。

(74) 文治三年の過差禁制については、奥田環氏「九条兼実と意見封事」（『川村学園女子大学研究紀要』一号）・永井英治氏「鎌倉前期の公家訴訟制度」（『年報　中世史研究』十五号、一九九〇年）及び下郡剛氏「後白河院政期新制の条文復元」（『日本歴史』六二一号、二〇〇〇年）など参照のこと。

(75) 『平戸記』同年四月十五日（三日）条に、三月十二日口宣案が収められている。

(76) 『日本書紀』同年四月辛丑条参照。

(77) 天暦元年令①条参照。

(78)『春記』同年九月十二日条参照。なお前節の長元三年九月の項で触れたが、ここには過差は「国々衰亡」につながるとする認識がみられる。
(79)『小右記』同年閏二月六日条参照。
(80) 奥田氏前掲注(74)論文参照。
(81) 稲葉伸道氏「新制の研究」(『史学雑誌』九六編一号、一九八七年)参照。
(82) 稲葉氏前掲注(81)論文参照。
(83) 早川氏前掲注(64)論文参照。

(補注) 過差禁制は鎌倉時代に入ってもことあるごとに発布されていた。不十分なものではあるが、その一覧を第五章末尾に別表2として掲げる。この時代では新制の制定作業が遅滞した場合或いは急を要する時など、一部過差規制が先行して発令されることすらあった。寛喜三(一二三一)年令は、遅くとも同年五月三日より制定のための議定が始まる(『民経記』同月二・三日条など参照)。その過程を示す同月十四・十五日には、二十五日から予定されていた最勝講の際の過差規制も審議されていた。このことを伝える『民経記』には、「近日依飢饉事、所有倹約之沙汰」との記事がある(同書十四日条参照)。この過差禁制は、前年からの飢饉を強く意識していたことになるだろう。新制自体は半年近く経過した十一月になって漸く発令されていた事からも分かるように、制定作業はしばしば長時間を要するものであった。その結果、発布にこぎ着けた時点では、第一部第四章でも触れるが「新制事世已以豊年也。於今者、雖無其要、可被宣下」(『民経記』同年八月二十九日条)しとの認識に見られるような、時機を逸するという状況になりかねなかった。一方過差規制条文は、一般論でいうならば新規の禁制というものではなく、前代からの法内容の踏襲という性格を強く持つ条項であり、朝廷内の行事などの実施に即応することが可能であったといえるだろう。

# 第二章　平安時代中・後期の公家新制

## はじめに

公家新制は、主に平安時代中期から鎌倉時代にかけて発布された法令であり、その条文内容が当該期の朝廷の政策基調を示すとして注目されてきた。しかしながら、保元元（一一五六）年閏九月二十三日発布の新制[1]（以下保元元年令と略称）以前、平安中・後期の新制については、ほぼ閑却されてきたといわざるをえない。本章はこの時期の新制に考察を加えようとするものである。

本論にはいる前に、この時期の新制に関する研究史を簡単に通観しておきたい。新制研究の出発点に位置付けられる三浦周行氏の「新制の研究[2]」は、その主たる対象を鎌倉時代に置いたため、平安時代については概略的に触れるにとどまった。同氏の研究を飛躍的に発展させたのが、水戸部正男氏の『公家新制の研究[3]』である。水戸部氏は、平安時代中期以降の新制条文を博捜しつつ、関連史料を踏まえて条文解釈を行い、ここに基礎が確立した。

その後の新制研究は平安時代末期及び鎌倉時代に重点が移り、保元以前については水戸部氏の成果を継承するのみという状態が続いた。このようななかで、稲葉伸道氏の「新制の研究[4]」は、徳政との関連に着目しながら新制の諸側面に考察を加えた貴重な論稿である。稲葉氏は、十二世紀前後以降の新制が徳政と密接な関連を持つことを指摘した。他方十一世紀以前については徳政との関連性は認められないとしつつも、史料中において新制の語が使用されていることをもって、水戸部氏と同様に新制として扱った。刺激的な新制論を展開している保立道久氏は、平安時代の新制の特徴について、成人天皇即位に伴う代替り徳政として発布された法令であるとの視点を示した。(5)

このように、主に中世史研究者によって新制研究は進められてきたといえよう。これに対して早川庄八氏は、古代史研究者の立場から問題点を指摘した。早川氏は論文「起請菅見」において、新制という語を「なにか特殊な意味合いを有する熟語として扱」う傾向を批判し、十一世紀以前と時期を限定しつつも、新制の語は単に新しい禁制という意味の言葉に過ぎないと注意を喚起(6)したのであった。

そこで、本章で使用する新制の語義について再度触れておきたい。早川氏は、前掲した論文において、十一世紀以前の起請関係史料を精査し、その中で新制の語について、「新しい制、新しい禁制という、一般的な意味のことば」であるとも指摘(7)していた。確かに、新制なる用語は、『類聚三代格』以下の当該期の諸史料に頻出しており、十二世紀以降においても単に「新しい禁制」という意味での使用例も認められる。同氏の論点は、従来、史料中の「新制」という表現から、即公家新制と認定するというやや安易な姿勢や、あるいは新制の語の拡散傾向に対する厳しい批判となっている。しかしながら平安中・後期における新制なる語が、全て単に「新しい禁制」を示す用法のみと断定できるのかという点については、改めて確認されねばならないだろう。なぜならば、十二世紀以降においても、新制の条項の大多数は律令格式に淵源を持ち、これを修正・補足したりさらには徹底化を図ろうとする法令(8)なのであって、個々の法をとってみるならば、やはり新たなる禁制という性格そのものには変化がないという事実がある。単に条文内容から判断するだけでは不十分といえるだろう。

そこで注目したいのが新制のもつ徳政的性格である。稲葉氏が明確化したように、十二世紀以後の新制は、天変・災異の発生、あるいはその発生が予測される場合に、攘災を図るための徳政の一環として発布されていた。新制は、序章でも論じたように、天変・災異などを直接の契機に、朝廷が新たな治政方針を表明する手段として公布した法令と、定義づけることができるだろう。早川氏の見解が成立するためには、十一世紀以前には徳政的意味をもつ法令（新制）が存在しないことを論証する必要があろう。逆にいえば、徳政的意義をもつ法が、どこまで遡りうるかを考察することは、依然重要な課題として残されている。

またこの時期の新制条項として、従来単行法令的な過差禁制と荘園整理令が取り上げられてきた。後者については、既に代替り徳政との指摘[9]がある。しかし前者についてはその徳政的意味が認められてこなかった。十一世紀以前の両法令の意義についても、徳政という視角に限定しつつ見直したい。

## 一　過差禁制

過差禁制については、近年西村さとみ氏[10]が、十・十一世紀の貴族の奢侈観を考察するなかで分析している。西村氏は、八世紀以降の過差禁制なかでも衣服に関する禁令史料を網羅的に抽出して、衣服が属性として持つ身分標示機能から八世紀末葉以後になって奢侈禁令が発布されるようになり、十世紀に至って奢侈による弊害の除去を意識した内容に法令としての性格が変化していくと結論づけた。筆者もまた前章において、天暦元（九四七）年以降保元元（一一五六）年以前における過差関連史料の確認作業を行った。その繰り返しとなるが、ここで再検討する。

### 1

さて、十世紀中葉以降の過差禁制について、前章では(1)賀茂祭、(2)相撲節会、(3)五節という、主として三行事を対象に集中的に発布されていたことから、これらの行事に際してなかば禁制発布が慣例化していた可能性を指摘した。賀茂祭では、嘉元二（一三〇四）年の制符[11]に至るまで、鎌倉時代の新制においても一貫して規制対象[12]となっている。また相撲節会・五節についてみるならば、前者が承安四（一一七四）年を最後に廃絶していたにも拘わらず、寛喜三（一二三一）年新制の⑪条の事実書中で、「五節相撲節両日間、男女改着二具停止之[13]」と規定されていた。これは勿論、当該期の新制条文の形式性や固定化を明瞭に示すものではあるが、両節会に際しては鎌倉時代においても過差禁令を発布することが「例事[14]」と認識されていたことの表れでもある。

## 2

ここで過差禁制の歴史的意義を考えてみたい。そもそもこの種の規制は、「過差」という語からも明らかとなるように、「貴賤各有等差[15]」りとする律令制的身分秩序に基づくもの[16]であり、周知の通り、可視的に身分を表示することによって身分秩序を維持するという性格をもっていた。さらにこの面だけではなく、前章でも論じたが、過差禁制には徳政的側面もあったと考えられる。

まず、十世紀後半以降頻発した内裏火災との関連をみていこう。長和三（一〇一四）年二月の内裏焼亡に際して藤原実資は、「内裏焼亡後朝以後奏聞、如此之事極不便事也。恐天恐地可欲行直政倹約給之間也[17]」と日記に記していた。実資は、焼亡を天災と捉え、天への回答として朝廷が倹約を行うべきことを説いた。時期は前後するが、長保三（一〇〇一）年十一月十八日にも内裏が炎上した。そこで同月二十五日には、「造宮期幷豊楽院、八省可作事」などが定められたが、同時に「過差事」も議題に登り、結局「過差可依先宣旨」しとして同元年七月二十七日付太政官符[18]（以下、長保元年令と略称）を補足・修正しての再施行が決定[19]された。寛弘二（一〇〇五）年十二月に、詳細は不明であるが「禁美服宣旨事」[20]が定められていた。この禁制も制定時期から考えると、前月の内裏焼亡に連動して公布された可能性が高い。

さて長久元（一〇四〇）年九月に、前年の内裏に続き、里内裏である京極院が焼亡して内侍所の神鏡も焼失したことは、貴族層に大きな衝撃を与えた[21]。後朱雀天皇は、蔵人頭藤原資房を通して、実資にその対応策を尋ねた。この時彼は、

焼亡事已以連年、尤可歎思食事也。誠雖多先蹤、又猶不吉事也。世務背理、上下之愁悶猶以不休、仏神事之歎尤盛、又過差甚盛之故歟[22]。

と返答している。内裏炎上という凶事は、朝廷の理に背いた政治が引き起こしたのであり、また「過差甚盛」などを起因に発生したとする認識が認められる。即ち実資は、「世務背理」くを糺して、仏神事の興行と過差を停止することこそが、重要であると考えていた。ではこの時、過差禁令は発布されていたのであろうか。『春記』同月三十日条には、

又世間過差可制止之由先日有仰事以其由可被仰下右大臣（実資）也。五節過差事全被仰下也。童女御覧事被停止宜歟、早被仰下一定可佳歟、其制法定後可仰下者也。

との記事があり、天皇の命を受けて、関白藤原頼通が五節の際の過差禁制について、実資に相談していたことが明らかとなる。但しこの記述内容からは、定例化していた感のある五節に対する規制の一つにすぎないともいえよう。十一月二十三日には祐子内親王の着袴の儀式が行われていた。この時の様相を資房は、

今日彼宮（祐子内親王）女房装束其数已過制旨、皆着織物。又件破子入物非制法、過差之甚又以如之。厳制雖重疊一切無益歟。（中略）蒔絵螺鈿太以過差、非王事無術計之代也。末代之滅亡、只在如此之事云々[23]。

と記していた。この記事により、女房装束の規制に関する法令が発布されていたことが判明する。この儀式以前に終えていた五節についての禁令の発布は確実である。[24] しかし、前章でも指摘したように、特定行事を対象とする過差禁制はその行事の終了時点をもって法的効力を喪失し、その後の他儀式や日常生活にまで拘束力が及ぶことはないと推測される。従ってこの時頼通は、一旦は五節に限定した過差禁令を提案したのだが、実資の意見を容れて、「世間過差可制止」しという一般的な法令として発布することに同意していたのではないだろうか。[25] 以上、内裏焼亡と過差禁制との密接な関連性を確認できたと思う。内裏火災を「天災」と捉えて、「政直」を表明する手段の一つとして、過差禁制が発布されたと考えたい。

次にその他の災異と過差禁制との関連をみていく。万寿二（一〇二五）年に赤斑瘡が流行した時、大外記清原頼隆は、「天下災禍不可留事也。不被行倹約、何事（時カ）停留乎」[26]と勘申していた。頼隆は倹約令、即ち過差禁制が施行されなければ、疾疫を押さえ難いと強調している。

長元二（一〇二九）年が三合年にあたることから、朝廷内では攘災のための対応策を審議していた。議定内容の報告を受けた実資は、

> 昨日定申御祈事問遣頭弁（源経頼）。報云、以被仰旨関白（頼通）命云、甚吉事也。過御修法於仁寿殿近来被行北斗法、先可有奉幣事、次大極殿御読経、次於諸国々分寺可転読仁王経之由可賜官符也者。今如此消息、似被用所定申也。心中所思者天下衰幣（弊カ）殊甚、試被行倹約可被侍（待カ）天答歟。近日過着（差カ）之事逐日万倍、世所嗟亦在斯事、然而以（似カ）不被用。若達天聴左右多憚、還及傷害。[27]

との感想を記している。前日の議定では、諸社への奉幣や大極殿及び諸国国分寺での読経という、慣例となっていた方策が定められて関白頼通の承認を得ていた。これらはいわば仏神事興行策といえよう。対して実資自身は、過差盛

行の実情こそが天譴をかい災異の発生に繋がるのであるから、倹約＝過差規制を実施して「天咎」を待つべきであると考えていた。過差禁制の公布という徳政を行うことで、天意に答えようというのである。しかしながら、この記事から明白となるように、実資や清原頼隆らのこの認識自体は貴族層の間で必ずしも共有されるには至っていないことにも、留意しておく必要があろう。

以上、内裏火災・疫病・三合年などの例を見てきた。災異の発生あるいはその可能性が高まった時に、平安時代中・後期の場合、攘災の一手段として過差禁制が重視されていたことを明らかにしえたと思う。

## 3

ここに至って、平安時代中・後期の過差禁令には、二つの系譜が存在していたことが判明する。一つは特定行事を対象とする単行法令的禁制である。これは当該行事の終了時点で法としての効力を失う。そこで連年のように公布された禁令である。二つめは、直接的に天災を受けてまたは天災が起りうるという状況を契機として、徳政を強く意識し発布された禁令である。この場合は朝政の回復に主眼が置かれていたのであるから、当然永続的な法としての有効性が期待されることになろう。

では、前者の単行法令的過差禁制にも、徳政的側面は認められるのであろうか。十世紀に盛んに行われた意見封進は、後述するように、天変災異を契機に徴召されその内容は徳政策の提言にあるが、朝廷の施策として採用されたのはほぼ過差禁制のみであった[28]。この点を踏まえるならば、特定行事を対象とした禁令にも徳政的要素は存在していたと考えられる。延応二（一二四〇）年の新制[29]にみるように、鎌倉期の単行法令的過差禁制のなかにも、攘災を意図した徳政議定の場で、制定された法令が認められることはその例証となる[30]。ただ連年のように公布することは、緊張度を失い、法の弛緩を生じざるをえなくなるだろう。当時の記録類からも明らかとなるように、度重なる禁令の発布にもかかわらず、違犯者の続出という事態に繋がってしまう。天変災異はこのような情況に対する天譴として発生するのであるから、次の段階では過差一般を取締り対象とする禁制が要請されることになる。これが二つめに指摘した「世間過差」全般を規制目的とする禁令が出現する理由なのではなかろうか。

## 二　荘園整理令

平安時代中・後期新制の主要な規定の一つに荘園整理令がある。整理令が新制と認められてきたのは、後代の保元元年令などの新制で規定していることを押えつつ、史料中において「新制官符」あるいは「新制宣旨」などと称されていたということにある。[31]しかるに、整理令もまた単に「新たな禁制」故に「新制」と呼称されたに過ぎないとする早川氏の指摘もある。[32]従来の説のままでは、荘園整理令を新制と認定することに躊躇せざるを得ない。そこで、整理令を新制とみなしうるかという点に限定して検討を加える。

### 1

近時、荘園整理令の発布契機については、内裏造営のための一国平均役（造内裏役）を賦課するためとする市田弘昭氏[33]などと、代始め徳政とみる五味文彦氏説[34]に関心が集まっていると判断してよかろう。この二つの見解を基礎として私見を述べることにしたい。そのために迂遠な方法ではあるが、まず内裏造営の前提となることが多い内裏焼亡の様相を十一世紀後半までに時期を限定し確認していく。内裏火災は、村上天皇の天徳四（九六〇）年を初見として、十世紀後半以降しばしば起きた。なお対象とする時代の前半は冷泉系と円融系との両統迭立的状況にあり、内裏炎上が政治的に利用された可能性も否定できない。[35] しかしここでは個々の政治史的考察は避け、必要に応じて言及するにとどめる。

円融天皇期では三回の内裏焼亡の記録が残されているがその都度再建され、三度日の新造直後の永観二（九八四）年に花山天皇が受禅した。[36] 同天皇は二年余りの短期間で退位する。一条天皇の時代になると、やはり三度の内裏炎上に遭いその度に新造していたが、三度目の再建後には天皇はもっぱら一条院を居所とした。[37] 次の三条天皇は、一条院にて受禅するや内裏に還御したが、長和三（一〇一四）年・同四年と連年内裏は焼亡し、同五年には後一条天皇が践祚する。内裏焼亡自体は偶然的要素が強いとはいえ、十世紀末から十一世紀初頭にかけて頻発していたことが明らかとなる。

ここで、天皇位と内裏焼亡との関係をみておきたい。一条天皇にとっては三度目となる寛弘二（一〇〇五）年の焼亡に際して、『栄花物語』は、

かく内のしげう焼くるを、みかどいみじき事におぼし歎きて、「いかで猶さもありぬべくば、疾くおりなん」とのみおぼし急ぎたり。[38]

と天皇の歎きを描いていた。続発する内裏火災に一条天皇が衝撃を受けている様相が窺える。そしてこの記事を参考にするならば、翌年には内裏が新造されたにもかかわらず、天皇が多く里第にとどまることになった一因を、四度目の焼亡を恐れたことに求めることができるように思われる。[39] さらに付け加えるならば、次期天皇に新造同様のままで内裏を譲るという意味も込められていたのではなかろうか。事実『扶桑略記』は、三条天皇が「入幸新造内裏」したと記している。[40] この内裏は長和三年に焼失し、翌年九月に新造された。ところが新造わずか二カ月にして再び焼失し、

この渦中、譲位を迫られた三条天皇は、

下りさせ給はむにも、「内などよく造りて、例の作法にて」とおぼしめしつるに、返々口惜しく、さりとて又造り出でんを待たせ給ふべきならずと、心憂き世の歎きなり。(41)

との感慨を洩らしたという。三条天皇と藤原道長との確執は著名である。がしかし、ここで天皇が内裏新造後の譲位を希望していたのは、譲位そのものがほぼ既定方針化していたことを考慮すれば単なる延命策とは思えない。やはり、内裏での新天皇即位こそ本来の姿であるとの意識が、当時存在していたことを示すものである。

この時期については、藤原道長を中心とした政治的思惑を重視すべきだが、頻発する内裏焼亡という状況のなか、新天皇即位の一つの契機として、内裏新造が絡んでいたと推測することができるのではなかろうか。異常事態のなか短期間に譲位した花山天皇を除き、円融天皇から後一条天皇の即位までの経過を辿ると、そしてその間に位置する一条天皇が実質的に未使用に近い状態の内裏を残したことも考慮すると、当該期の新天皇は新造の内裏で即位式を行っていたことになる。

この点を時代を下げてもう少し検討しておきたい。後朱雀天皇は即位四年後の長暦三（一〇三九）年に内裏焼亡に遭い、長久二（一〇四一）年新造内裏に遷御した。この内裏も翌年には焼亡してしまう。そこで寛徳二（一〇四五）年には後冷泉天皇が践祚して再建に着手し、翌年新造した内裏に遷御したが、永承三（一〇四八）年またも焼失する。その後再建が図られたのか、康平元（一〇五八）年にも未使用のまま内裏は焼亡した。次の後三条天皇は、即位四年後の延久三（一〇七一）年になって新造内裏に遷御した。後冷泉・後三条二代の場合では、前代に焼失したままとなっていた内裏を、即位直後にその再建をはかっていたことが明らかとなる。この二代は即位後とはなるが、新天皇即位と内裏再建が連動していたことが理解できるだろう。(42)

## 2

内裏造営と荘園整理令とが直接結びついた最初として、長久元年の整理令[43]が注目されてきた。この整理令の制定過程は、『春記』の記述から少しばかり明らかとなる。既に十分論じ尽された感のある史料ではあるが、考察を加えたい[44]。

この整理令は、同年五月二日より制定への準備が本格的に進められた。『春記』同日条には、「仰（後朱雀）云、庄園事申可停止由、慥可停止之事如何」、さらに、

命（藤原頼通）云、諸国庄園事可停止事、先日内々奏聞了。只被定仰之日、諸卿相定奏歟、其次慥可被仰下者也。

との記事がある。従って二日以前に関白藤原頼通が内々に奏開していたことを踏まえて、天皇が整理令の制定を指示したと推測される。「先日」奏聞した荘園整理の審議が、なぜこの日になって具体化への動きがでてきたのであろうか。ここで注意したいのが、既に坂本賞三氏が指摘[45]した前日の『春記』の記事である。五月一日、記主蔵人頭藤原資房は祖父実資の許を訪ねているが、この時実資は、

(A)昔聖代有非常事。延喜二年越後守有世（紀）、為州民被捕獲被搏打剃髪為着駄。又安芸守於京中被殺。如此事可謂非常之甚、聖代之昔猶有此事、何況於末代哉。(B)但代初天下先示甚悪、為令返善也。仍能々可被行政化者也。(C)此旨内々可達博陸（頼通）幷天聴（後朱雀）者也。

と資房に命じていた。この内容を検討するにあたり、叙述の都合上、まず(B)からみていく。この部分からは、「代始」に天は「示甚悪」して、これに対する為政者の適切な治政を確認したうえで、「返善」するという、天人相関説を背景にした認識を看取できる（天人相関説については後述）。朝廷側からすると、まずは「政化」[46]＝徳政を断行することが肝

要となる。史料中の「代初」の文言に着目したのが五味氏である。[47]確かに、代始め＝代替り徳政という意識を窺うことは十分可能である。しかしながら、即位から既に四年が経過した時点で、荘園整理令という政策をとって代替り徳政が実施されたとするよりも、もう少し直接的な契機が存在していたのではなかろうか。

この点を解明するために(A)に注目したい。ここには、延喜の「聖代」ですら貴族の殺害事件が起きており、「末代」に至っては、「政化」を行わない限りこの種の事件が頻発してもやむをえないとする見方が示されている。両者の間で話題となっていたのは、前月に起きた藤原定任の殺害事件である。[48]資房はこの事件に強い衝撃を受けていたが、関白頼通は対応策を取ろうとはしなかった。資房は、殺害事件を「王法之澆薄」に原因があるとして「乱世之初」と捉え、さらには「従去年以来天下遠近不静。猶政化不調之故歟」[49]とも記している。此の年十一月の改元詔書にも「長暦以後連年有凶災、天下不穏」ずとの文言が記載されていたようであるが、[50]これは前年六月の内裏焼亡を含めて、天が「示甚悪」したとみるべき災異の続発を指している。末代的な状勢に際して、実資は徳政を実施することで克服すべきだと考えていた。そこで彼は、(C)の部分から明らかとなるように、天皇と関白に徳政策を断行すべきことを伝えるよう資房に指示したのである。当時実資は、朝廷内で故実に詳しい長老として重きをなしており、後朱雀天皇や頼通の信頼を得て、度々彼らに奏聞するとともに様々な諮問を受けていた。その結果が、前述した翌日天皇の命を受けての整理令制定への動きの表面化であった。この日資房は、天皇と関白との間を往返しており、実資の指示を両者に伝達していたのであろう。坂本氏が指摘[51]するとおり、ここに徳政としての荘園整理令の発布が、両者の間で確認されることになったと考えられる。長久の整理令発布の背景には、このような後朱雀天皇の即位後に次々と発生した災異を、政化＝徳政を実施することで避けつつ、天の「返善」を得ようとする意志の存在があったのである。これこそが、この時点で整理令制定を目指した直接の理由と推測される。

整理令の制定が何故徳政に直結することになるのか。ここで考慮すべきことは、本節第1項で触れたように、或いは「公事ハ大内コソ本ナレ」[52]とも言われていたように、天皇は内裏において政治を展開すべきであるとする理念が、当時強く意識されていたと思われることである。この点は、保元の乱後の後白河天皇のもとで、藤原通憲(信西)が内裏造営を強力に推進した理由でもあったはずである。[53]即ち新天皇はその徳に基づく治政を開始するにあたって、まずは朝廷政治を象徴する場である内裏を再建・整備せねばならないと、認識されていたのではないか。そこで後冷泉・後三条二代の天皇の例からも明らかとなるように、前代から焼亡したまま放置されていた場合には即位直後に内裏新造を急ぐ必要性があった。再建費用を造内裏役に頼っていた故に、荘園整理令の発布が図られたのである。この意味で、新天皇のもとで朝廷による徳政の第一弾が時として内裏造営事業となったのであり、代始めに執行されねばならぬ理由でもある。

従って、荘園整理令の発布契機をめぐる、市田氏と五味氏との二つの見解は、対立的に捉えるべきものではないだろう。内裏造営という大事業の遂行が次第に困難になりつつある状態[54]のなかで、新天皇の威儀を整えて朝政を展開するために、代始めには前代に焼失あるいは荒廃したままになっていた内裏の再建が意図され、造内裏役賦課の基礎とすべく荘園整理令が発布されていたと思われる。ここには、天皇位と内裏との密接な関係[55]を認めることができる。しかし、鳥羽天皇践祚後に至って、内裏と里内裏との機能分化が起きたこと[56]は、天皇と内裏の関係にも微妙な変化を与えたと推測される。同天皇以降の内裏は晴の儀式の場として利用されるにとどまり、内裏での治政という観念が徐々に薄れてその荒廃化を招いた。通憲による内裏新造には、このような傾向に歯止めをかけて、本来の在り方である内裏を政務の場に引き戻して朝政を遂行するという、強い意思が込められていたのではあるまいか。

荘園整理令の審議過程を示す史料は、長久を除くとほとんど残存していないため、これ以上の言及は避けねばならない。とはいえ、整理令は朝廷（天皇）が徳政策を展開していくうえでの出発点に位置付けられるであり、徳政の第一段階として、新制と認められるべきと考える。

## 三　長保元年令

### 1

平安時代中・後期において、新制として取り上げられてきた法令には、前節までに検討を加えてきた過差禁制や荘園整理令のほかにも、複数の規定内容を纏めて発布した、いわば中世的新制と同形式をとる法もある。この種の法令について、稲葉伸道氏は、十二世紀に入ると徳制的意図に基づく新制として公布されていたことを論証した[57]。本節では十一世紀以前に時期を限定して考察したい。

保元以降の新制に盛り込まれた条項を、水戸部正男氏の分類に従って整理すれば、

(a)　神社仏寺関係条文

(b)　過差停止関係条文

(c)　公事催勤関係条文

という、三項目に大別しうる[58]。当該時期に、このような内容をもつ法令は存在するのであろうか。

そこで注目したいのが長保元（九九九）年七月二十七日付太政官符[59]＝長保元年令である。この官符は、全十一カ条で発布されていた。まずはその条文を列記する。

① 一、応慎神事違例事
② 一、応重禁制神社破損事
③ 一、応重禁制仏事違例事
④ 一、応慥加修理定額諸寺堂舎破損事
⑤ 一、応重禁制僧俗無故住京及号車宿京舎宅事
⑥ 一、応重禁制無故任意触穢輩事
⑦ 一、応重禁制男女道俗着服事
⑧ 一、応重禁制以金銀薄泥画扇火桶及六位用螺鈿鞍事
⑨ 一、応重禁制六位已下乗車事
⑩ 一、応重禁制諸司諸衛官人饗宴碁手輩事
⑪ 一、応重禁制主計主税二寮官人称前分勘新多求賂遺抑留諸国公文事

条文は、①～⑥条で(a)神社仏寺関係、⑦～⑩条が(b)過差関係、そして⑪条は(c)公事関係、という構成になっている。

次に、この法令の審議過程をみていこう。この法令は、同年七月十一日藤原道長を上卿とする議定において、「定申仏神事違例・制美服行約倹事」等を審議するなかで、法文の骨格が作成されていた[60]。従って、同日以前には法制定の方針が決定していたと推測できる。そして同月二十一日には道長との意見調整が図られ翌日宣旨が作成された[61]。十一日の議定は仏神事・過差禁制に分けて行われていた。前掲の長保元年令条文をみると、この二項目に関連する法文が大部分を占めている。(a)から(c)への順に審議し条文として配列するというのは、保元以降の新制でも基本となっていた。例えば、建久二（一一九一）年の新制制定の議定では、「先神事之条可有沙汰、(中略)次仏事、次他雑事等、此

中過差之制殊有沙汰」りという手順で審議している。[62]順序からすれば、長保元年令の審議手順及び法文配列は、後世にそのまま踏襲されていたとすべきであろう。法源自体は前代に遡るものが多数とはいえ、水戸部氏が指摘するように、後の新制に継受されていく条文が多いことも[63]、本令の大きな特色であり注目されるところである。

特に、本官符の末尾に「事出綸旨」ずと記されているのは重要である。ここからすぐに想起されるのは、中世的新制の出発点に位置付けられてきた、保元元年令の「事起　勅語」[64]るとの表現である。五味文彦氏は、同様の表現は桓武天皇期の太政官符に集中的に現われるが、決して一般的な表現ではないとする。また五味氏は、桓武朝と保元の共通点として、「王権の強化」という意図があるとも指摘していた[65]。とするならば、この長保元年令の制定にあたっても、従来とは異なる並々ならぬ朝廷の意思・意欲、或いは朝政に対しての危機感を感じとることができるのではあるまいか。では朝廷側の危機感とはいかなるものであったのか。まず考慮すべき問題は、本令公布に至る契機・理由である。遺憾ながら、管見の限りでは、この点を明確に物語る史料は見つけ得なかったが簡単に触れておきたい。①条の事実書中には、「事渉非礼、勤異如在、因之妖祥荐臻、咎徴不息、尋此所由、祟在神事」りとの文言がある。「妖祥荐臻、咎徴不息」と記されているのは、前年来の斑瘡などの疫癘が流行していたことが背景にあった[66]。同年二月の祈年穀奉幣の際の宣命にも、

辞別仁申賜ハ久近日天変恠異屡見、妖言疾疫間聞、如此支不祥遠早仁可攘却毛止就中天疫癘之災ハ連年不止之天、去年ま天有其憂り。[67]

という記述がみられる。正月十三日には疾疫を避けるべく長保と改元[68]したが、悪疫はその後も続いていた。さらに朝廷に大きな衝撃を与えたのが、同年六月十四日の内裏焼亡であったろう。内裏炎上事件自体は、前節で触れたようにしばしば発生していたが、前回の天元五（九八二）年以来十八年が経過しており、人々の記憶からは薄れがちになっ

ていた頃と思われるし、しかも疾疫が流行している最中でのことだった。社会不安が続くなかでの内裏火災が、貴族層に精神的打撃となったことは想像に難くない。本令の制定作業が本格化した十一日の御前定は、まさに「造営定」を審議した日でもあったのである。長保元年令は、内裏焼亡を直接の契機として制定されたと断定して差し支えなかろう。⑥条の事実書には、

狼籍之者、或竊交通、烏合之処、或恣相触。因茲有限之神事、無止之仏事、当日俄止、迫期延引。敬神之自（脱アルカ）過式日、攘災之勤、還恣祟徴。

との文言がある。ここに神仏事勤行が「攘災之勤」めと指摘されているのは、当時の悪疫流行と内裏火災などの災異をいかに攘災するかが緊急課題となっていたことの端的な表現である。本令は、災異除去のための徳政策として発布されたとみるべきである。よって長保元年令はまさに新制そのものといってよいと考える。

## 2

長保元年令の法的効力をみていきたい。第一節で検討した過差禁制のうち、特定行事を規制対象とする禁令の場合は、その行事の終了後には有効性を喪失したと考えた。これに対して本令の過差規制は、差し迫った特定行事を名指した条項はなく、かつ翌年に至っても執行例を確認することができる。(69)『権記』には、

右衛門督藤原朝臣（公任）来訪、申云、昨以孝標（菅原）○（来伝）勅命云、新制官符下知之後、制法更緩、衆人成嘲□□（云々カ）、□（是カ）使庁不慥行之所致也。能仰官人等、可令立行。(70)

との記事がある。新制の弛緩は、取締りの主体となる検非使庁の怠慢に基づくとして、別当藤原公任は一条天皇に叱責された。そこで使庁は、長保元年令より三カ条（⑤・⑦・⑨）を抽出しさらに法文の一部に修正を加えて提出し、審

議のうえでその施行を認められた。[71] 同三年に至っても基本的に長保元年令を継受した太政官符が発布されている。[72] この官符の場合は、第一節でも触れたように、十一月十八日に焼亡した内裏の「造営定」と同時に、禁令制定のための審議が開始されていたことが注目される。内裏炎上と本令との密接な関連を窺わせるのであり、先行法令としての長保元年令自体が、内裏火災を直接の契機としていたことをも示唆するといってよいであろう。

このように、長保元年令は、翌年・翌々年と条項の一部が、使庁の申請を受けるという形式を取って、修正・補足を加えたうえで再施行されその徹底化が図られていたのであり、[73] 当該期の他の過差禁制にはみられない法的効力を保持し、かつ長く法源としての意義をもったのである。例えば、本令発布約三十年後の長元三（一〇三〇）年にも、「世間美服制任長保宣旨可行歟」として審議が行われてその後に禁制が発布されていた。[74]

最後に長保元年令と後代の新制との関係を検討する。本令の規定は、後世の新制に継承される条文を多く含んでいる。[75] 新制制定に際して長保元年令の条項が一つの基準となっていた。詳しくは次章で触れるが、治承二年に発布された新制の制定に際して、条文案の提出を命じられた藤原（九条）兼実は、保元新制からの抽出を求める後白河上皇の方針に反対して、「長保以後代々制符」と「当時乱法」を踏まえての条項策定を主張した。[76] この時兼実は、「須尋召長保以後代々制符官底及弾正検非違使等」[77] と説いたが、彼はこの提言以前に、大夫史小槻隆職を通して長保以後の新制を入手していた。[78] この事実は、諸官衙に長保元年令以下の新制が蓄積されていたことを示すとともに、貴族層のなかに本令が新制の出発点をなすという認識が存在していたことが看取される。

第一節でも引用したが、藤原実資は、京極院が焼失した原因を朝廷の失政に求めて、「仏神事之歎尤盛、又過差甚盛之故」と述べていた。この二つは、新制が常に対象としており主要な条項ともなっていた。実資自身長保元年令の制定に参加しており、その経験がこのような発言に表われているとも言えるのではないだろうか。彼が内裏火災などの災異の発生に際して、度々過差禁制など徳政の施行を求めていた一因と考える。

十一世紀以前では、長保元年令以外に同種の法令の存在を史料的に確認することができない。とはいえ、本令は、連年続いた災異のなかでも内裏焼亡を直接の契機に、その攘災を意図した徳政の一環として発布されたと考えてよいように思われる。この時期では、幾度か本令を法源とした法令が過差禁制に限定しながらも公布されていた。その意味で十一世紀は、長保元年令の再施行の時代と見倣すこともできよう。発布契機・条文内容・後代に与えた影響などを押えるならば、長保元年令は、中世的新制の出発点に位置付けられるべきものとして高く評価したいと思う。

## おわりに

徳政としての新制発布の背景には、天人相関説に基づく災異思想の存在がある。この思想は特に十世紀以降になって[79]、広く且つ深く貴族社会に浸透するようになる。そこで、意見封進制度[80]を通してこの点を再びみていきたい。
意見封事自体は、大化以降しばしば行われてきたが、なかでも十世紀には集中的にみられる。その徴召理由が天変地異・疾疫などの災異を契機としていたことからも明白なように、意見封事にはまさにこの思想の強い影響が認められる。しかも徴召対象者が公卿中心から、貞観年間（八五九〜七七年）以降能吏や文人層に移っていくことは、彼らの儒者的知識を基礎にした徳政策の提起という色合いを濃くした。このような文人層からの天人相関思想に基づく徳政要求は、徐々に貴族層にも受容されていくようになったと考えられる。その一例として藤原実資を挙げることができる。実資は、長久元（一〇四〇）年の京極院焼亡に際して、
只以道理叶天意□□給万民歟。然則雖末代何無神助乎。世運之次第是何為哉。令存其由給、能令施徳化、感応必

然歟。[81]

と述べていた。まさに、天人感応＝天人相関思想に基づく発言であり、この思想が深く貴族層を捉えていた事を示していよう。[82]

意見封事の内容を簡単に検討したい。三善清行の著名な「意見十二箇条」[83]は、「一、応消水旱求豊穣事」で始まるが、同条の中心は神仏事興行に重点が置かれている。また第二条「請禁奢侈事」[84]は、過差禁制の実施を求めるものであった。菅原文時もまた、天徳元（九五七）年の「封事三箇条」[85]の第一条で「請禁奢侈事」を提言している。十二世紀の例ではあるが、藤原敦光の「勘申」[86]は朝政の「衰弊之漸」として七項目の要因を挙げたが、「一者依廟社不祀」、「二者依仏事不信」、「五者依不禁奢僭」の三項目を含むものであった。このように意見封事では、神仏事興行と過差禁制とが常に提案され続けたのである。

天人相関思想を背景として徴召された意見封事は、観念的にすぎる内容になっているとはいえ、その時代の政情をある程度反映した徳政策としての意味をもっていたが、単行法令的な過差禁制が発令[87]されたにすぎなかった。過差禁令は、倹約令・身分法令であるだけではなく、徳政と強く結びつく要素をもっていたことが確認[88]できる。災異を契機に過差禁制が度々発布されていたことは、ここに理由が求められるだろう。

攘災を意図した徳政策としては、古代から中世に至るまで、改元・免租・大赦・賑給・諸社奉幣・法会などが伝統的に行われていた。しかし、貴族層のなかに弥縫にすぎないこれらの施策では不十分であり、治政そのものの建て直しこそが、徳政の本義であるとする認識が徐々に生じてきたと思われる。そのなかで、十世紀に集中的に徴召された意見封事内容の政策化が浮上するようになったのではなかろうか。封事が提起した課題の具体化が、新制という形をとって表わされたと考える。

さて、管見の限り長保元年令以後十一世紀中では、総合的な新制を史料的に確認することができなかった。これは、この種の新制が、その後は制定されなかったことを示唆するのかもしれない。この点について、私見を述べておきたい。

意見封事は、永延元（九八七）年から天仁年間（一一〇八～一一〇九年）までの長期間行われず、天永元（一一一〇）年以後、徴召例を確認できるようになる。十二世紀の意見封事で注目すべき点の一つに、再び公卿層が徴召対象となることがあげられる。他方この時代では、徳政と新制との強い結びつきが認められている。さらに、新制は条文数も増加し、総合的な内容をもつ法令として発布されるようになった。これらを考え合わせると、あるいはこの意見封事の「復活」が、十一世紀において過差禁制の法源として重視されてきた長保元年令に代る、新たなる新制の制定への意欲に繋がった可能性を考えてみる必要があるといえるかもしれない。

従来、天暦元（九四七）年十一月十三日付太政官符が、新制の成立を示す法令として評価されてきた。しかし前章でも指摘した通り、この禁令は、特定行事の過差を主たる取締り対象としており、また条文内容からみても中世的な新制とは直接結びつかないと考えられる。十一世紀の過差禁制への影響力、保元新制以下の新制の法源としての役割などを加味すれば、さしあたり長保元年令が中世的な新制の嚆矢ということになるだろう。

本章を閉じるにあたって、冒頭で触れた早川説に対する私見を述べておきたい。氏が指摘するように、水戸部氏などが天暦元年以降十二世紀に至るまで、新制と「認定」した法令の多くは特定行事を対象とする過差禁制や公事の遵守規定が主であり、なかには申請雑事に基づく法も認められる。これらの法令は、例え史料中において「新制」の文言をもって表現されていたとしても、早川氏が説くところの単なる「新しい禁制」にすぎない。このように、ややもすれば新制の語は、無限定に使用されてきた面があることは否めないのであり、結果として研究の拡散傾向にもつながっている状況がある。この点が早川氏を含めて諸氏による批判の対象となってきた。そこで歴史的概念として「新制」の語を捉えるという視点に立ってみたい。史料中において「新制」の語は、単に「新しい禁制」を意味するいわば広義の使用例と、徳政策を法令によって示すという狭義の場合という、この二つが混在して使われていたと考えるのである。歴史的用語としての新制の語は、狭義の用法である、攘災のための徳政策の一環として発布された法令に限定して用いるべきであろう。

注

(1) この新制の口宣案は、『兵範記』同年閏九月十八日条参照。
(2) 三浦氏「新制の研究」(同氏『日本史の研究』新輯一、岩波書店、一九八二年、初出は一九二五・一九二六年)。
(3) 水戸部氏『公家新制の研究』(創文社、一九六一年)。
(4) 稲葉氏「新制の研究」(『史学雑誌』九六編一号、一九八七年)。
(5) 保立氏「中世初期の国家と庄園制」(『日本史研究』三六二号、一九九二年)参照。
(6) 早川氏「起請管見」(同氏『日本古代の文書と典籍』吉川弘文館、一九九七年、初出は一九八九年)二五六頁。なお早川氏の起請についての理解を批判した論文に、山本信吉氏「起請宣旨・勘宣旨小考」(『鎌倉遺文研究』六号、二〇〇〇年)がある。
(7) 早川氏前掲注(6)論文二五七頁。
(8) 五味文彦氏は、保元元年令を論ずるにあたり、「新制の新しさはこの律令法の追加や修正部分の内容」にあり、「保元以前からある様々な中世的な法を集大成して、中世国家の法として出された」(傍点五味氏)と指摘していた(同氏『院政期社会の研究』山川出版社、一九八四年三一頁参照)。
(9) 保立氏前掲注(5)論文、五味氏前掲注(8)書第一部第二章「前期院政と荘園整理の時代」及び第三部第二章「保元の乱の歴史的位置」など参照。
(10) 西村氏「平安時代中期の貴族の奢侈観」(『人間文化研究科年報』六号、一九九一年)、「摂関期の奢侈観に関する覚書」(『奈良古代史論集』二号、一九九一年)及び『平安京の空間と文学』(吉川弘文館、二〇〇五年)など参照。

(11) 同年三月　制符口宣（「柳原家記録八五砂厳」『鎌』二一七七七号）参照。

(12) 賀茂祭における過差禁制については、小島小五郎氏『公家文化の研究』（育芳社、一九四二年）二二七頁以下、及び朧谷寿氏「賀茂祭にみる『過差』について」（『古代学研究所研究紀要』第一輯、一九九〇年）など参照。

(13) 同年十一月三日　後堀河天皇宣旨（「近衛家文書」『鎌』四二四〇号）⑪条参照。

(14) 『玉葉』文治三年十一月三日条参照。前章で一部引用したが、『江家次第』（新訂増補故実叢書）巻八　相撲召仰条には、

蔵人此日着麹塵蘇芳下襲浮文袴、後日着位袍、朽葉下襲或二藍等也。若着美服別時(制カ)、両日着位袍、至于下襲随人之所好、猶以蘇芳為善歟。

との記述がある。「着美服別時(制カ)」との文言にみるように、禁制は毎年必ず発布されるというものではない。しかしながら、前章での史料的確認作業から、両行事の執行に際してはなかば慣例化していた事実を指摘しえたと考える。

(15) 『政事要略』巻六七　王制参照。

(16) 水戸部氏前掲注(3)書序章参照。

(17) 『小右記』同年二月十三日条。

(18) 『新抄格勅符抄』巻十。

(19) 以上『権記』同日条参照。また同書閏十二月七日条にも関連記事がある。この禁令は、同年閏十二月八日付太政官符として公布された（『新抄格勅符抄』巻十）。

(20) 『小記目録』十七　禁制事　同年十二月十六日条参照。

(21) 『春記』同年九月九日条など参照。

(22) 同右書長久元年九月十二日条。

(23) 同右書十一月二十三日条。

(24) 前章参照。

(25) この禁制については、厳密にいえば、五節を対象とする禁令と同時なのか別個に発布されたのか、という二つの可能性が考えられるが、史料的制約もあり詳らかにしえない。また尊仁親王の参観を伝える『春記』同年十二月十七日条の記事中の割注には、「衣裳太以過差也、於王制如何」との文言がある。直接法令の存在を示すものではないが、記事中の「王制」もまたこの時の過差

禁制を指すとみてよいのではなかろうか。

(26)『小右記』同年八月十九日条。なお小島氏前掲注(12)書二二一頁参照。

(27)『小右記』同年閏二月六日条。同月五日条にも関連記事がある。

(28)所功氏「律令時代における意見封進制度の実態」(古代学協会編『延喜・天暦時代の研究』吉川弘文館、一九六九年)参照。

(29)『平戸記』仁治元年四月十五日条。この新制は、天変(彗星)を契機に制定され、禁制内容は賀茂祭に関するものであった。その末尾には「就倹約之徳政、止過差之服飾」むとの文言がある。

(30)稲葉氏前掲注(4)論文、及び本書第一部第四章参照。

(31)水戸部氏前掲注(3)書七・八頁及び稲葉氏前掲注(4)論文参照。

(32)同氏前掲注(6)論文二五六頁参照。

(33)市田氏「平安後期の荘園整理令」(『史学研究』一五三号、一九八一年)、及び坂本賞三氏『荘園制成立と王朝国家』(塙書房、一九八五年)第三章第三節等参照。

(34)五味氏前掲注(9)両論文参照。五味氏は、「保元の乱の歴史的位置」論文において、代始め徳政に限らず、整理令が徳政そのものであった可能性も示唆している。

(35)岡本堅次氏「藤原政権と火災について」(『山形大学紀要　人文科学』五巻三号、一九六四年)は、この時期の内裏や貴族の邸宅などの火災の政治的意味を探った論文である。

(36)内裏新造落成の月日は確定できないが、永観二年八月九日に造営功賞が行われており(『日本紀略』同日条参照)、この日以前には完成していたと思われる。同月二十七日花山天皇は、堀河院にて受禅し即日新造内裏に遷御していたことから(同上書同日条)、本文のように推定した。

(37)この間の経緯については、橋本義彦氏「里内裏沿革考」(同氏『平安貴族』平凡社、一九八六年、初出は一九八一年)参照。本章での内裏焼亡及び新造の経過についての記述は同論文に依拠している。

(38)『日本古典文学大系　栄花物語』巻八。

(39)橋本義彦氏は、前掲注(37)論文において、一条天皇が新造内裏に遷御したのは寛弘五年、翌年には一条院に遷ったと推測している。一条天皇は、寛弘六年里内裏である一条院焼亡後も内裏には遷御せず枇杷殿に移り、結局内裏はほとんど使用されないままの状態が続いた。また、『百錬抄』同年十月五日条は一条院焼亡の記事を伝えるが、さらに「小右記云、主上御年今年卅、御寿限之由有夢。而今有火事、似已転御」との文言があることにも注目しておきたい。但し『編年小記目録』同日条を参照すると、これは覚運僧都の夢想とすべきであろうか。

(40)『扶桑略記』寛弘八年八月十一日条。なおこの史料を根拠として、『大日本史料』をはじめ三条天皇が新造内裏に入御したとする説がある。この時内裏の新造は史料的には確認できず、寛弘五年の新造落成後も未使用状態に近かったことが『扶桑略記』の記事に表れているのであろう。

(41)『日本古典文学大系　栄花物語』巻十二。同書によると、内裏造営を急がせたことについて、「内裏を夜昼に急がせ給ふは、下りゐさせ給はんの御心にて、内を造り出でざらんがいと口惜しくおぼしめさるるなるべし」と叙述している。

(42)後三条天皇が内裏の新造落成後わずか一年にして、白河天皇に譲位したこともこの点を示唆するものとして注目したい。

(43)前掲注(33)の市田・坂本両論文参照。坂本氏「寛治七年荘園整理の議とその背景」(『古代文化』三七巻十二号、一九八五年)は、荘園整理令と代始の内裏造営との関連を考察している。

(44)この整理令に言及した論文は枚挙に遑がないが、前掲注(33)の諸論文及び五味氏「前期院政と荘園整理の時代」(前掲注(9)書)、さらに槇道雄氏「藤原頼通政権論」(同氏『院政時代史論集』続群書類従刊行会、一九九三年、初出は一九八五年)など参照。

(45)坂本氏「『春記』にみえる王朝貴族の国政的危機意識について」(竹内理三博士古稀記念会編『続律令国家と貴族社会』吉川弘文館、一九七八年)及び同氏『藤原頼通の時代』(平凡社、一九九一年)二五四〜二五七頁参照。

(46)『春記』における「政化」の語義については、坂本氏前掲注(45)論文参照。

(47)五味氏前掲注(44)論文参照。

(48)『春記』長久元年四月十一日・十二日条など参照。

(49)同右書長久元年四月十一日条。

(50)同右書同月十日条参照。

(51)坂本氏前注(45)論文参照。

(52)『日本古典文学大系　愚管抄』巻五。

(53)保元の内裏造営については、五味文彦氏「信西政権の構造」(同氏『平家物語、史と説話』平凡社、一九八七年)参照。鎌倉幕府滅亡後の後醍醐天皇による造営計画も、この延長上で考えることができるのではなかろうか。
(54)　この間の事情については、詫間直樹氏「一国平均役の成立」(坂本賞三氏編『王朝国家国政史の研究』吉川弘文館、一九八七年)参照。
(55)　堀河天皇の場合、白河天皇期の永保二（一〇八二）年に焼亡した内裏は、即位十五年後の康和二（一一〇〇）年に至り漸く再建された。この間の事情は詳らかにしえないが、『後二条師通記』寛治七（一〇九三）年三月三日条には、「院宣曰、諸国庄園溢満、欲制止思食如何。又延久・応徳・寛治元年等可被停止歟」との文言がある。堀河天皇は、応徳三（一〇八六）年に即位しており、「応徳・寛治元年」はまさに代始めであり、あるいはこの時、内裏新造が計画されていたのかもしれない。五味氏前掲注(44)論文がこの史料を検討している（五一・五二頁参照)。
(56)　橋本氏前掲注(37)論文参照。
(57)　稲葉氏前掲注(4)論文参照。
(58)　水戸部氏前掲注(3)書第三・四章参照。
(59)　前掲注(18)書所収。なおこの官符の宛所を史料通り神祇官とすべきことは、早川庄八氏の指摘に従う（早川氏前掲注(6)論文二二四頁参照)。
(60)　『小右記』同日条。『権記』同日条参照。
(61)　『権記』同年七月二十一日・二十三日条参照。長保元年令は、制定過程で「禁制」(同上書二十一日条)・「十一ヶ条制」(同上書二十三日条)、あるいは「種々起請」(『小右記』同年七月二十三日条）と記されている。早川氏の前掲注(6)論文は、これら文言から「起請は、制であり禁制であり」、法として「下達された『新制』であって、臣下が遵守すべき制誡なのである」(二二四頁)とし、結局新しい禁制を指すにすぎないと指摘したのである。
(62)　『玉葉』建久元年十一月一日条。二つの新制は、建久二年三月二十二日「後鳥羽天白王宣旨」(「三代制符」『鎌』五二三号）と同月二十八日「後鳥羽天皇宣旨」(「三代制符」『鎌』五二六号）として発令された。
(63)　水戸部氏前掲注(3)書五二頁参照。
(64)　前掲注(1)史料参照。
(65)　五味氏前掲注(34)論文二八七・二八八頁参照。

(66)『日本紀略』長徳四年条など参照。

(67)『本朝世紀』長保元年二月二十日条。

(68)『日本紀略』同日条参照。

(69)例えば、『権記』長保二年四月十四日条など。同元年八月二十一日条・十月二十七日条も執行例と認められる。

(70)同右書長保二年五月八日条。

(71)同右書同年五月十四日条。また『政事要略』巻六七では、長保二年六月五日付官宣旨として、「応禁制男女道俗着美服事」と「応・(重カ)禁制六位以下乗車事」の二カ条を収める。三カ条で下達されていたことは確実だが、「僧侶車借事」については、同書に収載されていない。

(72)前掲注(19)太政官符参照。同官符によると、この時に制定されたのは、

(ア)一、応衣袖幷袴広同以壹尺陸寸為限事、

(イ)一、応禁断諸司雑任以下輙着絹絁皮履事、

(ウ)一、応禁制車華美事、

(エ)一、応禁制諸司諸衛番上以下悉乗馬事、

(オ)一、応非色輩帯兵杖罪停卅日禁固如旧処杖罪事、

という五カ条である。(ア)・(イ)は、長保元年令⑦条、(ウ)・(エ)は同じく⑨条を、それぞれ継受した条項となる。(オ)条は長保元年令に所見なく、制定に至る事情は明らかでない。しかしこの官符の制定過程を示す『権記』同年十一月二十五日条には、「過差可依先宣旨」との文言があり、長保元年令及び同二年の官宣旨が前提となっていたことは明白といえよう。

本令は、同日制定に向けての審議を開始し、同官符に引載されている使庁からの十二月二十九日付奏状を受けて、閏十二月七日に陣定で法文が決定された(同右書同日条参照)。従って、「過差可依先宣旨」という基本方針を決定したうえで、まず使庁に対して先行法令に取締り上必要となる修正を加えた奏状を提出させ、これを基礎に制定していたことになろう。

(73)また神仏事関係条文についていえば、長保四年に至って、神社修造(②条)と国分二寺及び定額寺の破損の修造(④条)、という二つの太政官符が下達された(神社修造については『類聚符宣抄』第一の長保四年十月九日付太政官符、仏寺修造については『政事要略』巻二八同日付太政官符参照)。ここに長保元年令②・④条の徹底化が図られた。

(74)『小右記』同年九月三日条・五日条・二十四日条など参照。
(75)この新制は全十七ヵ条で発布された（『玉葉』同年七月二十九日条参照）。全文は伝わらず、このうち山陰道諸国司を宛所とする十二ヵ条が、『続左丞抄』巻二に治承二年七月十八日付太政官符として収載されている（なお次章参照）。
(76)『玉葉』同年六月五日条参照。
(77)同右書四月二十三日条参照。
(78)同右書三月三十日条参照。
(79)例えば、災異思想の定着を示す「天皇個人がその不徳を謝する」災異改元も、徳政策の一つとして十世紀頃に定着した（村山修一氏『日本陰陽道史総説』塙書房、一九八一年）参照。天人相関説の背景にある天命思想が少なくとも七世紀以来確認できることは、早川庄八氏「律令国家・王朝国家における天皇」（朝尾直弘氏他編『日本の社会史』第三巻、岩波書店、一九八七年）参照。
(80)意見封進制度の記述は所功氏前掲注(28)論文に拠る。
(81)『春記』同年八月二十四日条。
(82)藤原資房については坂本氏前掲注(45)論文参照。
(83)山岸徳平氏他編『日本思想体系　古代政治社会思想』所収。
(84)⑤条「請減五節妓員事」も過差禁令に含めることができる。
(85)『本朝文粋』巻二。
(86)前掲注(83)書所収。
(87)この種禁令は、延喜十四（九一四）年・同十八年・延長三（九二五）年・元慶五（九四三）年の意見徴召にそれぞれ連動するように発布されていた（延長三年のみ翌年発布）。
(88)例えば、永観二（九八四）年の「令上封事詔」（『本朝文粋』巻二）にも、「降水旱之災」の因の一つとして「好倹処約者少」しをあげている。
(89)『玉葉』文治五（一一八九）年五月二十三日条参照。なおこの史料については、奥田環氏「九条兼実と意見封事」（『川村学園女子大学研究紀要』一号、一九九〇年）参照。
(90)例えば、天永元年では左大臣源俊房・権中納言大江匡房が（前掲注(89)の『玉葉』同日条参照）、久安元（一一四五）年では八名の公卿の名があげられている（『台記』同年四月二十五日条参照）。また保延元（一一三五）年には、諸道勘文を踏まえて、右大臣藤原宗忠は「徳政意見状」ともいうべき提案を行った（『中右記』同年八月二十日条・二十四日条など参照）。文治三年については、奥田氏前掲注(89)論文参照。

(91) 稲葉氏前掲注(4)論文参照。

(92) 但し、十二世紀においても単行法令的過差新制は発布されていた（前章参照）。永久元（一一一三）年閏三月十九日の新制といわれている法もその一つであり、賀茂祭を対象とした禁令の可能性が高い（『中右記』同二年三月三十日条参照）。さらにいえば、同四年七月十二日付太政官符（『朝野群載』巻十一）も、全条項が過差禁制で、かつ第一条に「五節相撲両日間不可改着装束貳具事」とあり、発布月日を参考にするとさし迫った相撲節会をまずは対象としていた可能性が残る。

(93) 前章第二節第2項参照。

(94) 水戸部氏前掲注(3)書第一章参照。

(95) なお同年六月から少なくとも十月にかけて、疱瘡の流行が確認でき（『日本紀略』六月是月条・十月五日条など参照）、朝廷は、賑給（同書八月十九日条）・諸社奉幣・大赦（以上同書十月三日条）などを行っていた。法制定の動きが本格化したのが十一月一日であることは（同書同日条）、この過差禁制が徳政策の一つであった可能性を示唆しているといえる。なお検討の余地を残している。

(96) このような私見に対する批判に、坂田充氏「『日本紀略』長保元年十二月十三日条について」（『学習院史学』四一号、二〇〇三年）がある。

# 第三章　平安時代末・鎌倉時代初期の公家新制

## はじめに

公家新制は、政治史・社会経済史はもとより、様々な分野において平安後期から鎌倉時代を研究するための史料として注目され、大きな成果をあげてきた。新制研究は、三浦周行氏「新制の研究」[1]に始まる。三浦氏は、鎌倉時代の新制を中心に史料を提示し条文に解説を加えた。これを飛躍的に発展させたのが、水戸部正男氏の『公家新制の研究』[2]である。水戸部氏は、平安・鎌倉時代の新制史料を発掘し条文に詳細な解釈を施した。特に新制条文の「継承」関係を指摘し、かつ不明とされていた条項を推定し、多数の関連史料を提示した。また、羽下徳彦氏「領主支配と法」[3]は、各新制の性格に着目した論文であり、支配者としての朝廷の占める位置の変遷を考察した。この論文によって、新制の研究は新たな段階に入る。以上のような包括的な論文の他にも、個々の公家新制に言及した論文は数多い。必要な限り本文中で触れることにする。

以上のように新制についての研究史を概観しつつ、本章の課題を簡単に述べておきたい。水戸部氏による詳細な研究にも拘らず、平安末から鎌倉初期の新制については、依然として史料的な問題が残されている。そこでまずは、記録・文書類等の検討を通して、この点について幾分なりとも明らかにしたい。二つめとして、新制条文からみた当該期の朝廷の政策基調ともいうべきものを考えたい。なお、本章で対象とする新制は保元元（一一五六）年から建久二

（一一九一）年までに限定する。

## 一　公家新制の史料的諸問題

本節では、保元から建久に至る公家新制の史料的検討を行う。水戸部氏が新制史料を網羅的に収集しているが、しかしながら、問題とすべき点が残されている。そこで、条文・制定過程・発布形態などを中心として考察を加える。

### 1　保元年間の公家新制

保元年間に新制は、保元元（一一五六）年閏九月二十三日（以下保元元年令と略称。なお閏九月二十三日発布とする理由については後述）・同二年十月八日（保元二年令と略称）・同三年六月二十六日という三度発布[4]されたとするのが通説である。

このうち保元元年令は、『兵範記』に口宣案[5]が収載されているが、諸国を対象とする施行文書は、半年余り経過した翌二年三月十七日になって発令されたと考えられてきた。この根拠は同日付の太政官符案[6]にある。同文書では、弁官として署名している平範家の位階は「従四位上」となっている。しかるに彼は、同元年十一月二十八日に正四位下に昇叙[7]していた。とするなら、前述の太政官符案は、範家が従四位上に叙せられていた時、即ち同日以前に作成されていた可能性が生ずる。既に森田悌氏が指摘[8]しているが、同三年四月日「伊賀国在庁官人等解[9]」には、

抑去保元元年潤（閏カ）九月廿三日所被下諸国之五箇條官符中、尤所被禁遏、如此之寺僧濫行事也。

との文言がある。この「五箇條官符」こそ諸国を対象とする施行文書＝太政官符だったのではなかろうか。閏九月中に官符が諸国に発布されていたのであれば、範家の官位とも一致する。従って、前述の太政官符案の日付には何らか

の錯誤[10]があると思われる。以上の理由から、保元元年令を施行するための官宣旨[11]・太政官符は、時を移さず同年閏九月二十三日に発布されていたと考えたい[12]。

ところで、森田氏は、保元元年令の布告の範囲に言及して、保元元年閏九月二十三日官符は「畿内ないし近国に限っていた」とし、また翌年三月十七日太政官符案については、「申請等により必要に応じてそれ以外の国にも発布されていた」と指摘[13]した。氏の論拠は、この太政官符案では、「国司が単数で国司等と複数になっていない」ということに尽きる。「官職」としての国司を対象としているのであるから、単数で表現されていようともさしたる疑問はない。それよりも、この官符案の末尾に「国宣承知」しとあることのほうが重要だろう。しかしこの点についても、複数の国を対象とする官符のなかには、文末を諸国とすることなく同じく「国宣承知」の文言で終わるものが残されている[14]。森田氏の説は認め難いといわざるを得ない。やはり、同令は全国を対象としていたとみるべきであろう。

さて保元二年令は、『兵範記』同年十月八日条裏書の「八日宣旨卅五箇条、新制被下之。蔵人治部権少輔俊経(藤原)書下之」すとの記述をもとに、三十五カ条という条文数で発布され、蔵人藤原俊経が奉じていたことが、判明するのみであった。このようななか、水戸部氏は前掲書において十カ条を「復元」した。三浦周行氏は『帝王編年記』の記事から、

⑪　今季新制挙銭利一倍

という条文の存在を指摘[15]している。さらに、保元三年の「興福寺衆僧等申状[16]」なる文書には、

⑫　何況去年新制維摩・御斎会・最勝会等、如法可被行。其状云、時代漸遠、儀式粗廃、参集之侶不致信心、施供之者偏有本法、有司阿容無心検察、厳重御願、豈以如斯者。綸言有限、新制無隠。

との文言があることから、仏事興行（或いは維摩会・御斎会・最勝会の興行に限定されていた可能性もある）関係の条文の存在

を推定できよう。以上により、三十五カ条中十二カ条が判明したこととなる。本新制は鎌倉時代の新制に強い影響を与えていたと考えられることから、不明の条文の多くも後世の新制に存在する規定と大差ない内容としてよかろう。(補注二)

次に、保元元年令と二年令の関係をみておきたい。元年令では、その条文対象を国衙・寺社においていた。即ち、外官と自立的権門を対象とする新制となる。一方、二年令は全条文が明らかでないという問題を残しているが、その対象を内官と条文の取締りを担当する検非違使庁に絞って発布されていたと判断される。このような施行対象の相違が、時をおいて二つの新制が発布されることになった理由ではなかろうか。特に、二年令の各条文は先行する公家新制では規定してこなかった内容が多くを占めていたと推測されることから、約一年間という制定のための準備期間が必要であったと考えたい。

## 2　治承年間の新制

治承年間には、新制は三度発布されていたとするのが通説[17]である。治承二（一一七八）年閏六月十七日・同年七月十八日・同三年八月三十日である。しかし、治承二年に二度にわたって新制が発布されたとする見解には疑問がある。そこで、初めてこの点を指摘した水戸部氏の論拠を再検討したい。氏は、

(治承二年七月十八日官符は) 恐らく、保元二年令三五ケ条中より必要な一二ケ条を抽出して山陰道国司宛の新制を発布したものであろう。[18]

と指摘しつつ、その根拠として、

(a)　(同じ官符の条文中に) 先符とあるのは、一月前に出た治承二・壬六・一七の新制かそれとも保元二年令かという問題があるが、私は順序として保元二年令を指すものと推定する。何故なら僅か一月前に出た新制を直ちに次の

新制が継承するということは考えられない。

(b)　また、七月一八日の一二ケ条は一月前の壬六・一七新制を一部抽出して施行したという見方もできるかも知れないが、それならば⑪条に先符に任せという如き表現は当然ない筈である。

という、二点を挙げた。[19] これは成立するのだろうか。(a)を検討する前に考慮にいれねばならないのは、閏六月十七日の史料は「口宣案」[20]であり、七月十八日の史料は「太政官符」[21]であるというように、文書様式を異にするという点である。この二つは「次の新制が継承する」という関係にあるというものではなくして、口宣案を実施に移すために、一カ月を経た後に施行文書として山陰道諸国司宛に太政官符が発布されたとみれば、矛盾なく理解できるはずである。次に、(b)はやや不明瞭なところがあるが、七月十八日付太政官符案が閏六月十七日の口宣案の一部を施行しようとしていたのであれば、「先符」に相当する太政官符が存在しないという意味にとれようか。この点についても、既に治承二年以前に同種の条文をもつ官符が公布されていたということは十分に想定しうるのであり、さしたる問題とはならないだろう（例えば保元二年令であってもよい）。とするならば、治承二年の時点で、為政者達が既に発布されていた太政官符（＝先符）を念頭において、この条文を制定していたと解釈してもよいはずである。「口宣案」を施行するためには、当然のことながら当該の官衙などに宛てて然るべき施行文書を公布することが求められるのであり、この場合も諸国・寺社・使庁などに対して布達されていたであろう。その一例として、七月十八日官符を解釈すべきである。以上、水戸部氏の治承二年には二度新制が制定されていたとする見解に反論を加えた。その結果、口宣案を受けて、山陰道諸国司宛に太政官符が発布されていたと考えられるとの結論を得ることができた。[22] 治承年間では二年七月十八日[23]（以下治承二年令と略称）と三年八月三十日（治承三年令と略称）に新制が制定されていたことになる。そこで、本項ではこの二つの新制を対象としたい。

まずは、治承二年令を検討する。この新制の制定過程の一端は『玉葉』の記事[24]から明らかとなる。詳説は避けるが、「保元制符」を後白河院が重視していたことに注目しておきたい。例えば同書には、

頭権大夫光能（藤原）朝臣来。（中略）以国行（源）伝綸旨云、近日可被下新制、其間事可計奏。保元制符之中加取捨可言上云々者（被副下件制符也。）[25]

との記事がある。高倉天皇の綸旨は、「保元制符」から必要な条文を「言上」することを藤原（九条）兼実に要請していた。治承二年時点では「政治を動かしている主体は院にある」[26]とすべきことから、この高倉天皇綸旨には当然後白河院の意図が反映していたと思われる。新制を制定する際には、前代の新制条文中からの取捨選択が大きな比重を占める。ここで後白河院が保元新制のみをその対象として認めている点が興味を引く。院が自身の天皇在位中に発布した法令として、保元新制を特別視していたのであろうか（この後、兼実は⑴長保以後の新制と、⑵当時の違犯行為との、二点を踏まえて立法することを主張し、結局は彼の要求が通っていた[27]）。

ここで不明条文の検討に入る。この新制条文については、既述の山陰道諸国司に宛てた太政官符に載せられた十二カ条のみが判明していた。さらに、『玉葉』記事により条文が少しばかり明らかとなる。

入夜頭中将定能（藤原）朝臣来、数刻談語。（中略）此次語云、蓮華王院惣社祭之日、候院北面之衛府等、着紅衣立垣代云々。是内々取御気色之処、已有許容云々。新制之最初、豈以可然哉。[28]

と記されている。蓮華王院惣社の祭日に、院北面の衛府官人が「着紅衣立垣代」たことは、新制に背くと批難されていた。このような規制は、建久二（一一九一）年三月二十八日の新制（本節次項参照）では、

⑪　可紕定上下諸人衣服員数幷服飾過差事

なる条文に相当することから判断して、この種の事書をもつ条項が治承二年令でも存在していたと思われる。その他

にも過差禁令については、『玉葉』のみならず『山槐記』にも記事が散見するが、[29]条文を推定するまでには至らない。しかしながら、不明条文の多くは京都市中ないし禁裏などを対象とする法であったろう。それは、諸国司宛の官符中に含まれていないことからも推定できる。以上により太政官符に規定されている十二カ条に加えて、若干の過差禁令の存在を指摘できた。

治承三年令の考察に移りたい。この新制については、制定過程・条文内容ともにほとんど不明とされてきたが、幾つか史料を集めえたと思われる。この新制の制定作業を行うための議定が、どの時点から始められたかは詳らかとは ならない。『玉葉』同年七月二十五日条には、

頭中将通親（源）朝臣、送書於基輔（藤原）曰、万物沽価法可令定申者。其状如此。（中略）

請文案如此。

万物沽価法可被定下事、可令計申之由謹以承候了。抑如此事、以短慮輙難定申乎。去年被下制符之時、此事存為　朝家之要須之由、尤可被定下其法之旨、令言上許也。於其上之子細者、愚意暗難及乎。先被仰法家及官底・使庁等、令注進子細之後、可及議奏乎。且以此等之趣、可被洩奏状、如件。

七月廿五日　　　　右大臣（藤原兼実）、在判

との兼実の請文が載せられている。頭中将源通親から彼の許に沽価法制定の依頼状が届けられた。これに対して兼実は請文をだして、資料を取りよせて沽価法を注進することを約束していたが、去年の新制議定の際（治承二年令）にも提案したと述べていることは興味深い。とにかくこの記事から推測すると少なくとも一カ月前には制定の動きがでてきたのであろう。この後、兼実は沽価法の素案を作成していたと思われる。[30]

八月三十日には全三十二カ条の新制が発布された。その内容は明らかではないが、水戸部氏は建久二年三月二十八

日新制を駆使しつつ、条文を「復元」した。それは、

(1) 一、可停止礶近衛官人禄法過差事

(前略) 仍治承年中、新立其制始定其法

(2) 一、可停止五節櫛棚金銀風流并滝口陣所々送物過差事

(前略) 其法一如治承先符

(3) 一、可停止諸司三分諸衛官人已下所従尋常時騎馬事

仰、保元之制、時代不遠。且依先符、且任新制、宜仰有司令加禁遏

(4) 一、可令在家々主申寄宿輩事

(前略) 宜任保元・治承符、令寄宿家主慥人数并来由触当保検非違使

(傍点は水戸部氏)

という四カ条である。[31] しかしこの「復元」の方法には疑問がある。「治承符」或いは「先符」の文言をもって、全て治承三年令の条文として確定できるのであろうか。先述の山陰道諸国司宛の太政官符の③条によると、治承二年令には「応停止五節櫛棚金銀風流并瀧口送物過差事」という条項が規定されていたが、これは(2)と同類の事書であろう。とするならば、「治承符云々」の言葉のみを根拠に、三年令の条文とするのはいささか無理に思える。しかしながら、この四カ条が全て治承三年令には存在しないと主張するものではない。治承二年令と三年令のどちらかに（或いは両方に）制定されていたという、消極的な判断にとどめておくべきだろう。

なお過差禁令については、『庭槐抄』[32] 治承三年九月五日条に、

今日賀茂行幸也。（中略）上下諸人不可改衣服之由新制其一也。然而大雨湿損、仍亦新調之。

との記述があり、「上下諸人不可改衣服事」に関する条文が存在していたことが明らかとなる。その他『玉葉』にも、

過差禁令の記事[33]は散見するものの、大部分は不明であるといわざるをえない。

ところで、沽価法は治承三年令に取り入れられていたのであろうか。『大夫尉義経畏申記』[34]の中には、

可令向鄽人結番事

（前略）右市鄽雑物沽価法、被載去八月卅日官符。兼又高賈之輩、不恐厳制、猶以違犯。宜令検非違使等五箇日一度分番、向東西市可令勘糺違法之由、同九月十九日被下宣旨畢。仍任彼宣下状為令行向、所令結番也。来卅日、一番可行向也。又自件日限又以前如此伝輪、慥守結番行向市鄽、可令勘糺件違法之状、依別当（平時忠）宣、所廻如件。

治承三年十月廿六日

という検非違使庁廻文ともいうべき文書が引載されている。八月三十日の「官符」で沽価法が定められたにも関わらず違犯者が多いことから、検非違使は「五箇日一度分番」して東西市に向い違法を糺断せよとの指示が出されていたことが判明する。ここに「去八月三十日官符」と記されているのが注目される。兼実が積極的に推進した沽価法の制定が、治承三年令に盛り込まれていたことはここに確実となる。

## 3　建久年間の公家新制

建久年間に発布された新制には、建久二年三月二十二日の新制[35]（以下建久Ⅰ令と略称）と同月二十八日の新制[36]（建久Ⅱ令と略称）の二つ[37]がある。

この二つの新制は、同一の制定過程を経て発布された。『玉葉』同元年十月二十二日条に「家実（藤原）来示昨日奏聞事等。来廿五日於直盧新制定可有之由被仰下、仰宗頼（藤原）催公卿」すと記されていることから、少なくとも同日以前には新制の発布は決定されていたとみられる。翌月一日の、

今日於直盧有新制議定事。（中略）宗頼持来意見新制等目六見了返給。次余出居賓莚、次以宗頼招着人々、内大臣（藤原兼房）直衣、大納言忠親（藤原）、頼実（藤原）、中納言通親（源）、親宗（平）、兼光（藤原）等也〈以上束帯〉、次宗頼持来目六等〈有懸紙結中〉。余取之、以代々制符目六授内大臣、次第見下〈如形見之〉、至于兼光許委披見了。（中略）余仰云、先神事之条可有沙汰、代々制符宣下区分、其中可叶時議事取要可被定申者。兼光卿四五ケ條申之、親宗已上大略同之。少々有申加人々、神事条定了。宗頼書篇目。（中略）次仏事、次他雑事等、此中過差之制殊有沙汰、条目事繁不遑具記、委旨可在職事。側聞、新制目六沙汰之後付意見目六、又有評定。

との記事から、この日には文治三（一一八七）年に行われた意見封事の「目六」も参照しながら新制制定のための評定が行われていたことが判明する。[38] その評定には、藤原兼実以下が参加し、官位の低い者から上位者へという順に、代々の新制等から「可叶時議事、取要可被定申」きという形で、条文の作成が進められた。神事・仏事・雑事の順に審議は続けられたが、「過差之制」には特に注意が払われたという。この日で、新制条文が全て決定されたわけではない。その後も繰り返し新制の議定が開かれていた。[39] 新制の制定過程において、兼実の果した役割が大きかったことに着目しておきたい。彼の日記『玉葉』の頻繁なる記載にも明らかだが、字句の修正を指示し、[40] 内容の変更をも主張しかつ認められてもいた。[41]

建久1・II令が、短期間に続けて発布されていたのは、いかなる事情によるのであろうか。私見は保元新制と同様の理由と考える。即ち、建久I令はその主たる対象を諸国司（国衙）と寺社という自立的権門に絞って発布された法令であり、II令は内官と条文の取締り主体としての検非違使庁を対象とするものであった。この内容上の相違から、新制を二つに分けて発布することにしたと思われる。

新制の各条文の解釈については、水戸部氏の詳細な研究がある。そこで本節では、保元元年令・治承二年令・建久Ⅰ令の幾つかの条項に限定して検討を加え、もって平安末・鎌倉初期の政策基調を考察したい。

## 二　公家新制の政策基調

### 1

最も注目されるのは当然のことながら荘園整理令であろう。保元元年令には、

(a)　一、可令下知諸国司、且従停止、且録状、言上神社仏寺院宮諸家新立庄園事

(b)　一、可令同下知諸国司、停止同社寺院宮諸家庄園本免外、加納余田幷庄民濫行事(42)

という二カ条が規定されている。(a)条には、

久寿二年七月廿四日以後、不帯宣旨、若立庄園、且従停廃、且令注進、國司容隠不上奏者、即解見任、科違勅罪、至于子孫永不用者。

との事実書がある。後白河天皇の践祚日である久寿二（一一五五）年七月二十四日以降に「不帯宣旨」ずに新立された荘園については、国司が主体となって停廃にあたり、その内容を朝廷に注進せよと規定している。ここで宣旨を所持する荘園のみが立荘を認められることになった。立荘権限が「宣旨」に限定されたのである。逆にいうならば、「語取国判」るという国司による立荘は否定されることとなったのでありこの点が注目される。荘園整理の実行主体として期待されているのが国衙であるのは、前代以来の荘園整理令と大差ない。だが国司は荘園整理の実態を朝廷に

注進することが義務づけられている。朝廷の在地介入の志向が窺われることは無視すべきでなかろう。

(b)条には、

庄園相共注出加納、停止濫行、令従国務。若庄家寄事於左右、不弁決理非者、国司勒状、早経言上。随其状跡、且停廃庄号、且召取庄司、下検非違使、宜令糺弾。但帯宣旨并白川鳥羽両院庁下文者、領家進件証文、宜待天裁者。

という事実書がある。ここで興味深いのは、「宣旨并白川鳥羽両院庁下文」を所持する領家は、その文書を朝廷に提出し「天裁」を待てとする部分であろう。この点について田中稔氏は、

第二条で、立荘については宣旨と院庁下文を同格としたことは、今後の院庁下文の国政上の地位獲得への途を開いたものとしてその意義は大きい。

と指摘した[43]。しかし、(b)条における規制の対象は、加納余田についてのみである。(b)条は立荘権について触れているのではない。田中氏の解釈には無理があるのではなかろうか。また氏は、

宣旨と並んで治天の君の院庁下文が宣旨と同等の法的効力を有することが公認された。

とも論じている[44]。田中氏の説は、鈴木茂男氏の所説[45]のうえに展開されている。しかし、前掲史料をみる限りでは、白川鳥羽両院庁下文を所持する荘園であっても、あくまでも最終的判断は「宣待天裁」しとする。とするならば、院庁下文が太政官系文書である宣旨と同等の効力を持つに至ったことの、公認を示す史料とは一概には言えまい。

平治元（一一五九）年五月二十八日付の後白河院庁下文[46]には、

雖被倒諸国新立庄園、於白河・鳥羽両院庁御下文之所者、訴訟之時、領家注子細、可経奏聞之由、宣旨有限。

との文言がある。「長寛勘文[47]」にもほぼ同様の勘文が残されている。これをどう考えるべきであろうか。ここでいう

白河・鳥羽両院庁下文を所持する荘園とは、当然久寿二年七月二十四日以前に立荘されていたはずである。新立荘園としては、もはや規制の対象とはなりえないのである。「長寛勘文」中には、

　清弘承目代罷下之時、寛徳新立荘可停廃之由、宣旨候志加波、中国司云、此宣旨波常事候、一定可停廃。

との記述があり、国衙が「寛徳」以後の新立荘園の停止を図っていたことに対して、領家側は反論の根拠として保元元年令を持ちだしていた。領家は自らの意図に合致するよう、即ち(b)条の規定が(a)条にも適用されると解釈できるようにと、新制の条文を改変していたとみてよかろう。前出の後白河院庁下文もまた、紀伊国の荒川荘と田仲・吉仲両荘の立荘をめぐる相論であった。このように両史料ともに、直接保元元年令(a)条に基づく訴訟ではなく、政治的意図に基づく新制の引用ということになる。従って、私見を否定するものではないといえよう。但しこれら史料からは、院庁下文が、(a)条の立荘権限にも拡大解釈されていく可能性の存在は認めることができる。[補注二]

　次に、保元元年令をめぐる具体的な施行の状況について検討する。(a)条の新立荘園の停止に関連する史料は、管見の限りではみつけえなかった。後白河天皇即位後という期間的なことが関わるのであろう。しかしながらこの条文は、立荘権を朝廷の許に集中することに大きな意義があった。(b)条の加納余田の停止の具体例については、水戸部氏が触れている。[48] また、(b)条に関連して朝廷では荘園の領域確定の作業を行っていた。美濃国大井・茜部両荘では、領家の東大寺から、公験・四至が朝廷に提出された。荘域について不審な点があるためであろうか、幾度かの文書のやり取りが行われている。[49] 大和国は興福寺の抵抗にもかかわらず検注を意図し、[50] また山城国では「注子細経奏聞之処、被下宣旨、遣官使、被検注諸郡田畠」[51] れている。これらもその一環とみてよかろう。領域確定の作業が新制(b)条に基づき積極的に進められていたと考える。ところで、注意を払うべき文書に、前節でも一部引用した保元三年の「興福寺衆僧等申状」[52] がある。ここには、

一　請殊蒙天恩、停止山城・河内・摂津三ヶ国々司、令収公当寺庄々、継維摩大会、兼令修造伽藍僧房破損状

（前略）今年大会殆欲断絶、諸国会料庄々多以転倒之故也。豈図会藤門繁（マヽ）他之時代、見山科仏法之衰滅乎。何況去年新制維摩・御斎会・最勝会等、如法可被行。（中略）加之当伽藍者、寺中用途雖繁、庄園済物不幾、近年以降、封戸無弁。仍当憲法之時、欲致訴訟之処、三国庄園多以転倒、二所杣山亦復収公。而道場数多、破損非一、自昔至今、修造無絶。若無国家優免、争加伽藍修補哉。鳳甍欲頽、以何支之、虹梁欲落、以何資之。古寺修造者、新制一条也。綸言如汗。

との文言がある。この解状で興福寺は、保元元年令に基づいた荘園収公についての国衙側の法的根拠には全く触れず、専ら維摩会や伽藍修理の用途のために、三カ国にある荘園が必要なことを力説している。その論拠となっていたのが、保元二年令である点を注目したい。この相論は、興福寺の主張が認められて一応の結着がつく[53]。即ち、「仏事興行」の論理が優先されていたことになる。保元元年令・二年令を考えるうえで無視できない事実であろう。

治承二・三年令には、直接的に荘園関係を扱った条文はないようである。この時点では保元元年令的な政策は、放棄されていたのであろうか。そうは思えない。例えば長寛二（一一六四）年には、

応停止延暦寺西塔悪僧慶救妨、感神院日別御供料便補坂田北郡細江郷内保田、乖新制押領事。

との事書をもつ官宣旨が発布されていたが、その事実書中には、「就中近日所被下之新制、已当慶救之犯乎」との文言がある[54]。長寛年中には、何らかの所領関係の条文をもつ「新制」が発布されていたのであろう。この点については、建久三年の「伊勢大神宮所領注文」[55]が、「長寛」年中に朝廷から所領注文の提出要求があったことを伝えていることとも関連があると思われる。また承安三（一一七三）年十一月、南都十五大寺の蜂起に対抗し朝廷は、「寺領末寺庄園等、早仰五畿七道諸国宰史（吏）、悉以没入」[56]すという強硬手段をとったのである。以上の例を参考にするなら、保元

元年令にみられる朝廷の直接土地制度に立ち向かおうとする姿勢は、その後も継承されていたといえる。

建久Ⅰ令では、「荘園整理」関係の条文として、

(c)　一　可令下知諸国司、注進神社仏寺院宮諸家庄園本免外加納余田、幷保元已後新立庄々及国中訴訟庄民濫行事

がある。この条文で朝廷は国司に対して、加納余田・保元以後の新立荘園・国中訴訟・荘民乱行の「注進」を命じている。保元元年令よりも幅広い文書の提出を要求しており、朝廷は荘園公領の領域などをめぐり起される様々な問題に積極的に対応することを意図していたとみてよかろう。またこの新制には、

(d)　一　可令下知諸国司、停止神社仏寺及諸人所領、不経上奏成国免庁宣事

という条文もある。国司が上奏を経ることなく国免の庁宣を発令することの禁止を規定し、立荘権を宣旨に集中しようとしていた。(c)・(d)両条とともに、保元元年令の単純な条文の継承にとどまらず、より拡大した内容に改定されていたことに注意を払うべきである。

建久Ⅰ令(c)条をめぐる具体的活動を簡単に検討する。時期は下るが承久四（一二二二）年の文書中に、

仰神恩故、以私領寄進当社、可備毎夜御燈油旨令言上之処、九條殿(兼実)仰云、於保元以後新立庄者、併可被国領旨雖有御沙汰、今申上旨頗以別段也。随又神慮有恐、争無御随喜哉。[57]

との文言がある。藤原（九条）兼実の時に、「保元以後新立庄」を国領とする旨の沙汰があったことを知る。また、文治三（一一八七）年に再設置された記録所の活動を追うと、様々な訴訟に関与していたことが判明するが[58]、なかには当然(c)条に基づく相論もあったに相違ない。ところで国衙は朝廷に文書を注進していたのであろうか。建久四年五月十三日条の『玉葉』には、

此日、広房(小槻)来申云、諸国依新制、付請文之国卅余ヶ国、所残未付之云々。又進文書之国不候、仍内々触縁尋取也、

注文卅余ヶ国也。

との記事がある。文書が簡単に集まっていたわけではないことを知る。強い調子をもって発布された建久Ⅰ令ではあるが、その実効性にはなお疑問が残るとせざるをえない。

保元から建久に到る荘園整理関係条文の一つの基調を、太政官＝朝廷への立荘権の集中化にあると考えてきた。その後この理念はどうなるのであろうか。詳しくは次章で論ずるが、建暦二（一二一二）年の新制には、

(e) 一 可停止諸国吏寄進国領於神社仏寺事

（前略）於不帯勅免之地者、宜合国領。兼又自今以後永従停止、莫令更然。[59]

との規定があり、建久以後も依然としてこの政策は貫かれていたとみたい。

## 2

本項では、寺社領注進に関連する規定を検討する。この問題については、記録所の活動を把握するために考察を加えたことがある。[60]屋上屋を架すことになるが簡単に触れておきたい。

保元元年令は、

(f) 一 可令下知諸社司、注進社領幷神事用途事

(g) 一 可令下知諸寺司、注進寺領幷仏用途事（事脱ヵ）

という二カ条を規定した。(f)条では二十二社、(g)条では十カ寺と、両条ともにその対象を限定している。東大寺が(g)条に基づいて記録所に提出した文書は実に多様であった。「記録荘園券契所寄人文書請取状」[61]なる文書によると、東大寺は「封戸庄園文書目録」・「相折恒例寺用注文」・「解状」・「庄園田数所出注文」の四巻を進上していた。これらの

文書群は、朝廷が(g)条で要求した寺領とその仏事用途の注進に対応していたとみてよかろう。一方建久三年の「伊勢大神宮神領注文」をみる限り、伊勢神宮は(f)条に基づく文書提出命令を拒否していた[62]。しかしながら神領注文にも「依　宣旨、度々雖被尋問」もとの記述があることから、両条の執行に対する朝廷の強い姿勢を窺うことはできる。治承二年令のこの種条文は不詳である。

建久Ⅰ令では、

(h)　一　可令下知諸社司、注進神領子細幷神事用途事

(i)　一　可令下知諸寺司、注進寺領子細幷仏事用途事

の二カ条がある。(i)条には、

仍所載保元制符之十箇寺已下、破壊無実之御願、庄園有数之諸寺、不漏一寺不残一庄、各下知彼寺司等、早令注進庄々田数所当幷仏寺用途。

という事実書があり、また(h)条にも「廿二社已下神領広博之社司等」との文言がある。保元元年令との差違は、両条ともに全ての寺社をその対象としたことにある。この変更は兼実の強い主張により取り入れられた[63]。(h)条を受けての文書に、しばしば抵抗してきた既出の伊勢大神宮の所領注文がある[64]。また、西大寺も文書提出命令に従っていたようである[65]。ここでは保元元年令の時よりも、さらに徹底化が図られていたことを指摘しておきたい。

## 3

次に、神人・悪僧取締りに関連する規定に移す。

保元元年令では、

(j) 一 可令且下知本社、且諸国司停止諸社神人濫行事

(k) 一 可令仰本寺幷国司、停止諸寺諸山悪僧濫行事

(l) 一 可令下知諸国司、停止国中寺社濫行事

の三カ条が関係条文となる。ここで注目されるのは、(j)条で伊勢大神宮以下八社、(k)条では興福寺以下三寺両山に対象を限定していたことである。規制対象を設定することによって条文の浸透を意図していた。しかし、このことは他の寺社を野放しとすることにはならない。(l)条によってやはり取締りを受けることになるからである。この三カ条が規定されたのは、既述の保元元年令(a)・(b)両条の趣旨をより一層推し進めるため、諸国で活動する神人・僧侶の規制を最重点にせねばならなかったことによるのであろう。

治承二年令は、

(m) 一 応同搦進諸社神人諸寺悪僧往反国中致濫行事

という一カ条があるにすぎない。山陰道諸国を対象とする太政官符中の条文という制約に基づくものかもしれない。というのはその事実書には、

就中延暦興福両寺悪僧・熊野山先達・日吉社神人等殊以蜂起。同下知諸国、慥令搦進其身。

との記載があり、四寺社を特に名指ししていた。治承二年令の不明の条文中には、中央寺社を対象とする規定が存在した可能性は十分ある。神人・僧侶取締りに関する条文については、治承二年令においても保元以来の政策基調のもとにあったといえよう。

建久Ⅰ令には、

(n) 一 可令且下知本社、仰京畿諸国所部官司、停止諸社神人濫行事

(o)　一　可令仰本寺并京畿諸国所部官司、停止諸寺諸山悪僧濫行事

(p)　一　可令不(衍カ)下知諸司、停止国中社寺濫行事

と保元元年令と同様の条文がある。しかし、(n)・(o)両条では、全ての中央寺社を対象としているのが大きな変更点となる。寺社に対する所領注文提出命令とともに、朝廷が神人・僧侶の取締りについてもより厳しい姿勢を示していたことの表れである。朝廷は保元元年令以来、その取締りの主体として国衙の積極的な活動を期待していた。ところが源頼朝の御教書案に、(66)

一　可禁制宇佐・筥崎宮及余社神人等濫行事

　右、中間略之、

一　可召禁夜打・強盗・殺害人事

　右、中間略之、

以前両条、前右大将殿(頼朝)仰旨如此、仍執達如件、

　建久七年十一月十四日　　　平盛時奉

前掃部頭殿(中原親能)

という文書がある。鎮西奉行に就任した中原親能に、神人乱行の停止が命令されていた。建久I令では、国司を中心にこの三カ条に対応させようとしていたが、現実には頼朝の力を頼らざるをえなかったと考えたい。

## 4

最後に、「海陸盗賊幷放火」に関する条文を検討する。保元元年令ではこの種の条文は規定されていない。

治承二年令になると、

(q)　一　応慥搦進陸海盗賊放火輩事

という条文がある。この事実書中に、

近年盗賊之類、結党成群、充満都鄙、殺害人民、放火家宅。就中近日所犯、連夜不絶。宜下知諸国、隣里与力搦進其身。

との文言があり、殺伐とした状況に「都鄙」が陥っていたことが判明する。保元元年令では、取締まりの対象として糺弾されていたのは僧侶・神人に一応限定されていた。それが(q)条では一般人民にまで拡大されている。治承二年令で朝廷は、在地における危機的状勢に禁圧対象を拡げて対応することを意図しており、そのために国衙の積極的な活動を期待していたといえよう。

これに対して建久Ⅰ令では周知のとおり、

(r)　一、可令京畿諸国所部官司搦進海陸盗賊放火事

との条文がある。事実書には、

仰、海陸盗賊、閭里放火、法律設罪格殺懲悪。而頃者、姧濫尚繁、厳禁不拘、水浮陸行往々縦横之犯頻聞、掠物放火、元(比々カ)々賊害之制未止。非啻成強竊之科、兼亦渉闘殺之事。斯法官緩而不糺、凶徒習而無畏之所致也。自今已後、慥仰前右近衛大将源朝臣(頼朝)幷京畿諸国所部官司等、令搦進件輩。抑度々雖被仰使庁、有司怠慢無心糺弾。若尚懈緩、処以科責。若只(亦カ)有殊功者、随状抽賞、

とする記述がある。この条文については諸氏により論じられてきた[67]。杉橋隆夫氏は、この条項を引用しつつ、建久元年は、京都朝廷の側から言えば、鎌倉幕府という新しい政治権力の出現に対して、終局的対応を示した歳

と評することができよう。

と論じた。[68] また、北爪真佐夫氏は、「朝家＝国家」は、「天皇の名において頼朝をとりこんだ」と指摘[69]する。両氏は、この条文における後白河院の意志を重視し、頼朝が公家政権の中に位置付けられたとする。この条文が、建久元年十一月の源頼朝の上洛との関わりで制定されたと推定できる点は、杉橋氏の指摘[70]するとおりであろう。

ところで、『玉葉』建久元年十二月十八日条には、「隆房（藤原）以家実（藤原）、自院被仰前右大将申状二ヶ条事、群盗事幷新制事等也」との記事がある。頼朝は、群盗事とともに「新制事」について、後白河院に申し入れていたとみられる。頼朝の申状を受けて、院は新制に関わる何事かを兼実に仰せつけていたことになる。建久I令の制定については、朝廷内でのみ審議がなされていたと、疑うことなく信じられてきた。しかし、この新制に頼朝の意向が反映されていた可能性があるとなると、様々な問題が生じることになろう。頼朝が新制に関与していたことが明確となるのはこの史料だけであり、即断は控えるべきであろうが、少なくとも(r)条は頼朝の要求によるものではなかったか。源義経・行家の追捕、文治五年の奥州合戦、さらに反乱防止のためという、非常時的色彩が濃かった頼朝の諸国守護権は、この時点では「その使命を一応終了した[71]」と思われる。それがここで頼朝の要請に基づき、新制中に彼の名前が明示されたことにより、この権限は平常時においても活用しうるものになったと考えられる。頼朝が諸国守護権の「法」による承認を求めたのに対して、京都市中においてすら、「度々雖被仰使庁、有司怠慢無心紏弾」しという、朝廷側の警備機構の弱体化の故に、朝廷は認めざるをえなかったとみたい。杉橋・北爪両氏をはじめとする先行論文における頼朝の位置付けには、再考の余地があるのではないだろうか。

## おわりに

二節にわけて、保元から建久に至る公家新制を考察してきた。本章を終えるにあたって、若干の整理をしておきたい。第一節は公家新制の史料的問題を扱った。記録類・在地文書を活用することによって、わずかなりとも条文・新制の制定過程等の一端が明らかになったことと思う。第二節では、条文の幾つかに検討を加え、もって平安末から鎌倉初期における、朝廷の政策基調とでもいうべきものを分析した。その結果、朝廷は、立荘権を太政官に集中することで国免荘を否定し、さらには荘公の分離を狙って荘園の実状を掌握したうえで、これらを乱す要因として神人や僧侶などへの抑圧を意図していたと考えた。二つめとしては、徐々に各規定がより徹底化されていくことに注意を喚起した。これは、建久Ｉ令で規制対象がより拡大していることからも明白であろう。単純な条文の継承ではなくして、「時宜」に適応するよう、より積極的な方向に改定されていたことに着目すべきと思う。三つめとしては、建久Ｉ令における頼朝の占める位置が注目されよう。彼は、条文の制定に何らかの関与をしており、また新制の施行面にも影響を及ぼしていたのであった。

この時期の新制全体についていうならば、制定する際の評定にも注意を払うべきだろう。新制が口宣案として残されることが多いことから、天皇の背後にいる後白河院の立場を強調しすぎるきらいがあったように思う。保元新制の際の藤原通憲（信西）、建久新制の時の藤原兼実（彼はまた、治承二年令制定の際には、十五カ条の条文案を提案し、十四カ条が取り入れられてもいた）の役割を考えるならば、朝廷（太政官）全体としての意志に顧慮する必要があろう。また、水戸部氏は、公家新制の発布形式として「宣旨」（口宣案のこと―佐々木）・「太政官符」・「官宣旨」・「院宣」をあげた。[72]しかし、口宣案は「勅旨伝宣の事務の上に作った文書」[73]とすべきである。口宣案を受けて、施行文書としての太政官符や官宣旨などが公布されていたと考える。従って、発布様式は新制条文の宛先により差違があったのであり、さしあたり太政官符・官宣旨・官牒などを想定しておけばよいように思う。

注

(1) 三浦氏「新制の研究」（同氏著『日本史の研究』新揖一岩波書店、一九八二年、初出は一九二五・二六年）参照。
(2) 水戸部氏『公家新制の研究』（創文社、一九六一年）参照。
(3) 羽下氏「領主支配と法」（『新版岩波講座日本歴史』中世（一）、岩波書店、一九七五年）参照。
(4) 水戸部氏前掲注(2)書参照。なお保元三年六月二十六日に発布されたとする新制は、相撲節会を対象とした単行法令的な過差禁制とすべきであり（第一部第一章参照）、本章の考察対象外とする。
(5) 『兵範記』保元元年閏九月十八日条参照。
(6) 保元二年三月十七日　太政官符案（「書陵部所蔵壬生家古文書」『平』二八七六号）。
(7) 『公卿補任』保元二年平範家項参照。
(8) 森田氏「保元元年新制小考」（『史聚』九号、一九七八年）。
(9) 「百巻本東大寺文書二十九号」（『平』二九一九号）。
(10) なおこの太政官符案の日付の位置が誤りであることも見逃すべきではない（『続左丞抄』第一　一八頁の頭注参照）。
(11) 周知のとおり、住吉社宛の官宣旨がある（保元元年閏九月二十三日　官宣旨案、「書陵部所蔵壬生家古文書」『平』二八五一号）。
(12) このように考えることによって、保元元年十一月日　伊賀国在庁官人解案（「東大寺文書　四ノ一」『平』二八六〇号）の、「庄可停止彼等出作濫行之由、被下新制官符」との文言が理解できよう。
(13) 森田氏前掲注(8)論文参照。
(14) 例えば、寛仁元（一〇一七）年八月三日　太政官符（『類聚符宣抄』第三）・天平九（七三七）年六月二十六日　太政官符（同書第三）等々。また、既述のとおり、この太政官符案には疑点が幾つかあり、「国」と単数にしていることは書写の際の錯誤の可能性もある。

(15) 同書巻二十一　後白河条。三浦氏前掲注(1)論文五八二頁参照。
(16) 保元三年七月日　興福寺衆僧等申状（「尊経閣所蔵興福寺牒状」『平』二九三七・三八号）。
(17) 水戸部氏前掲注(2)書参照。
(18) 同右書八三頁参照。
(19) 同右書七八・七九頁参照。
(20) 『玉葉』治承二年七月二十九日条に「光能奉行」との記事があり、藤原光能が蔵人頭であることから推定できる。
(21) 治承二年七月十八日　太政官符案（「書陵部所蔵壬生家古文書」『平』三八五二号）。
(22) 従って、治承二年七月十八日官符について、水戸部氏が保元二年令三十五カ条中より必要な十二カ条を抽出して、山陰道国司宛の新制を発布したと論じているのは誤りと思われる（同氏前掲注（2）書八三頁参照）。また条文内容からみてこの官符は、他の諸国にも当然送付されていたであろう。
(23) 施行文書公布の日付を新制の発布日とする。即ち、治承二年令はこの七月十八日付山陰道諸国司宛太政官符で代表されていると考えるからである。
(24) 『玉葉』治承二年三月十八日条・同月三十日条・四月二十三日条・六月五日条・同月八日条・閏六月四日条・同月五日条など参照。
(25) 『玉葉』治承二年三月十八日条参照。
(26) 石母田正氏「平氏『政権』について」（『石母田正著作集』第七巻、岩波書店、一九八九年、初出は一九五六年）二二六頁。
(27) 『玉葉』治承二年三月三十日条・四月二十三日条・六月五日条など参照。水戸部氏は前掲注(2)書において、治承二年令には長保元年令を「継承」した条文が存在していることを指摘したが（一〇四〜一〇六頁）、制定過程からみても当然のことなのである。
(28) 『玉葉』治承二年十月五日条参照。
(29) 『山槐記』治承三年正月一日条・四月二十一日条・同月二十三日条など参照。
(30) 『玉葉』治承三年七月二十六日条・同月二十七日条など参照。
(31) 水戸部氏前掲注(2)書八三・八四頁参照。
(32) 『群書類従』三輯、帝王部。

(33) 治承三年十一月五日条・十二月十四日条・十二月十九日条など参照。
(34) 『群書類従』七輯、公事部。
(35) 建久二年三月二十二日　後鳥羽天皇宣旨（「三代制符」『鎌』五二三号）。
(36) 建久二年三月二十八日　後鳥羽天皇宣旨（「三代制符」『鎌』五二六号）。
(37) 建久Ⅰ令の施行文書に口宣案と同一の日付の鞍馬寺宛太政官牒がある（佐藤進一氏他編『中世法制史料集』第六巻、岩波書店、二〇〇五年）。従って同令の施行日は三月二十二日でよいと思われるが、Ⅱ令については不明とせざるをえない。
(38) 『玉葉』同日条参照。
(39) 同右書建久元年十一月四日条・十二月十日条・同二年二月八日条など参照。
(40) 同右書建久二年四月九日条参照。
(41) 同右書建久二年二月十一日条参照。
(42) 『兵範記』前掲注(5)史料参照。なお序章でも論じたように、本書の趣旨からすれば、施行文書から引用すべきところであるが、本章が対象とする時期の新制の施行文書は一部しか明らかとならない（建久Ⅰ令については前掲注(37)参照）。そこで本章では保元元年令と建久二年の新制については口宣案を使用することとする。
(43) 田中氏「院政と治承・寿永の乱」（同氏『鎌倉幕府御家人制度の研究』吉川弘文館、一九九一年、初出は一九七六年）一三頁。
(44) 同右論文一三頁参照。
(45) 鈴木氏『古代文書の機能論的研究』（吉川弘文館、一九九七年）第Ⅰ章参照。本章の初出時には「古文書学的に見た院政」（『図説日本文化史大系　月報五』小学館、一九六六年）を参照した。
(46) 「高野山文書宝簡集二十六」（『平』二九七九号）。
(47) 『群書類従』二六輯、雑部。
(48) 水戸部氏前掲注(2)書九四頁参照。
(49) 保元二年五月日　大井茜部荘文書進官目録・同年七月十三日　東大寺廻文・同年八月日　東大寺三綱宣旨請文案（以上「内閣文庫所蔵美濃国古文書」『岐阜県史　史料編』古代・中世）・同三年四月十五日官宣旨（「内閣文庫所蔵美濃国古文書」『平』二九一八号）など参照。

(50) 網野善彦氏「荘園公領制の形成と展開」(同氏『日本中世土地制度史の研究』塙書房、一九九一年、初出は一九七三年)二二頁参照。
(51) 保元三年五月七日 山城国司庁宣案(「東大寺文書一ノ一」、『平』二九二一号)。実施例として、保元三年五月十日 山城国勧修寺領田畠検注帳案(「勧修寺文書十九」、『平』二九二二号)・同日 山城国安祥寺領寺辺田畠在家検注帳案(「勧修寺文書十九」、『平』二九二三号)などがある。
(52) 前掲注(16)文書参照。
(53) 保元三年十一月日 興福寺衆僧申状案(「尊経閣所蔵興福寺牒状」『平』二九五八号)参照。
(54) 長寛二年九月廿五日 官宣旨(「古文書纂二坂本蓮華院文書」『平』三三一〇号)参照。
(55) 建久三年八月日 伊勢大神宮神領注文(「神宮雑書」『鎌』六一四号)参照。
(56) 同月十一日 官宣旨案(「神宮司庁所蔵類聚神祇本源裏文書」『平』三六四三号)。もっとも二カ月後には返付された(承安四年正月十八日 官宣旨案「東大寺文書四ノ四十四」、『平』三六五二号)参照。
(57) 同年三月日 大江泰兼愁状(「大和大東寺旧蔵文書」『鎌』二九三七号)。
(58) 拙稿「平安・鎌倉初期の記録所について」(『日本歴史』三五一号、一九七七年)参照。
(59) 建暦二年三月二十二日 順徳天皇宣旨(『玉蘂』思文閣出版、同日条。『鎌』一九二一号)。
(60) 前掲注(58)拙稿参照。今正秀氏「保元荘園整理令の歴史的意義」(『日本史研究』三七八号、一九九四年)は、保元元年令の独自性を⑥条(本章f条)・⑦条(同g条)に求めている。
(61) 保元二年九月二十八日 記録荘園券契所寄人文書請取状(「東大寺文書二ノ一」『平』二九〇四号)。
(62) 前掲注(55)文書参照。
(63) 前掲注(41)史料参照。
(64) 前掲注(55)文書参照。
(65) 建久二年五月十九日 西大寺所領荘園注文(「大和西大寺文書」『鎌』五三四号)参照。
(66) 建久七年十一月十四日 源頼朝御教書案(「筑後大友文書」『鎌』八八三号)。
(67) 上横手雅敬氏「建久元年の史的意義」(同氏『鎌倉時代政治史研究』吉川弘文館、一九九一年、初出は一九七二年)、杉橋隆夫氏

「鎌倉前期政治権力の諸段階」（『日本史研究』一三一号、一九七三年）、大石直正氏「鎌倉幕府体制の成立」（吉田晶氏他編『日本史を学ぶ』（2）有斐閣、一九七五年）、北爪真佐夫氏「中世初期国家について」（『歴史学研究』四二一号、一九七五年）、北爪氏「中世天皇論」（原秀三郎氏他編『大系日本国家史』（2）東京大学出版会、一九七五年）など参照。

(68) 杉橋氏前掲注(67)論文参照。

(69) 北爪氏前掲注(67)「中世初期国家について」論文参照。

(70) 杉橋氏前掲注(67)論文参照。

(71) 上横手氏前掲注(67)論文一五五頁参照。

(72) 水戸部氏前掲注(2)書参照。

(73) 相田二郎氏『日本の古文書』（上）（岩波書店、一九四九年）二四八頁。

（補注一）『貴嶺問答』（『群書類従』九、消息部）五月二十三日付けの返信状中には、最勝講に際しての童子について、「童子過差実背法律。愚僧一人全雖守保元新制、当時其恥候歟」との文言がある。大童子・中童子については、建久Ⅱ令は「可停止上下諸人所従過差事」、建暦二（一二一二）年及び寛喜三（一二三一）年それぞれの新制では「可紀定緇素男女従類員数事」条に、それぞれ該当する条項がある。後代の新制条文の継承関係から見て、文中の「保元新制」は保元二年令と判断されることから、この種の条文が存在したと推定できよう。但し第一部第一章で論じた単行法令的過差禁制とみる余地も残っている。

なお下郡剛氏は、『兵範記』記事中より服飾過差禁止関係条文の存在を指摘した（同氏「後白河院政期新制の基礎的考察」、『立正史学』八七号、二〇〇〇年）。私見もこの種の条文が存在した確率は高いとは考えるが、やはり単行法令的禁制の可能性は排除できない。

（補注二）「後白河院庁下文」と「長寛勘文」を引きつつ、両史料中の文言について、領家側は本文中の(b)＝保元元年新制②条を同じく(a)＝同①条にも適用できるかの如く「改変」していたのではないかとした私見は失考であった。戸川点氏は論文「『長寛勘文』にあらわれた荘園整理令」（『日本史研究』三三五号、一九九〇年）において、後者で相論の対象となっていた八代荘は久安年中に立荘されており、本来であれば(a)条における規制を受けるはずがないにもかかわらず、ここで問題とされた理由に検討を加えた。そして同条は立荘権に関わるのであって、荘園整理自体は「寛徳二年」という、以前からの基準年に変更がなかったことを明らかにした。そのうえで荘園を①官省符及び勅免地、②それに准ずる院庁下文で立荘された荘園、そして③それ以外の荘園に三区分しつつ、③は従来通りの基準で整理が行われていたと結論づけた。さらに氏は公認された荘園は本来①のみであるとも指摘している。従って「長寛勘文」における相論は、国司側が②についても整理の対象としたことから生じたとする戸川説に従いたい。

# 第四章　鎌倉時代の公家新制

## はじめに

鎌倉時代に数多く発布された公家新制は、公家政権＝朝廷を分析するための有力な史料として注目されてきた。このことは、各新制を引用しつつ、当該時期の国制を検討しようとする論文の増加にも表れている。しかしながら、新制そのものの研究は、意外に閑却されてきたといえるのではなかろうか。公家新制の全体像を考察することは、依然として課題として残されているように思われる。

さて、鎌倉期の新制を対象とした研究は、三浦周行氏「新制の研究」(1)を始点とする。三浦氏の研究を継承・発展させたのが水戸部正男氏の著作『公家新制の研究』(2)である。三蒲・水戸部両氏の研究では、各新制の史的意義を論ずることが少なかった。この点を埋めようとするのが、羽下徳彦氏の論文「領主支配と法」(3)である。羽下氏は、鎌倉時代における法全般を論ずるに際して、「公家法」の一分野としての公家新制に着目した。そして、保元元（一一五六）年から弘長三（一二六三）年までの新制を全国的支配者としての統治の法と、支配者たる朝廷内部の規律との二面があると指摘し、前者は鎌倉初期までは明示されるがやがて後退し、代って限定された範域内での支配の公正と内部規律の維持が強調されるようになるとした。この論稿で初めて、新制を鎌倉時代のなかに位置付けようとする試みが行われた。

以上のように、簡単に研究史とその到達点を整理しつつ、本章の課題とするところを述べておきたい。第一点としては、鎌倉期における新制条文の変遷を追うことである。羽下氏の論稿でその基礎は与えられたが、なお検討の余地は残されていると思われる。また第二点としては、この時期における朝廷の政策基調というべきものを、条文を通して分析する。そして最後に、公家新制の政治史的意義に論及する。

本章では、鎌倉時代の公家新制を考察するという意図から、建暦二（一二一二）年以降に発布された新制を対象とする（本来であれば、建久二〈一一九一〉年公布の二新制も考察範囲に入れるべきだが、前章で検討を加えたので、必要な限りで触れることとする）。個々の条文の徹底的な分析も依然重要な問題として残されているが、本章の性格上これを省略する（なお本章では各新制を表記する際には、原則として月日を省き年号・年次に「令」を加えることにする）。

## 一　建暦二年から弘長元年までの公家新制

本節では、建暦二（一二一二）年から弘長元（一二六一）年までの新制を分析対象とする。条文の不明な法令があるなどの史料的制約も多いが、その傾向を探ることはできよう。

保元元（一一五六）年から建久二（一一九一）年の間に公布された新制について、当該時期の新制を検討するための前提として簡単に整理しておきたい[4]。保元から建久に至る新制では、主たる対象を(a)国司（国衙）と寺社という自律的権門とするもの、(b)内官と条文の取締りの主体となる検非違使庁とするもの、との二種に条文を大別できるとみた。また、その政策基調については、(a)に着目して朝廷は立荘権を太政官に集中し、もって荘公の分離・確定を意図していたのであり、これを乱す要因（神人・僧侶等）の抑圧をめざしたと考えた。これらの要素は、鎌倉前・中期の新制では、どのように変化していくのであろうか。

当該時期の新制条文は、水戸部氏の用語を借用して整理するならば、

①　神社仏寺関係条文

②　過差停止関係条文

③　公事催勤関係条文

が中心となるとみてよかろう。従って、保元から建久に至るまでの新制とは異なり、この時期では一つの新制のなかに自律的機関と使庁・内官を一括して両要素が混在し、かつ後者を対象とした条文が中心を占めるようになりつつあったと指摘できる。これは、建久二年三月二十二日の新制の条文（以下「建久Ⅰ令」と略称）が、後の新制には「継承」されることが少なくなるという事実が証明している。[5]

## 1

そこでまずは土地制度に関わる条文から考えていく。この規定は、建暦二年令と嘉禄元（一二二五）年令に存在するが、前代の新制との比較のうえで重要と思われる。

建暦二年令⑥条には、

一、可停止諸国吏寄進国領於神社仏寺事

抑如聞、諸国吏或称身祈、或得人語、恣以国領公田寄進神社仏寺。非亦当時奉寄之志、剰載永代免許之字、新司欲停之、則本所頻為結愁緒之源、当任欲免之、亦後代定不残立錐之地歟。吏途之法条良失術、聖断之処裁封有煩（マヽ）。謂其不治、職而斯由、於不帯勅免之地者、宜合国領。兼又自今以後永従停止、莫令更然。[6]

という条文がある。本条では、⑴国司が国領公田を神社仏寺に寄進することの禁止、⑵勅免の文書を所持しない荘園は国領とすべきこと、が規定されている。保元二年十月八日発布の新制以来、神社仏寺に対する所領寄進行為は、禁制の対象となってきた。しかもそこでは、「諸国人民」[7]の行為が問題とされていた。ところが本新制では、国司による寄進行為が対象とされている。また、一般の新立荘園に対する規制を目的とする条文も存在しない。しかしながら、国免荘園を否定し、かつ「勅」に立荘権を集中しようとする、保元元年の新制以来の方向性は依然として認めることができるのではないか[8]。

嘉禄元年令では、

㉜　一、可停止自今以後新立庄園事

の規定があり、ここで「自今以後」＝嘉禄元年以後の新立荘園禁止の条文が現在のところ判明[9]している。事書しか伝わらないために、解釈を控えるべきであろうが、私見を述べておきたい。この事書は、先に引用した建暦二年令の「兼又自今以後永従停止」という事実書に類似している。とするならばその指令の対象は国司（国衙）とみてよいだろう。従って依然国領の荘園化の阻止が主眼であったと考えたい[補注一]。

建暦二年・嘉禄元年両新制における土地制度関係の条文は、前代の新制と同様に、国司による立荘権の否定という意味合いをもっていたと思われる。だが神人・僧侶、さらには諸国人民を直接対象とした規制はもはや存在しない。これは、建久I令段階ですら、条文施行に困難が生じていたことで説明できよう[10]。寛喜三（一二三一）年以降に発布された新制では、この種の土地の領有に直接関わる条文が伝わらないことをも考え合わせると、鎌倉幕府の存在を無視できまい。網野善彦氏が指摘[11]するとおり、土地制度の主導権が承久の乱以降になると、幕府の手に移りつつあることが想定できるからである。但し、幕府の掌握した土地制度に関わる権限は、あくまでも御家人を対象とするものが中心をなすのであり、新制条文が目標とした太政官への立荘権の集中（領域設定権）とは質を異にすると思われる。

次に、神人・僧侶による乱行為の規制に関する条文を考察する。この規定は、平安末・鎌倉初期の新制では、重要な部分を構成していた。それは、朝廷が荘園公領制を混乱させる要因として、神人・僧侶の行動を捉えていたからにほかならない。

## 2

さて、当該時期の新制ではどうであろうか。建暦二年令には、

⑧　一、可令所部官司停止諸社神人諸寺悪僧濫行事

⑰　一、可停止僧侶兵杖事

という二カ条がある。保元元年令・建久Ⅰ令に存在した「国中寺社濫行」の禁止を直接対象とする条文は、この新制では規定されてない。他方、新たに僧侶の兵杖を禁止するという武装禁止令が、「洛中洛外諸寺諸山」を対象に発布された。嘉禄元年令は、

⑦　一、可停止諸社神人濫行幷人数加増事

の一カ条を有する。この新制は、条文の一部が欠如していることから断定はできないが、神人の乱行の禁止のみならず、僧侶に対する規制が存在していた可能性は十分ある。しかし、管見の限りでは、その後の新制からは寺社乱行停止に関係する条文は消失してしまう。なお弘長三（一二六三）年令には、「可禁制僧徒兵杖事」の規定があるが、この点については後述する。

朝廷にとり、保元元年令以来の重要な課題であったはずの神人・僧侶乱行の規制は、この時期にはどのような方法

で行われていたのであろうか。建暦二年令の発布後、朝廷は寺社乱行や兵杖禁止のため積極的に対応していた。この新制発布の翌年には、「兵杖厳制」を破った清水寺に対す処置が朝廷内で審議されていたが、『華頂要略』では、

衆徒偏帯甲冑、所行之旨太背常法。随而僧徒兵杖厳制新下。当此時犯其制。於今者差遣武士、可剝却甲冑云々。

即差遣近江守頼茂、駿河大夫判官惟信（大内）、検非違使親清、秀能、并西面衆等、且破却清水寺城郭、且可令剝取山僧甲冑之由被議定。[12]

との記事がある。傍点部分に着目すると、この記事は新制との関連を窺わせる。建保三（一二一五）年発布の宣旨には、

応令右近衛権中将源卿（実朝）、永禁諸寺諸山僧徒好武勇事
右、頃年諸寺諸山僧徒等、携教法之者少、好驍勇之者多。更忘禁網、偏事凶器、賢聖法軍還為魔軍。菩提道場動作戦場。非啻背律儀、恐猶失法命者。[13]

という文言があり、源実朝に命じて「僧徒好武勇事」を禁止させようとしていたことが明らかとなる。これは兵杖の禁止とつながる政策といえよう。実朝は、この宣旨を受けて、「将軍家下知状」を諸寺諸山に遣わしていた。[14]以上の二つの事実は、少なくとも建暦二年以後の後鳥羽院政下において、寺社乱行を禁止しようとする朝廷の強い姿勢を窺わせるものである。しかし、その実行主体として、実朝＝幕府が前面にでてくることは、その後の新制に寺社乱行停止の条文が少なくなることとの関連で見逃すことはできまい。嘉禄元年令発布後にも神人乱行に関わる文書が残されている。そこには、

平重康言上
（前略）諸社神人濫行事、殊可被禁遏之由、先格後符厳制稠重之上、当時新制其一也。濫行猶難遁違勅之科。何況

違背度々長者宣幷関東御教書・本所下知。[15]

と記されている。この嘉禄三年の文書は、大和国豊国荘地頭職を「前下司刑部丞行季、依京方科」り拝領していた平重康が、多武峰神人と行季が結託して「濫行」を働いていることを糾弾した内容の解状である。神人の行為の不当性を根拠づけるために、「当時新制」＝嘉禄元年令を引用していることが重要である。このように建暦二年令・嘉禄元年令の寺社乱行停止関係の条文についてみるなら、朝廷による幾つかの実施例とともに幕府の介入が指摘できる。

さて小山靖憲氏は、承久の乱以後の幕府が、寺社の武装解除をめざした兵杖禁止令を集中的に発布していることに着目した。[16]このような追加法の一つに延応元（一二三九）年四月十三日発布の六波羅に宛てた関東御教書[17]がある。そこには、

一、僧徒兵杖禁制事、度々被下　綸旨畢。而動違乱之輩出来云々。尤可有御制止之由、申入所々貫首別当殿後、猶為自由濫吹者、任法可令致沙汰。

との文言がある。幕府は、六波羅探題に対して、諸寺の貫首・別当に兵杖禁止を申し入れることを指示した。この追加法の約二カ月後には、「高野山制条」[18]が制定されているが、その第七条には、

一、可停止寺中衣服等過差事

（前略）兼又兵具、任武家之制法、殊可禁制之。

という記述がある。兵杖禁止が、「武家之制法」を根拠に定められていた。この二つを考え合わせると、僧侶の兵杖について、幕府は法源を「度々被下　綸旨」と公家法に求めつつ、強硬姿勢で寺院に対して取締りを要求しており、寺側もまた幕府の法令を受け入れて制法を発布したと解釈してよかろう。朝廷は、過去に発布した綸旨で関わるのみとなったのである。

その他にも幕府は、

一、僧徒兵杖可令禁遏事

厳制已重畳、就中至山僧武勇者、承久兵乱之後、殊被停止畢。（中略）於自今已後者、早伺見如然之族、云京中、云辺土、見知出入之所々、可被注申之。随交名触達本所、召下其身於関東、可有誡御沙汰。[19]

というような法令を発布し続けており、その積極性が認められる。この点について小山氏は、

承久の乱以後、（中略）僧兵や神人のめだった活動が乏しくなってしまうことは認められていいのではないだろうか。その意味において泰時政権は保元新制以来の神人・悪僧問題に結着をつけたと評価しえよう。

と指摘した[20]。さらに付言すれば、新制から寺社乱行停止に関する条文が欠如することになる理由の一端も、ここに求めうると思う。朝廷は、保元元年令以来寺社乱行について厳しい姿勢を取り続けてきたが、確たる警察機構を所持しないという現実の故に、幕府の積極的な介入（「高野山制条」にみるように「法的」にも）を期待することになったといえる。勿論、朝廷が寺社乱行に関与することを断念したのではない。その後も法令を発布し続けた[21]。しかしながら、新制条文から消失したことはやはり注目すべきであろう。

弘長三年令には、

㉝　一、可禁制僧徒兵杖事

の一カ条を置く。だが、事実書に「宜仰武家、加炳誡」うと記されているように、ここでも朝廷はあくまで幕府が主体となることを求めていたのである（以前の新制ではこの種条文には必ず「所部官人」に対しても指示する文言があったことにも注意すべきである）。このことは、朝廷の無力を示すとともにやはり幕府の介入による寺社乱行の規制が、効果をあげていたことが背景にあると考えられる。

## 3

本項では、諸国守護権ないし諸国治安維持に関わる条文を検討する。この種の条文は、既に治承二（一一七八）年令・建久Ⅰ令で規定されていた。治承二年令は社会的混乱による諸国の危機的状況に対処することを意図して、また建久Ⅰ令では源頼朝の要求により設定していたと推測できる。[22] 寛喜三年令にも、将軍藤原頼経の名を明示する条文が二カ条存在するのは周知のとおりである。これらの条文は、守護の職権との関係、[23] あるいは諸国治安維持令＝諸国守護権の問題を考察する際の手掛りとされてきた。[24]

寛喜三年令の条文では、

㉜　一、可仰諸国令追討海陸盗賊事

（前略）仰諸国司幷左近衛権中将藤原頼経朝臣郎従等、殊尋捜、宜令禁遏。

㉟　一、可令停止京中強盗事

（前略）宜定諸衛等輩、其上仰左近衛権中将藤原朝臣、令在京郎従、分居諸保。

という二カ条が関係条文となる。[25] ㉜条は国司と頼経の郎従＝守護、㉟条は諸衛府と幕府の在京の郎従＝在京人、それぞれを対象として発布された。㉜条が諸国守護権に関係する条文である。本項では、両条をまとめて考察したい。というのは、寛喜三年時点の社会的状況というものが、両条にも反映されていたからである。

寛喜三年の前半は、前年九月八日の「大風」を原因とする飢饉の影響を強く受けていた。このために、諸国あるいは京都では、群盗などが横行した。京都では、

五月廿一日、風聞、近日飢饉甚之間、京中在地人等合力推入富家、飲食之後推借銭米等、数多分配取事所々多聞

云々。廿二日取事仰武家被停止之。[26]

の如く、群盗に関する史料は枚挙に遑がない。[27]このような状況は諸国においても同様であったろう。[28]序章で触れたように、寛喜三年令は、飢饉に基づく社会的混乱に対処することを意図して発布されていた。従って、この新制を制定するための議定においても、「棄子可被制事」・「賑給事」などが提案された。[29]その議論のなかで、当然群盗の横行を制止しようとする主張も提起されていたのであり、『民経記』は、

左大弁令申事(平範輔)

(前略)群盗制止事、仰云、(九条道家)雖被仰、六波羅成敗不分明云々、使庁沙汰不事行。

との記事を伝える。[30]新制条文作成の過程において、様々な議題の一つとして、「群盗制止事」があげられており、幾度かの議定のすえに、少なくとも㉟条が成文化されたといえよう。同条の事実書中には「近日群盗連夜有聞。非唯凶賊之奪宝、多及財主之殞命」ぶとの文言があり確実となる。その際使庁に頼るだけでは不十分であり、朝廷は幕府(六波羅)の武力を期待せざるをえない。ここに、鎌倉幕府将軍頼経の名前が明示されることになる。

このように踏まえたうえで㉜条の検討に移りたい。先に一部を引用したが、この条文の事実書には、

一、海路往反船事

仰、如風聞者、海有白波、山有緑林。海陸之行、共不容易、運漕有煩。委輸難至、以之為業、好之結党之輩、其処之村民、定無隠歟。其中之渠帥又易知歟。仰諸国司并左近衛権中将藤原頼経朝臣郎従等、殊尋捜、宜令禁遏。

とある。ここでは、朝廷や荘園領主に年貢を運送することが困難な事情を述べて、国司・守護に取締りを指令している。本条文が、諸国よりの済物確保を意図して定められていることは明らかである。㉟条と同様に「群盗制止事」をめぐる議定のなかで、㉜条も制定されていたと考えることは許されるのではなかろうか。この年の六月に幕府は、

右、或及漂倒、或遭難風、自然吹寄之処、所々地頭等号寄船、無左右押領之由有其聞。所行之企、太以無道也。縦雖為先例、諸人之歎也。

という法令を定めていた。[31]「寄船」については、従前は「領主はその積荷とともにこれを没収する権限を慣習的に行使[32]」しえたのが、この追加法によって禁止されることとなった。この法を制定した理由の一端も、やはり飢饉がもたらした済物の減少による「諸人之歎」きにある。幕府と同様に、朝廷もまた年貢運搬の際の海陸盗賊を制止することを意図して、㉜条を定めていたのであろう。

この㉜条の存在をもって、寛喜三年令発布時点の朝廷は、諸国守護権を保持していたとする見解[33]がある。しかしそのようにいえるのであろうか。条文の存否をもってみるなら、単純なことをいえば、建暦二年・嘉禄元年の両新制条文に規定がないのはおかしなことになる。これは両新制を公布した時点では、朝廷がこの種の条文を制定する必要性を感じていなかったことにあるとみたい。即ち、両時点では海陸盗賊を禁圧せねばならないという、切迫した状況にはなかったとみることができるのではあるまいか。

ところが寛喜三年については事情が異なる。当時、飢饉による社会的な混乱は諸国に緊張した状態を生みだしていた。前述したようにこれが㉜条発布の理由であった。とするならば、以後の新制に全国を対象とする治安維持令的条文が規定されていないのは、朝廷がわざわざ規制を必要とするような危機的状況が生じてはいなかったことを示すものではなかろうか。従って、㉜条の存在をもって諸国治安維持の権限を朝廷が所持していたことを示すとまでは考える必要はないと思われる。また、以後の新制が条文のなかで継承しないことが、朝廷の諸国守護権への関与の喪失を意味するのでもないだろう。新制の条文には、発布時の政治的・社会的な条件が反映していたとすべきである。

4

鎌倉前・中期の新制に分析を加えてきたが、本節を終えるにあたって簡単な整理を行うとともに、その特質に触れておきたい。1から3項において、土地制度・寺社乱行停止・諸国守護権に関する条文をそれぞれ考察してきた。土地制度については、当該時期の新制をみる限り、建久I令以前の新制にみられた、朝廷が直接的に土地領有問題に関与するという姿勢が、変化していたことを指摘できよう。わずかに、国免荘を否定し立荘権を太政官に集中するという形で、朝廷は関わるにすぎなくなる。また寛喜三年以降の新制では、土地制度に直接関連する条文は消失してしまう。寺社乱行停止についても、建久二年以前の新制では厳しい禁圧の姿勢が貫かれていた。ところがこの時期の新制では、建暦二年・嘉禄元年の両新制までは条文中で規制方針が明示されたが、その後の新制にはこの種の規定がやはり欠如している。この理由として本節では幕府の積極的介入を想定した。また諸国守護権に関する条文は、寛喜三年令にのみ条項が存在する。建久I令の条文がこの新制でいわば「復活」したことになるが、その目的として当時の飢饉等による群盗の横行＝収取体系の危機に対処することにあると考えた。従って、朝廷が当時諸国治安維持の権限を保持していたことを、即座に示すものではないとした。

さて、鎌倉前・中期の新制をどのように理解すべきであろうか。一つは、平安末・鎌倉初期の新制と同様の条文が存在しつつも、その規制内容が限定化されていくことに注目したい。朝廷自身の力量不足という実情とともに、幕府の比重が相対的に高まったことが反映されている。この結果、当該時期の新制には、自律的権門を対象とする条文が極めて少なくなるといえよう。第二点としては、これとは逆に、朝廷官人と条文の規制事項を取締る主体としての検非違使庁に対して指令する規定が、増大することである。特に嘉禄元年・寛喜三年両新制では、官衙の守護に関する条文が集中的に発布されていた。

これらの特徴は、新制条文の形骸化・硬直化を生みだすことになるだろう。朝廷の政策基調という面についても、極めて曖昧模糊としたものにならざるをえなくなったと思われる。新制本来の姿とは掛け離れていくことになるだろう。朝廷としては、新制中に社会的状勢の変化に応じた実質的意義のある条文を作成する必要性が生じる。この模索のなかに当該時期の新制を位置付けたいと考える。

## 二　弘長三年の公家新制

本節では、弘長三（一二六三）年八月十三日に口宣案が作成されていた新制を検討する。[34]本新制は、水戸部氏が指摘しているとおり、前代の条文を「継承」することが少なく、新しく付け加えられた条文が多い。[35]そこで、この新制を分析しつつ、その意義を考察する。

### 1

弘長三年令をみていくための前提として、鎌倉中期に新制がどのように認識されていたのか、まずはこの点を確認していく。

藤原定家の新制に対する見方については、

代々新制宣下事多不吉侯。只内々可被止之趣、雖非上卿宣下、上不可好思食、乖御意之由被洩仰者、楚王細腰自然靡然歟。雖被下制、内々御気色、権門之存知、不一同之。披露還劣于無制歟之趣申之。治承三年八月新制、十

一月天下大吉事。建久二年冬新制、三年春又以有事。建暦雖無其事、被下制自翌日被破。全無詮候歟由也。(36)

という『明月記』の記載に一端が窺われる。朝廷内で寛喜二（一二三〇）年四月に新制作成の動きが生じた際の定家の感慨である。この記事をみる限り、定家の新制への評価は冷淡である。彼は、治承三（一一七九）年の新制発布後の平清盛による政変、建久二年令の翌年の後白河院の死、建暦二年令の実効性の乏しさなどを取り上げて、「代々新制宣下事多不吉候」と否定的に新制を捉えている。また、権中納言藤原（広橋）頼資は、寛喜三年新制について、「五十余个条篇目雖一事頗難被施行者歟」(37)と述べていた。これは、自ら制定を主導した前関白九条道家の言葉として「新制事世已以豊年也、於今者、雖無其要、可被宣下」(38)と記されているような彼らの意識にも関わっていた。発布の名目がなくなると、新制は「無其要」とみなされる。定家・頼資などにみるように、新制は鎌倉中期頃になり著しくその比重を軽くしていたかにみえる。その理由としては、新制が「不吉」な存在であるということ、そしてそれ以上に条文が「難被施行」という認識にある。「可令諸寺執務人修造本寺事」の如き条文は、多くの新制に規定されてきた。この条文について、寛元三（一二四五）年の新制審議の席上で平経高は、その執行は到底無理として、

此内諸寺破損修造事被申之内、南都七大寺可被修造事被申加。事已及博大了。逆(遂)行之条、末代弥不可叶事也。太似無其詮歟。(39)

と述べていた。このような事情は、祭祀興行関係の条文でも同様(40)であったろう。従って朝廷には新制の意義を高めるために、自己の抱える切実な問題に対処する条文を設定し、かつ誠実に執行することが求められるようになっていたのではなかろうか。

この間の事情を『平戸記』を使用しつつ検討する。記主平経高は、当時の朝廷内にあっては有数の実務官僚とされてきた人物である。彼によると、朝廷にとり重要な政策課題は三項目あるという。「訴訟」・「除目」・「叙位」を公正

に行うことである。日記のなかで彼は、

抑叙位除目仰事漏此篇歟。未承其事如何。被行善政之本意、只在此要須也。於他事雖有沙汰、至此一事漏其篇者、自余事更不可有詮也。但至諸訴之決断、如被仰下、真実可有施行者。又是徳政之最要也。所詮、其至要可在任官加爵諸訴已上三ケ条事也。其外事者、被加行者神妙。又雖不被行、至此三事有施行者、他事之行否不可及沙汰歟。[41]

と記す。この記事は、延応二（一二四〇）年令を制定する際に、摂政近衛兼経より意見を求められた際の経高の返答である。彼は、「徳政之最要」として、「任官加爵諸訴」をあげて「真実可有施行」しと兼経に迫り、この三点さえ実施できるのであれば、「他事」は施行できなくともよいとまで極論していた。何故これらが重要なのであろうか。予想されるように、当時の朝廷が、「謂官府（爵）之道、多依権挙。謂難跡（訴訟）之法、又有権妨[42]」りという状態にあったからである。このような認識は、経高個人に帰するべきものではない。寛元二年十月二十八日条の『平戸記』には、

参殿下（二条良実）。今日可有評定事之故也。（中略）此後被仰政道事、是可被行徳政之由有叡慮云々。任官加爵雑訴事何様可被行哉之由也。

との記述がある。関白二条良実は経高に対して、政道事＝徳政を行うために、任官・加爵・雑訴を「何様可被行」きかを諮問[43]した。寛喜三年令を制定する際にも、議定において「叙位除目可被行善政事[44]」として審議されていた。幕府でさえ朝廷に対して、

天下事、公家殊被行徳政之条所仰也。叙位除目以下、此奥在裏、万事可被行正道。或不任叡慮事等有之歟。自今以後不可然。可被抽賞器量之者。[45]

と申し入れたことがあった。この記事は、前将軍藤原頼経の「陰謀」が判明した後に、執権北条時頼が六波羅探題北条重時に宛てた書状の写しの一部である。勿論背景となる政治的事情を加味せねばならないが、徳政興行の申請の中

に「叙位除目」をあげているのは注目できよう。また、朝廷にとって訴訟の持つ重要性も、徳政の一環として常に記録所興行が議論され続けていたことに明白である（当時の訴訟がもつ特別の意義については、笠松宏至氏が詳細に論じている(46)）。従って当時新制条文が真に実効性ある存在として甦るために、最低限必要なことは「徳政之最要」たる「任官加爵雑訴」関係の条文が充実することにあると認識されていたといえよう。またその他にも、当然「真実之施行」が可能な条文も求められる。これらの課題が達成されたのは弘長三年令と思われる。

## 2

そこで、弘長三年令の条文の検討に移る。この新制では四十一カ条という多数の条文が規定されていた。まずはその事書を列挙する。

①一、可興行伊勢幣事
②一、可早速裁断同訴訟事
③一、可停止同権任禰宜已下経廻他国、常住京都、幷同氏人等任京官事
④一、可加炳誡太神宮已下諸社氏人等、不勤番直事
⑤一、可令諸社奉幣使公卿四位五位等結番事
⑥一、可令慥参着本社同使幷幣物事
⑦一、可令祇園御霊会馬長被定人数、殿上人結番騎進事
⑧一、可令諸社司定任限修造事
⑨一、可令同司止賄賂事

⑩　一、可令慥転読諸国最勝王経事
⑪　一、可令諸寺執務、定任限、修造本寺事
⑫　一、可諸寺諸山顕密僧侶守戒法事
⑬　一、不可諸社諸寺造国徒送年序事
⑭　一、可諸院宮叙位御給為叙爵事
⑮　一、可行諸道儒士課試事
⑯　一、不可被輙聴雖譜代輩、十歳以前任官事
⑰　一、可停止地下大夫、輙任八省輔幷叙四位事
⑱　一、可令停止同輩不補蔵人叙爵事
⑲　一、可撰其人、任諸国守事
⑳　一、可正員僧綱撰其人事
㉑　一、可停止上下訴人賄賂事
㉒　一、可有任理成敗本家領家不和庄園事
㉓　一、可停止甲乙緇素寄沙汰点定物事
㉔　一、可興行諸国正税減失事
㉕　一、可興行同公田減失事
㉖　一、可優恤同土民不安堵事
㉗　一、可停止役夫工造内裏以下、先例有限勅院事外同臨時徴下事

㉘一、可停止緇素上下諸人服飾以下過差事
㉙一、可停止賀茂祭使以下過差事
㉚一、可停止五節過差事
㉛一、可停止灌仏女房布施過差事
㉜一、可糺定緇素従類員数事
㉝一、可禁制僧徒兵杖事
㉞一、可搦禁人勾引諸人奴婢売買悪人輩事
㉟一、可催勤獄囚米事
㊱一、可停止博奕事
㊲一、可停止称有犯科、無左右切住宅事
㊳一、可停止馬麦草事
㊴一、可停止京畿諸社祭過差狼籍事
㊵一、可禁断六斎日殺生事
㊶一、可永禁断流毒幷焼狩事

以上が本新制の全条文である。これら条文を水戸部氏の用法に従い分類すると、

i　神仏関係（①〜⑬・㉝・㊵・㊶条）
ii　過差停止関係（㉘〜㉜・㊴条）
iii　朝廷公事関係（⑭〜㉗・㉟条）

### iv　その他（㉞・㊱〜㊳条）

と整理される。このうち、ⅱに関わる条文は前代の新制条文と変るところはない。またⅰもほぼ同様であるが、代々「継承」してきた「社寺恒例臨時神仏寺興行」等の一部の規定は欠如している。寛元三年の新制議定の際に、平経高は神事について、

> 神事興行事、祈（衍カ）年祈年穀月次祭已下諸社祭礼等、皆可有糺行之儀者。先幣物裹物庭積等、於今者無実也。皆悉可有尋沙汰。而件事等臨末代難治歟。可守式数者、其物今者多以無実也。[47]

と論じていた。祈年祭以下の神事興行が「難治」という状態にあり、朝廷による施行が困難となっていたことがこの記事から判明する。ここに、弘長三年令において神社仏寺を対象とする条文の一部が消失した理由があろう。神仏事関係の条項についていえば、実行不可能な条文を羅列する代りに、朝廷は現実に実施しうる項目に絞り規定するという姿勢を貫いていたといえる。

注意を払いたいのは、ⅲ朝廷公事関係条文である。この系列の項目としては十五カ条が制定されていた。そのうち七カ条が「任官・加爵」に関わる条文である（⑭〜⑳条）。これほど詳細に叙位除目関係の条文を規定した新制は以前にはみられなかった。この二つを解決することは、前項で触れたように朝廷にとって懸案事項となってきたものである。それが本新制では、「官爵之道、多依権挙」るという状態からの脱却を意図して、「只用道理」ることを「任官・加爵」関係条文において指令している。家格の形成・官職の家職化が進むなかで[48]、朝廷がこの問題に規制を加えるのは至難のことではあったろう。水戸部氏も指摘するようにその効果にははなはだ疑問が残る[49]。ではあるが、政治方針として明確にうちだされたことはやはり注目される。また訴訟関係条文としては、㉑〜㉓条の三カ条の他にも、神仏関係に含めた②条も事実書に「兼又諸人越訴、一切停止」すとの文言から判断して、訴訟に関わる条文中に含めてよ

かろう。従って弘長三年令では訴訟関係条文として、②条の伊勢神宮に関わる訴訟のすみやかな裁断と諸人の越訴禁止、㉑条の訴人の賄賂禁止、㉒条の道理に基づき本所と領家の間の紛争を成敗すること、㉓条の諸人の寄沙汰点定物の禁止、という四カ条が規定されていたことになる。㉒条を除く残り三カ条は、前代の新制においても規定されてはいた。しかし、一挙に四カ条もの訴訟関係の項目が制定されたのは、本新制が初めてとなる。建久Ⅰ令③条の事実書のなかで、「兼又決証文之虚実、令偽書従毀破」めよと定めて以来、常に新制条文中に取り上げられてきた訴訟関係の項目は、本令において重要な位置を占めるに至ったと評価できるであろう。朝廷は、裁判における「有権妨」るという状態の克服＝裁判の公正化をこの新制の目標の一つにしていたといえる。

以上、弘長三年令の条文に検討を加えてきた。その結果、「任官・加爵」と「雑訴」に関する条文が、多数を占めていたという結論を得ることができた。他方で施行するのに困難があったとみられる条文が、一部削除されていたことも指摘できる。叙位・除目・訴訟の三項目は、少なくとも寛喜三年の新制審議の議定以来、朝廷が一貫して解決を迫られていた課題であった。それが本新制において、条文数の増加でまがりなりにも達成されたといえるのではなかろうか。この意味において、弘長三年令は、新制の変遷を考えるうえで、画期的内容をもっていたと評価したい。笠松氏は、朝廷の雑訴興行の意義が、「統治者としての自己をとり戻すための一つの方途」(50)であったことを明らかにした。とするならば、本令において朝廷が意図したのは、任官・加爵の厳正化により朝廷内部を刷新して体制を整えて、訴訟を公正に裁断することで調停機能を発揮し、治者としての立場を表明することにあったとしてよいだろう。

## 3

次に問題とすべきなのは、弘長三年令の内容の画期性に見合うような、条文の具体化＝施行が行われていたのかという点である。遺憾ながら、その実相はほとんど不明といわざるをえない。そこで本項では、簡単に訴訟関係に触れるにとどめたい。雑訴興行を達成するために必要となることとして、早期裁断、手続法の制定、機構の整備等が考えられよう。これらの点はどうであろうか。

本新制発布の翌年正月に徳政の興行が審議されており、その一環として記録所・院文殿が再建[51]された。時期はやや降るが文永五（一二六八）年にも雑訴の興行が図られる。院評定は従前の月六回から、「仙洞評定、一月十度、其人数被結番云々。頭弁（姉小路忠方）権弁（中御門経任）相分結番[52]」というように、月十度に増やされた。評定衆の人数も増加[53]していた。この時には、

帥中納言（吉田経俊）奉書到来。雑訴事已下、諸人以自解可執申。於強縁吹挙者、可被停止。随申状到来之次第、急可令申沙汰之由、被仰下[54]。

という奉書がだされており、「強縁吹挙」を利用して訴訟を有利に導こうとする行為を禁止した。弘長三年令㉑条の「可停止上下訴人賄賂事」に結びつく規制である。このように同年には、訴訟機関の制度的充実が図られるとともに、不正を生みだす温床となる「口入」を禁止し訴人の「自解」を重視するという、手続法的なものが定められていたといえよう。文永十年令の篇目が検討されている最中の同年七月、長年にわたり官務として活動してきた小槻有家（在任期間は建長四〈一二五二〉年より弘安三〈一二八〇〉年）は一通の置文を書く。そこで彼は、

起　請

参箇条

（二ヵ条略）

一、理非決断事

訴訟勘決之時、不恐貴種、不嫌下賤、為先道理、更不可有引汲思之由、先祖之遺誡也。末代之肝要、専在此事。

固守起請、弥勿違越。[55]

と起請した。小槻氏は、官務家として代々記録所寄人に就任しており、訴訟勘決に携わることの多い家柄であった。この事情が起請文に反映されているとみるべきだが、裁判に際しては道理に基づき判断することを誓っている。「貴種」からの圧力に抗して、「殊尋究道理」（弘長三年令㉒条事実書）めることは、容易なことではなかった。しかし、朝廷が調停機能を発揮するためには必要不可欠なことであり、弘長三年以降の朝廷が一貫して「為先道理」すという姿勢を打ち出していたことが、この置文にも反映されていたと思われる。同年以後、少ないながらも機構の整備、訴人に対する指令、記録所寄人などに対する規律などがみられる。従って、本令の訴訟関係条文を実質をもって施行していこうとする朝廷の意欲を窺うことができる。

## 4

弘長三年令は、その後の朝廷の政策にいかなる影響を与えていたのだろうか、この点を考えたい。次なる新制として文永十年令[56]をあげることができる（文永十年令については次節参照）。この新制は同年四月一日より制定のための審議[57]が始まる。一般に、新制条文の決定・発布には時間がかかる（この新制は約六カ月後の九月二十七日に公布される）。朝廷はとりあえず弘長三年令の再施行を図った。このことを示す宣旨には、

文永十年四月二日　宣旨

去弘長三年制符条々多有違犯之間、一々宜可守厳禁之旨。

蔵人頭内蔵頭藤原頼親奉[58]

と記されていた。この文書は、官宣旨の様式で寺社などに送付[59]された。また、同新制の①条事実書中には、

政李之簡要、倹節之禁法、抽其四十一箇条、載于弘長年(三脱)符。汗渙無返、遵行何緩、条々守彼厳制、一々不可違越。

との文言があり、弘長三年令の影響を明瞭にみてとることができる。時代は南北朝期となるが『師守記』の貞和三(一三四七)年九月二十日条によると、

今日自殿下(二条良基)(以)有仮名御書被尋仰家君(中原師茂)云、(中略)又□□(弘長カ)以このせいふに、任官のゐんしゆ、又とうようのことなと、のせ□(下)されて(こ)候はんするをかきぬきて、この程にちさんせられ候へく候。このほかしゆんきよ候はゝ、かきくしてまいらせられ候へ。

という、関白二条良基よりの書状が、大外記中原師茂の許に届けられた。師茂はすぐに良基に請文を提出し、十月一日には、「弘長以後、制府(符カ)内任官叙位幷登用事書抜御持参殿下」していた。(60) 南北朝初期においても、本新制の任官・加爵関係の条文が、規範的な法として活用されていたことを知る。とともに、弘長以後の新制にも「任官叙位幷登用」に関わる条文が含まれていたと推測できる。このように弘長三年令が、任官・加爵関係を規定した新制としての起点をなしていたと推定できるのは注目すべきである。僅かな史料からではあるが、本新制は、後世の新制のみならず朝廷政治にも影響を与えていたと結論付けたいと思う。

## 5

本節の最後に、弘長三年時点において、何故かくも画期的な新制が成立し得たのかその理由を簡単に検討したい。但しこの時期には公家側の記録類がほとんど残されていないため、全て臆測にとどまらざるをえない。

一つの理由は、当然延応以来(或いは寛喜以降)、徳政興行の「最要」として認識されてきた、訴訟・叙位・除目に関連する条文が、新制中に依然取り入れられてこなかったことに基づくのであろう。即ち、朝政再建の要である三課

題を、条文中に規定することが審議過程で常に要求され続けていたのにもかかわらず、延応二年・寛元三年・建長五（一二五三）年・弘長元年にそれぞれ発布された新制では、この種の条文が制定されてこなかった（いずれも条文の多くは判明しない新制ばかりであるが、先述の『師守記』の記事中の「弘長以後」の文言より推定した）。しかしながら、廷臣内部からの徳政の「最要」に関連する条文を取り入れることを要求する声を、朝廷の上層部も無視することが許されなくなっていたと考えられる。

この年の十月には、宗尊親王の将軍として初めての上洛が予定されていた。『吾妻鏡』によると、同年六月に「将軍家御上洛事有其沙汰、被宛課役於諸国」[61]ると上洛のための準備指令が御家人にだされる。さらに、八月九日には、「将軍家御上洛事、有其沙汰。来十月三日御進発必然之間、路次供奉人已下事被定之」ると、具体的に随兵以下が発表された[62]。親王上洛の報告は当然朝廷に伝えられる。「治天の君」後嵯峨院の親王である宗尊が、鎌倉幕府の代表者として上洛するということは、院評定等を中心に朝政の刷新に努めていた公家達にも、何らかの感慨をもたらしたであろう。しかも幕府は、御成敗式目の制定や評定衆と引付衆を中心とする裁判機構の整備などにより、訴訟興行に関わる政策では明らかに朝廷に優越するものがあった。これらの事情が、朝廷に反省の気運を起させたとしてもけだし当然であった。幕府の優位性に対して、朝廷が治者としての地位を取り戻すためには、当時の朝廷が抱えてきた緊急課題の解決方法を治政方針として表明する必要がある。ここに、以前から懸案となり解決を迫られていた「任官・加爵・雑訴」関連の項目を中心とする新制が発布されることになったと思われる。

結局、宗尊親王の上洛は、八月十四日に諸国を襲った暴風雨[63]により中止され、八月二十六日には、

依去十四日大風、諸国損亡百姓愁歎之間、以撫民之儀、将軍家御上洛延引之間、以遠江十郎左衛門尉頼連（三浦）為御使、被申此由於仙洞[64]。

という文言にみるように、後嵯峨院にその報告を伝えるべく使者が鎌倉を出立した。弘長三年令が「八月」に発布されることになったのは、このような理由によるものであろう。

## 三　文永十年以後の公家新制

文永十（一二七三）年発布の新制を最後に、管見のかぎり、全条文を伝える新制はなくなる。そのため鎌倉後期の新制に考察を加えるにあたっては、大きな障害があり簡単に触れるにとどめたい。文永十年令は、既述のとおり、同年四月一日より制定のための審議が始められた。議定では、「五箇条篇目神事、仏事、倹約事、任官事、雑事雑訴決断事、議定、人々可注進所存之由、頭内蔵頭（藤原経業）賦之」[65]すという順に進められた。神事・仏事・倹約事＝過差禁令は当然としても、任官事と雑訴決断事が重視されていることが目をひく。従来の多くの新制定めの議定では、神事・仏事・雑事という手順で審議[66]されていた。これまで雑事として一括されてきたのが、この新制の篇目決定にあたっては、過差禁令・任官・訴訟という、三項目に限定し審議していたことは重要である。条文としては（過差禁制は略す）、

⑬　一、可箇法器挙補諸寺阿闍梨事
⑭　一、可停止上下諸人致非理訴訟事
⑮　一、可早速裁断使庁訴訟事

の三カ条に反映されていた。また条項全体について文永十年令と弘長三年令とを比較すると、同一内容を規定した条文が少ないことにも気づかされる。寺社関係で二カ条（②・③条）、過差禁制で二カ条（⑦・⑩条）の合計四カ条のみである。これはいかなる理由によるのであろうか。前節でも触れたが、文永十年令①条に解く鍵がある。その事実書に

は、「政季之簡要、倹節之禁法、抽其四十一箇条、載干弘長(三脱)年符」すとの文言が記されていた。本令全二十五カ条の前書ともいうべき冒頭に、弘長三年令の遵守を指令していたのである。文永十年令は、宣旨が作成されたその日のうちに官宣旨が公布されていた。春日社に対しては、

左弁官下　春日社

雑事参箇条

一、応令慥守弘長条条厳制事

右、右大臣(一条師忠)宣、奉　勅、政季之簡要、倹節之禁法、抽其四十一箇条、載干弘長三年符。行復無返、遵行何緩、条条守彼厳制、一一不可違越者。

一、応令有封社司修造本社事

(事実書略)

一、応停止上下諸人致非理訴訟事

(事実書略)

以前条事、下知如件、社宜承知、依宣行之、縡起勅語、敢勿違失。(67)

という文書が送付された。この第一条から、本令が、弘長三年令を継承していたという関連が明らかになろう。本令は、弘長三年令の再施行という意味をも含んでいたのである。また、ここでは、神社修造(本令②条、春日社を対象とする故に当然であるが)とともに、非理訴訟の禁止(同⑭条)を規制した条文を抜き出していた。雑訴決断に関する条文を、特に取り上げていることも注目に値する。これらの意味において文永十年令は、弘長三年令にみられた政策基調を継承していたと考えることができる。

次に、弘安八（一二八五）年発布の新制を検討する。といいながらも、条文はほとんど不明であり[68]、かつ記録類も不足している。幸い『勘仲記』の弘安九年条に断片的な関連記事がある。同年十二月は院評定が「徳政沙汰」と「雑訴沙汰」に分離されるなど[69]、翌閏十二月とともに公家政治史上重要な月とされている[70]。さて十二月二十一日には院評定が行われて、「徳政条々事有評定。去年制符固可守之由有沙汰」りと、弘安八年令の遵守が議論されていた[71]。この様相を伝える同書には、

以頭大夫（平信輔）被仰下云、去年制符内従類事可奉行之由、被仰下面々。公卿已下職事等被相分。

制符奉行事、

一、衣裳事、

（人名略、以下「舎屋事」まで同様に人名を略す）

一、資財雑具事、

一、従類事、

一、乗物事、

一、舎屋事、

於令違犯者、可有其科次第。

一、月卿雲客犯之者、召怠状可止出仕事、

一、地下諸大夫以下犯之者、可止官位事、

一、凡下輩犯之者、可召出使庁事[72]、

との記事があり、少々明らかとなる。弘安八年新制を「奉行」するために、廷臣七名ずつを衣裳以下五部門に分けて

検討させ、身分別に違犯者に対する処罰を規定した。この記事により、本令には複数の過差禁制の条文が存在したこと、翌年に至り朝廷はその厳密な施行を意図していたのが判明する。同じ頃任官についても議論されており、この点については、

先参内大臣殿（近衛家基）入見参。条々事有御談義。三ヶ条篇目被注下、可注進所存、十一日可有御沙汰。
一、大中納言、侍従、近衛司、検非違使員数事、
一、昇進可被登用道事、
一、僧官員数事、
御所存有御案之程也。(73)

と同じく『勘仲記』に記されている。直接弘安八年令に関連づけられる史料ではないが、その延長上にあるとみることは許されると思う。十二月・閏十二月には、院評定の「徳政沙汰」と「雑訴沙汰」との分離のみならず、訴訟法が定められ(74)、記録所興行が図られ(75)、かつ訴訟に関与する評定衆・伝奏・職事・弁官・文殿衆などから「不論尊卑触耳訴訟急速可奏聞事」以下三カ条の起請文を召してもいた(76)。弘安八年十一月の後宇多天皇の宣旨が「石清水文書」に残されているが(77)、そこでは細かな手続法が規定されていた（この文書自体、新制の一部分の可能性はある）。八年の手続法の制定と翌年の朝廷内での動向を押さえると、弘安八年令では訴訟関係条文が重要な位置を占めていたと推定できる。以上の検討により、本新制には、三浦周行氏が指摘した殺生禁断令の他に、複数の過差禁制と任官・訴訟に関連する条文が存在していたことが確実となる。

弘安以後になると、全容が明らかとなる新制は少ない。そのなかで正応五（一二九二）年令にも、手続法ないし訴訟に関連する規定が残されている(78)。翌六年には、同新制に違犯する者が多いとして、「制符有違僭之輩、被付奉行人、

厳密可有御沙汰[79]」しと、違犯者を処罰するため奉行人に付すことが定められた。この年には記録所に庭中訴訟を開いてもいた[80]。

弘長三年以後の新制として、ここではわずかに文永十年令・弘安八年令・正応五年令を分析したのみである。しかしながら、①任官・加爵、②訴訟関係の条文については、新制審議の経過のなかであるいは条文として、さらには組織の整備をとおして、朝廷が重要視していたことは認められる。とするならば、弘長三年令にみられた朝廷の施政方針＝政策基調は、以後の新制のなかに生かされていたといえるだろう。

## おわりに

三節にわけて、鎌倉時代の公家新制に分析を加えてきた。史料的制約もあり不充分な考察となってしまったが、簡単に整理しておきたい。

第一節では、鎌倉前・中期の新制について、(1)土地制度関係、(2)寺社乱行関係、(3)諸国治安維持令関係、という三項に分類して検討を加えた。その結果、条文内容としては、保元元年から建久二年に発布されていた新制と同様の規定を含みつつも、徐々に限定的な内容へと変化したとみた。またこの時期では、自律的権門を対象とする条文が少なくなり、代わりに朝廷官人・使庁に対する指令が増加していた。この二つは、幕府の成立に伴う一応の体制的安定と、そのことによる朝廷の相対的な後退を示すこととなった。このため朝廷内部では新制条文の再検討が進められた。それは、当時の朝廷が抱えていた切実な政策課題を解決しようとする方向で議定が行われていく。

その課題とは、記録類で検討する限り、「任官加爵雑訴」という問題に積極的に対応することであった。これは、

第二節で考察したように、弘長三年令で一応の達成をみた。三項目に関連する条文が、この新制において多数制定されていたのがその証左となる。新制条文の再構築は朝廷の懸案となっていたが、訴訟機関の設置や手続法の充実等にみられる幕府の優位性に対抗するために、朝廷もまた宗尊親王の上洛を契機に一挙に達成しようとしていたと考えた。ところで、羽下徳彦氏は弘長三年令について、㉒条「可有任理成敗本家領家不和庄園事」に着目し、

本家領家段階の利害調整が公家法に残された範域となったことを示すように思われると論じた。[81] しかし、この新制をそこまで限定的に捉えてよいのだろうか。訴訟関係条文のなかでは、越訴・乱訴・寄沙汰などをも禁止していたのである。また、中世前期における雑訴興行の意義は決して小さなものではなかったし、[82][補注二] これ以後朝廷は訴訟裁決に対して積極的姿勢を取っていくのである。これらの事実を考慮に入れるならば、本令の意義を高く評価できるのではなかろうか。

第三節では、弘長三年以後の新制として文永十年・弘安八年・正応五年の各新制に触れた。そして、弘長三年令の方針「任官加爵雑訴」については、この時期の新制にも大きな影響を与えていたと考えた。即ち、弘長三年令の政策基調が、その後の新制にも生かされていたと思われる。

本章では、新制の変遷過程を検討するとともに、その条文の分析を通して朝廷の政策基調ともいうべきものを考察することを課題とした。新制条項の変遷ということからみれば、弘長三年令が大きな画期となるといえよう。後嵯峨院政期は、院評定を中心とする政治体制の再編が行われた時期でもあった。中世的な姿をとり出現する後嵯峨院政の政治方針が、本令に表明されていたのではなかろうか。また、政策基調という面から新制をみるならば、鎌倉前・中期とは異なり、朝廷内部の体制を整えるために叙位・任官の公正化を行い、そして調停機能を発揮するために雑訴の興行を意図するという、方向性を読みとることができよう。

最後に、残された問題について若干触れておきたい。本章では、新制の施行の実相を論ずることがあまりにも少ないことを認めざるをえない。政治方針を定めたとしても、即その実効性に繋がらないとしたら、新制は単なる画餅にすぎない。しかし私見はそうはとらない。僅かながらも、訴訟関係条文を論じた際に触れたように、条文を執行に移すために朝廷が努力を払っていたことを認めたいと考えるからである。だが新制とその施行の問題は、さらに追求されるべき課題として残してしまった。この点は鎌倉後期の新制の意義をどう評価するかにつながるであろうし、ひいてはこの時期の朝廷の存在形態の一端を明らかにするはずである。

また、正応五年以降も幾度か新制は発布されていた[83]。しかし、『続史愚抄』・『園太暦』・『公衡公記』などに断片的な記事が認められるだけである。管見の限りでは、貞和二（一三四六）年の制符が下限のようである[84]。鎌倉末期以降の新制条文は、(1)過差禁制[補注三]、(2)殺生禁断令、に限定されていくとみられる[85]。[補注四]一方では、手続法が徐々に充実し「暦応雑訴の法」（暦応三〈一三四〇〉年発布）として集大成されていく[86]。新制内容が限定化することと手続法の充実との関係を究明することは、本章のテーマからすれば重要な問題となるが、稿を改めることとする。

注

（1）三浦氏「新制の研究」（同氏『日本史の研究』新輯一、岩波書店、一九八二年、初出は一九二五・二六年）。
（2）水戸部正男氏『公家新制の研究』（創文社、一九六一年）。
（3）羽下氏「領主支配と法」（『新版　岩波講座日本歴史』中世一、岩波書店、一九七五年）。
（4）前章参照。
（5）水戸部氏前掲注(2)書八四・八五頁参照。
（6）今川文雄氏校訂『玉蘂』（思文閣出版）建暦二年三月二十二日条（『鎌』一九二一号）。同新制についての専論として、五味文彦氏「建暦期の後鳥羽院政」（『明月記研究』一〇号、二〇〇五年）がある。同氏はこの新制が二度発布された可能性があることを指摘している。
（7）保元二年十月八日新制③条（水戸部氏前掲注（2）書七八頁における治承二年令からの条文復元に基づく条文番号）参照。
（8）前章参照。
（9）嘉禄元年令の事書は、全三十六カ条中三十二条が判明している（三浦氏前掲注（1）論文参照）。なお補注一を参照されたい。
（10）前章参照。
（11）網野善彦氏「荘園公領制の形成と展開」（同氏『日本中世土地制度史の研究』塙書房、一九九一年、初出は一九八〇年）参照。
（12）『華頂要略』百二十一巻「天台座主記　二」（『大日本史料』建保元年八月三日条所収）参照。
（13）同年七月五日　順徳天皇宣旨（『醍醐寺新要録』二十一『鎌』二一六八号）参照。
（14）（建保三年）八月十六日　源親広書状（同右所収文書『鎌』二一七四号）参照。
（15）嘉禄三年八月日　平重康解状（「大和春日神社文書」『鎌』三六五八号）。
（16）小山靖憲氏「荘園制的領域支配をめぐる権力と村落」（同氏『中世村落と荘園絵図』東京大学出版会、一九八七年、初出は一九七四年）参照。
（17）同年四月十三日　関東御教書（佐藤進一・池内義資両氏編『中世法制史料集』一巻　鎌倉幕府法、岩波書店、一九五五年、追加法一〇二条。以下同書よりの引用は、年次・番号で記す）。
（18）同年六月五日　高野山制条（「高野山文書　宝簡集五四」『鎌』五四三九号）。
（19）文暦二（一二三五）年正月二十七日　追加法七〇条。
（20）小山氏前掲注（16）書四〇頁参照。
（21）例えば、貞永元年八月二十六日　後堀河天皇綸旨写（「高野山文書又続宝簡集百十一」『鎌』四三六八号）などがある。
（22）前章参照。
（23）例えば、杉橋隆夫氏「鎌倉前期政治権力の諸段階」（『日本史研究』一三一号、一九七三年）などがある。
（24）羽下氏前掲注（3）論文など参照。
（25）寛喜三年十一月三日　後堀河天皇宣旨（「近衛家文書」『鎌』四二四〇号）。
（26）『皇帝紀抄』八（『大日本史料』寛喜三年五月二十二日条）。

(27)『大日本史料』寛喜三年条には数多くの史料があげられている。
(28)『吾妻鏡』寛喜二年十一月六日条は、「西国夜討強盗殺害之与党等」の処分手続を定めたことを伝えているが、このことは群盗横行と関係があろう。
(29)『民経記』寛喜三年五月三日条参照。
(30)同右史料参照。
(31)同月六日　鎌倉幕府追加法三二条。
(32)石井進氏他編『日本思想体系　中世政治社会思想』上（岩波書店、一九七二年）前掲注(31)追加法頭注（笠松宏至氏執筆）参照。
(33)羽下氏前掲注(3)論文参照。
(34)弘長三年八月十三日　亀山天皇宣旨（「公家新制」『鎌』八九七七号）。
(35)水戸部氏前掲注(2)書二二一頁参照。
(36)『明月記』寛喜二年四月十九日条参照。
(37)『民経記』寛喜三年八月二十九日条参照。
(38)同右書寛喜三年八月二十八日条参照。
(39)『平戸記』同年二月十日条参照。
(40)同右書同日条参照。
(41)同右書延応二年二月二十日条参照。
(42)前掲注(39)史料参照。
(43)このような意識は当時の権勢者である九条道家にもみられる。道家は、祖父の兼実の治政を「聖代」と考えていた。その理由は、神仏事の興行とともに、「叙位・除目・訴訟裁断、忘寝忘食、竭力」していたからである（宝治元年三月二日　九条道家敬白文案「九条家文書」『鎌』六八一七号）。
(44)『民経記』寛喜三年五月三日条参照。
(45)『葉黄記』寛元四年八月二十七日条参照。
(46)笠松宏至氏「中世の政治社会思想」（同氏『日本中世法史論』東京大学出版会、一九七九年、初出は一九七六年）参照。

(47) 前掲注(39)史料参照。
(48) 橋本義彦氏「貴族政権の政治構造」(同氏『平安貴族』平凡社、一九八六年、初出は一九七六年)参照。
(49) 水戸部氏前掲注(2)書二一七・二一八頁参照。
(50) 笠松氏前掲注(46)論文一七六頁参照。
(51) 五味文彦氏「使庁の構成と幕府」(『歴史学研究』三九二号、一九七三年)参照。五味氏は同論文において、「王朝全体の訴訟制度の改革」の出発点が弘長三年令の発布にあると指摘している。
(52) 『吉続記』文永五年六月一日条参照。
(53) 同右書文永五年五月二十三日条参照。なお橋本義彦氏「院評定制について」(同氏『平安貴族社会の研究』吉川弘文館、一九七六年。初出は一九七〇年)参照のこと。
(54) 前掲注(53)史料参照。
(55) 文永十年七月日　小槻有家起請案(「壬生家文書異国御祈事」『鎌』一一三六九号)。
(56) 文永十年九月二十七日　亀山天皇宣旨(「三代制符」『鎌』一一四二〇号)。
(57) 『吉続記』同日条参照。
(58) 同右書文永十年四月七日条。「勧修寺家文書一」にもほぼ同文の宣旨が収められている(『鎌』一一二二六号)。
(59) 東大寺と春日社に対する同年四月七日付け官宣旨が残されている(東大寺宛は「東南院文書五ノ一四」『鎌』一一二三六号。春日社宛は『中臣祐賢記』文永十年五月一日条(『春日社記録』)、『鎌』一一二三七号)。
(60) 『師守記』同日条。
(61) 『吾妻鏡』同月二十三日条。
(62) 同右書同日条参照。
(63) 同右書同日条参照。
(64) 同右書同日条。
(65) 『吉続記』同日条。
(66) 例えば、建久二年新制の制定のための議定では、神事・仏事・雑事の順に検討されていた(『玉葉』建久元年十一月一日条参照)。

(67)『中臣祐賢記』文永十年九月十七日条（前掲注(59)書）。

(68) 三浦氏は前掲注(1)論文において、

① 一、可停止於洛中飼鷹鶻事

② 一、可停止集飼無用鳥獣事

③ 一、可禁断六斎日殺生事

の三カ条を指摘していた。この三カ条の事実書については、後藤紀彦氏「田中本　制符」（『年報　中世史研究』五号、一九八〇年）で明らかとなる。

(69) 橋本氏前掲注(53)論文参照。

(70) 網野善彦氏『蒙古襲来』(小学館、一九七四年）三一〇頁、及び笠松氏前注(46)論文参照。

(71)『勘仲記』同日条参照。

(72) 同右書弘安九年十二月二十四日条。

(73) 同右書弘安九年閏十二月四日条。弘安十年二月には、徳政評定で「僧官可被減少事有御沙汰」りと、僧官数の減員が図られている（同上書同月一日条参照)。

(74) 同右書弘安九年十二月二十四日条参照。

(75) 同右書弘安九年閏十二月四日条参照。

(76) 同右書弘安九年十二月二十四日条参照。

(77) 弘安八年十一月十三日　後宇多天皇宣旨（「石清水文書」『鎌』一五七三二号)。なお笠松氏前掲注（46）論文参照。

(78) 同年七月二十七日　官宣旨案（「壬生家文書広田社」『鎌』一七九七三号）参照。

(79)『勘仲記』正応六年六月一日条。史料中の「制符有違僭之輩」とは、過差禁制への違反者と考えられる。本新制発布直後の同書同五年九月二十四日条に「制符事、一定多違犯之輩歟。可注付篇目。付奉行人可被下」しとの記事もある。なおこの新制に過差禁制が含まれていたこと示す史料として、『園太暦』貞和三（一三四七）年正月一日条の「倹約事、可守正慶符之旨、昨日被下御教書。是延慶可守正応符之旨被仰之例」という記事も傍証となるだろう。

(80) 古田正男氏「鎌倉時代の記録所に就て」(『史潮』第八巻一号、一九三八年)及び橋本氏前掲注(53)論文参照。

(81) 羽下氏前掲注(3)論文参照。

(82) 笠松氏前掲注(46)論文参照。

(83) 水戸部氏前掲注(2)書一六頁参照。

(84) 『園太暦』貞和二年十二月二十一日条参照。南北朝期の制符については次章参照。そこで制符の下限の問題も論じたい。

(85) 三浦氏前注(1)論文六二二頁参照。

(86) 笠松氏前注(46)論文一七九頁参照。

(補注一) 佐藤進一氏他編『中世法制史料集』第六巻 公家法・公家家法・寺社法(岩波書店、二〇〇五年)において、嘉禄元年令三六カ条中七カ条の事実書が紹介された(一三一〜一三七条。内一三一・一三四・一三五の三カ条は、前掲注(17)書にも収載)。本条については、

仰、新立庄園旧制稠畳。而頃年以降、諸国之吏、偏耽一旦之私欲、不存永代之公要。或当任之間、去与他人、或得替之後、留為自領、新司雖致鬱訴、領主更不承引。寄事権威、不憚国務。因茲、公田随日訴(衍カ)減少、人領追年倍増。在庁官人、有煩于進退。任土之貢、無力于所済。為吏之道、豈其然哉。自今以後、領主縦雖殷勤、国寄(宰)専莫和与。前司縦雖結構、新司又不可用。宜下知五畿七道諸国司等、慥守此制、敢莫失堕(墜)。

との文言がある。この条文については本文中で、荘園整理令というよりも、前代以来の立荘権という観点から理解すべきではないかと推測していたが、この史料によって実証されたと考える。

一方本文中でその後の新制には、「この種の土地制度関係の条文が存在しない」と断定したことは失考であった。前記事実書を考慮に入れるならば、弘長三年令㉕条「可興行公田減失」条は、この条文を継承したとみることができる。但し事書が相違することからも明白となるように、土地領有の策定という視点からいえばさらに後退していたとすることは可能と考える。なお井原今朝男氏「公田開発」(『信濃』五四巻三号、二〇〇二年)は、この条文を「国司に対する公田興行令」と理解して積極的に評価しようとする論考である。

(補注二) 笠松宏至氏は、中世徳政において「仏神事の興行及び雑訴の興行は、つねに掲げられる二大篇目であった」と指摘していた

（前掲注（46）論文一六四頁）。このうち前者の仏神事興行についての新制条項として、前代以来常に神社・仏寺の修造が真っ先に取り上げられてきた。しかしながら笠松氏も引用している徳大寺実基の手になる「政道奏状」（笠松宏至氏他編『中世政治社会思想』下、岩波書店、一九八一年）の第一条「無人煩可被興行神事々」及び第二条「量国利可被紹隆仏法事」等からも明らかとなるように、朝廷財政は鎌倉幕府からの援助に期待せざるをえない厳しい状況下に置かれるようになり、自力による伝統的な修造策は困難なものとなっていた。他方本章で論じたように新制はしばしば法としての実効性を問われた。従って漫然と形骸化した条文を継承し掲げることに躊躇せざるをえなくなっていたであろう。ここに仏神事興行策も従来とは異なる施策が求められるに至ったと思われる。そこで取られた方策の一つは正応五（一二九二）年七月付広田社宛の官宣旨案などにみられるような「応興行諸社幣物事」（同月二十七日　官宣旨案、「壬生家文書広田社」、『鎌』一七九七三号、また元亨元〈一三二一〉年四月十七日　官宣旨、「祇園社記雑纂部一」『鎌』二七七六六号も参照）という、建久二（一一九一）年令⑩条や弘長三年令⑥条などで規定された幣物に限った興行策であった。

二つめの施策が特に寺社を対象とした「雑訴の興行」であったと考える。文永五（一二六八）年二月「異国」問題が生じた際に、「御祈」・「徳政」について審議されていた（『深心院関白記』同月八日・十四日・十七日・三月十四日条など）。三月に至って徳政沙汰の一環として「神事興行等殊有沙汰。広田社々司等召之、不決之理訴等有御尋、即有裁断也」と、広田社訴訟の即決が行われた（同右書同月二十日条参照）。これが「神事興行」策と認識されていた点に注目しておきたい。「理訴」と限ってるが、寺社訴訟を優先的に裁決するという方針が採用されていた。本来雑訴興行は寺社に限られるものでは勿論ない。しかしながら徳政策の中心となっていた神仏事興行と雑訴興行とは、このように密接な関連を持つに至ったと思われる。これは鎌倉後期の新制の施行文書からも明らかとなる。前掲の正応五年の広田社宛官宣旨案は、前述のとおり第一条に「応興行諸社幣物事」を掲げるが、続く第二条以下は全て訴訟関連条項の規定である。同じく元亨元年令の場合も、感神院に対して冒頭で「応興行伊勢太神宮已下諸社祭幣物事」を、そして二条以下に訴訟関連の項目が続いている。

そしてこのような政策の出発点として、弘長三年令の②条「可早速裁断同（伊勢神宮）訴訟事」を位置づけることができよう。同条事実書には、

神宮奏状不経一宿、亦不顧機嫌、早可奏聞。（中略）是則、依崇重異他、為早速裁断也。宮中違例、式内神領、委尋陵遅、運致（宜カ）沙汰。但、誇此行、恣莫致濫訴。

との文言がある（前掲補注一『中世法制史料集』六巻より引用）。ここでは伊勢神宮からの訴訟に限定されてはいるが、「早速裁断」の嚆矢といえよう。同新制は、本論でも触れたように、神仏事勤行の条文を欠き、また修造についても社司及び諸寺執務という範囲を狭めた指示となっていた（同新制⑧条及び⑪条など参照）。朝廷はその後も修造策を簡単には放棄することはできず、文永十年令のように新制条文の冒頭を飾ることもあったが、正応五年以降の残存する新制条文より推断するに、鎌倉末期になるとそれも継承されなくなったようにみえる。代わって実質的には寺社に関わる訴訟処理を特別に扱うという方向に傾斜し神仏事興行策の中核的意義を持つようになっていくのではないだろうか。このような流れの中でこの時代にしばしば発令された雑訴法を解釈することもできよう（雑訴法については次章参照）。

（補注三）　過差禁制は鎌倉時代に入ってもことあるごとに発布されていた。不十分な内容ではあるが、その一覧を次章末尾に別表2として掲げる。この時代では新制の制定作業が遅滞した場合或いは急を要する時などでは、一部過差規制を先行させて発令されることとすらあった。寛喜三（一二三一）年令を例としてみていくと、遅くとも同年五月三日より制定のための議定が始まっていた（『民経紀』同日条など参照）。その過程を示す十四・十五両日には、同月二十五日から予定されていた最勝講の際の過差規制も審議されていた。このことを伝える『民経紀』には、「近日依飢饉事、所有倹約之沙汰」との記事がある（同書十四日参照）。この過差禁制は、前年からの飢饉を強く意識していたことになるだろう。新制自体は半年近く経過した十一月になって漸く発令されていたことからも分かるように、一般にその制定作業にはしばしば長時間を要した。発布にこぎ着けた時点では、本章でも触れたが「新制事世已以豊年也。於今者、雖無其要、可被宣下」（『民経紀』同年八月二十九日条）しとの認識にみられるような、時機を逸するという状況になりかねなかった。一方で過差規制条文は、多くは新規の禁制というものではなく、前代の法内容の踏襲という性格を強く持つ条項であり、朝廷内の行事などの実施に即応することが可能であったといえるだろう。

（補注四）　鎌倉時代末期になると公家新制の法内容は、徐々に過差禁制に「局限」されるようになることが、三浦周行氏以来指摘されてきた（同氏前掲注(1)論文参照）。但し過差禁制のみに限定されてしまうと即断することはできない。というのは同時期では徳治三（＝延慶元、一三〇八）年三月二十五日の新制（「柳原家記録　八十五　砂巌」『鎌』二三二二一号）を除くと、文永十年令を最後として全条文が判明する新制がなくなるという、史料的な問題を見過ごせないからである。

例えば正応五（一二九二）年令の施行文書である七月二十七日付の広田社宛の官宣旨案（前掲補注二参照）は、第一条に

「応興行諸社幣物事」を掲げて、第二条以下で訴訟関連の条項を規定していた。同文書中では取り上げられていないが、この時「倹約条々」も発布されていたと推定される（本章第三節参照。この新制の条文の一部については、後藤紀彦氏前掲注(68)論文参照）。元亨元（一三二一）年令の場合では、四月二十四日付で新制の施行文書とみなされる感神院宛の官宣旨（前掲補注二参照）が残されている。同官宣旨中に含まれてはいないが、鎌倉時代前期以来の殺生禁断令もまた同一の日付で発令されていた（『師守記』康永三〈一三四四〉年六月二十四日条）。また序章でも引用した『万一記』元応二〈一三二〇〉年五月十四日条など同記の記述から窺えるように、この時任官・文学以下多分過差禁制に至るまで審議されていたことから判断すると、元亨元年令には他にも多様な条項が含まれていた可能性がある。

両文書ともに神社宛の施行文書であることを考慮に入れるならば、新制条文の一部を知りうるに過ぎないことを忘れてはならないだろう（後藤氏が前掲論文において、正応五年令条文の取捨について触れていることも参考になる）。確かに全文を知りうる徳治三年令は過差禁制に限定された内容ではあったが、この時代の公家新制が過差禁制のみで構成されたとまでは断定し得ないことに注意を払っておきたい。朝廷は鎌倉時代の末期に至るまで、天変・三合などへの対応のために、徳政議定を行って新制を策定するという方針そのものは堅持していたと考える。これは建前に過ぎなかったともいえようが、時には元亨の例に見るように、実際にも発令されていたのである。とはいえ朝廷の置かれた位置の後退とその力量不足から、多くの場合は内部規律の維持を主眼とする過差禁制と寺社興行策の意味も込めた訴訟関連法の制定に大きく傾斜していたかざるをえなかったのは確実である。またその実効性を示すような徴証は、管見の限り多いとはいえず、実質的に過差禁制に内容的に限定されていくという見解自体は大勢としては正鵠を射ている。

# 第五章　南北朝期の公家新制
## ——南北朝期朝廷における徳政と政道——

### はじめに

南北朝期の朝廷については、主に雑訴法（手続法）の制定を含めた訴訟制度の考察や、或いは朝廷固有の権能が幕府権力により吸収されていく過程の解明、などを通して研究が進められて多大な成果を上げてきた。[1]この間、笠松宏至氏による中世における政治社会思想としての徳政論の提唱[2]は大きな影響を与え、公武を問わず徳政をめぐる研究も大きく進展した。特に鎌倉時代における公家新制の歴史的意義は注目を集め、個々の条文にまで踏み込んだ多面的な分析が行われるようになった。[3]しかしながら、新制研究の先鞭を付けた三浦周行氏の論考[4]を除くと、南北朝期については停滞というべき状態が続いている。三浦氏においても、わずかに貞和二（一三四六）年の新制（制符）の史料紹介に終わっているのであり、実質的に未解明といってよい状況にある。

そこで本章の課題とすべきは、まずは新制が終焉に至る過程を明らかにすることである。そのためにまず南北朝期朝廷の政策方針に着目して、その抱えていた課題を検討し、次いで政策の具体的様相を考察するという手順で進めたい。なおこの時期の記録類を見ていくと、新制の語に代わり制符として登場することが圧倒的に多くなるので、原則として制符と表記する。建武新政期においても、『建武年間記』[5]等に記されているように、制符の主要項目となっていた過差禁制が集中的に発布されており、法としての継承関係なども重要な問題となるが、本章では考察対象からは除くことにする。

## 一　徳政策

混乱が続く中で朝廷としてのあるべき姿をこの時代の廷臣達はどのように捉えていたのであろうか。まずは上級貴族達の奏状などから探っていきたい。

康永元（一三四二）年五月八日前関白一条経通は、密かに一通の意見状を光厳上皇に提出した。(6) 同年四月には天変を因として改元されていたことを押さえれば、時期から見てこの意見状は徳政策の提言という意味を持つと考えられる。その意見状には、

既居百官惣己之職、専当万機輔佐之仁、仍且温往代之佳躅、且量当時之機嫌、今献忠言者歟。其六ヶ条者、一可被紹隆神事条、一可被崇敬仏法条、一可被興行公事条、一可被恢弘文学条、一官位不可妄授条、一雑訴急速可有裁断条等也。

と記されていた。この中で経通は、鎌倉時代以来の例事ともなっていた神仏事興隆のほかに、公事興行以下の四項目を提言した。このうち後半部の二カ条は、鎌倉時代中後期においても「叙位・任官・雑訴」として、常に懸案事項として取り上げられてきたものである。「可被恢弘文学条」については、例えば元応二（一三二〇）年四月十一日の評定において、「徳政内文学事」として審議されていた趣旨と同様の内容と思われる。(7) この意見状では、事実書に相当する部分が省略されているため、具体的な提言内容を窺うことはできないとはいえ、総じて前代からの課題を引き継い

だ項目が列記されるのみで新味はなく、また提言の実現性に疑問を残すところがある。しかしこのうち訴訟法については、暦応三（一三四〇）年五月に制定された所謂「暦応法」と同一内容ではあるが、十一月になって「雑訴事書」が作成[8]されていたようであり、経通の提言中で唯一具体化した可能性があるといえるのかもしれない。

年未詳八月十一日付「後普光園院摂政奏状」[9]と名付けられた二条良基の内奏状写が残されている。文末に「就 勅問内々言上」との文言が記されていることは、天皇（上皇）からの求めに応じてこの奏状が提出されたことを推測させる。また「度々天災、連々地動、超過先規以何事可被施仁化乎」、及び天平六（七三四）年四月の詔の「地震之災、恐由政事有闕」との言葉を引いていることを考慮すると、天変を契機とした徳政策の提案であったと思われる。良基の政治思想を知るうえでも貴重な史料と考えるが、年未詳によるものか、管見の限りでは、分析の対象とされてこなかったように思われる。この奏状の提出時期について、既に伊藤敬氏は康安元（一三六一）年の可能性を指摘[10]していたが、記述内容から判断すると疑念が残る。本章では、応安年間（一三六八〜一三七五）に成立したと判断[11]して考察を進める。

二条良基は、「可有沙汰条々 取当時要」として、神事・仏事・徳化に三分類して提言を行っている。神事については、「神祇官八神殿造替守護事」[12]、「神宮社解伝奏事」、「神宮遷宮事」、「園韓神社殿造営事」、「諸社愁訴抜要事」の以上五カ条を取り上げている。事実書からは当時の諸社の破損が進んでいた状況や、神宮担当奉行の懈怠による訴訟停滞の様相が明らかになるが、これらの興行を提案した内容となっている。仏事としては、「仏法興隆事」、「天災地災祈請事」、「三壇御修法・仁王会御読経再興事」、「御斎会講師事」、「法勝寺再興事」、という同じく五カ条を提案する。最後の法勝寺九重塔の再建を提言していることを除けば、宮中内での各種修法の興行を列記するにとどまる。

本章の視角から注目したいのは、「徳化事」として提案された項目である。

(一)　歴代の意見封事の施行事、
(二)　朝務闕怠事、
(三)　課役停止事、
(四)　女中僧徒による雑務口入停止事、
(五)　諸道輩に「就学之浅深、可有恩之厚薄」事、

という五点に分けることが可能である。(一)は過去の意見封事、なかでも文治三（一一八七）年の意見状[13]を取捨しての施行を提案するが、しかし良基もさすがに無理があるとの思いからか、「綷猶幽玄、難資当時准的」とする。(二)は議奏らの欠席や式日が守られていない現状を指摘しつつ、「政理凌遅之基、民庶愁訴之源」との観点から、訴訟処理の迅速化を挙げる。(三)は事実書中の、

次国者、以民為本、先被休衆庶之愁者、定可通天心歟。若以元亨例諸道諸業課役可被停止乎。但近日支朝要者、不能左右、一旦随存寄略迷（述カ）書者也。

との文言に注目したい。朝廷財政を支える存在になっているならばやむを得ないとしながらも、元亨に倣い諸道諸業への課役停止を進言している。元亨二（一三二二）年発布の「元亨の神人公事停止令」と称されてきた法令との関連も注目される。[14] (四)と(五)は、鎌倉時代後期より度々課題とされてきた項目であり、(四)については延慶二（一三〇九）年四月十六日制定の延慶法以来雑訴法中の一条項としても規定されてきた。[15] (五)において「諸道輩徒抛蛍雪之学、忽失箕裘之業。如此族、只食世禄、不叶　朝要」ずと言い切っているのは彼の人柄を表すものといえようが、内容的には前述の一条経通の意見状中の「可被恢弘文学」条と類似する提案と思われる。

朝廷が置かれていた状況を見詰めながらも、神事・仏事・徳化という配列は鎌倉時代の新制制定の際の審議手順に

准えたものとなっており、提言内容自体は総じて前代と同様であり、特に㈠から明らかとなるように、良基の守旧的な思想を窺うことができるが、㈢の指摘は見逃せないと思われるのでさらに検討を続ける。

さて永和二（一三七六）年閏七月二十八日、二条良基以下が参加して議定が開催された。この内容を伝える『愚管記』同日条には、

今日徳政議定云々。（中略）依彗星可被行徳政条々。

一、神事興行、
一、任官叙位、
一、雑訴事、
一、洛民新役事、
一、官外記蔵人方公人俸禄事、

（各条の事実書は略）

との記事がある。彗星の出現という天変を契機に行われた議定の場に於いて徳政策が論議され、その結果右記の五カ条の方策が定められた。ここでも神事とともに、任官・叙位・雑訴の三項目が取り上げられている。このうち雑訴については「永和法[16]」として結実した。また「官外記蔵人方公人俸禄事」は、前記良基の提言中の㈤に相当する項目と思われる。

残る「洛民新役事[17]」について触れておきたい。当時徴税権は朝廷が掌握しており、造宮料など臨時的税を含め種々の税をしばしば賦課していた。幕府もまた徴税に関与していたが、それはあくまでも宣旨や院宣に基づくものであった。朝廷による洛民に対する課税姿勢がより鮮明となるのは鎌倉末期とされている[18]。後醍醐天皇による「元亨の神人公事停止令」などの税制改革が、彼の政治的意図は別にしても、後嵯峨上皇以来の撫民策という側面が存在したこと

は指摘されてきた。[19] 二条良基が奏状中で元亨例を引きつつ、「徳化」策として賦課停止を提言したのは、この点を例証するものでもあろう。また「土蔵等課役事、近年定法停止」[20] した期間があったことは、この時期の朝廷もまた徳政=撫民を意識していたことの表れとして捉えることができるのかもしれない。この議定の場に良基が参加していたことは軽視すべきではないが、「近年新役等被尋究可被停止」[21] しとの結論を得ていたことに注目しておきたい。財政面を幕府による税徴収に依存せざるを得ない朝廷にとって、課税停止を掲げることは矛盾としなければならない。しかしながら徴税権は、朝廷に残された数少ない権限の一つであり、徴収者と賦課対象者との間にしばしば摩擦を引き起こしていたことからも明らかとなるように、[22] 賦課の可否を定めることは朝廷の存在感を示すものでもあったろう。「新役停止」は、撫民策=徳政策としての意義を十分持っていたはずである。この時実際に執行されたのか明証は欠くが、徳政策として審議されていたこと自体は、当時の貴族層が彼らなりに現実を感じ取っていたことの証でもあろう。但しあくまでも洛民に対象は限定されており、洛外については一顧だにされていない[23] ことは、当然のことながら、朝廷の関心の狭さを知るうえで見逃せない。徴税権が幕府の手中に帰するようになると、徳政項目からも当然はずれてしまうことになろう。その意味で、この時期特有の施策の可能性がある。

廷臣による提言と評定目録という相違はあるが、ここで三史料を取り上げたのは、天変に対処するための攘災策としての意味を持つ徳政案という共通性が認められることにある。従ってこれらの提案内容には、朝廷にとっての政策課題が示されていると考える。内容的に似通っており、鎌倉時代後半から常に提言されてきた項目が依然中心的位置を占めており、且つ具体化し得たのは実質的には雑訴法の制定のみといえそうである。時代が降るにつれて文殿または記録所の活動は停滞し、訴訟制度自体徐々に形骸化も進み、判決の遵行にあたり幕府の強制力に依存することが多くなるのは、指摘されてきたとおりである。しかしながら、しばしば発令された訴訟制度改革や手続法制定の背景に、当時の朝廷が雑訴興行を重視するという姿勢を表明していたことは認められるべきであろう。先例や慣例に囚われがちな状況のなかで、総じて新鮮味に欠ける提言となっているのもやむを得ないが、京都「地」の支配との関連で撫民策としての課役の問題が、新たな施策として浮上している様子を窺うことができる。他方徳政策として、過差禁制が取り上げられていないことにも注意を払っておきたい。このことは倹約令の意義の変化を示すと考えられるが、この点については第三節で触れることにする。

## 二　叙位・任官・雑訴

鎌倉時代中後期以降の朝廷内において、徳政項目として常に論じられ重視されてきたのが「叙位・任官・雑訴」である。そこで順序は逆になるが、まずは訴訟を取り上げ、次いで任官関係についても、若干の検討を加えたい。

南北朝期に至るまで、一貫して雑訴興行は徳政項目として取り上げられていた。森茂暁氏らの研究が明らかにしたように、暦応三（一三四〇）年・応安四（一三七一）年・永和年間（一三七五～一三七九）と、延慶・正和・文保などの前代の雑訴法を下敷きにしつつ、次々に制定されていた[24]。運用面では、文殿や記録所の庭中式日・議定参加者を定め、彼等から告文（起請文）を取り理非決断の徹底化を図ることも行われた[25]。なお雑訴法について付言すれば、康永元（一三四二）年と貞和年間（一三四五～一三五〇）にも制定されていた可能性がある[26]。

さて「政道興行」の語は、特に鎌倉時代後期より頻出し始める。この時期においても、しばしば論じられていたが、徳政興行とはやや異なる意味で、使用されるようになったと考えられる。徳政あるいは徳化が、依然彗星の出現などの天変、或いは三合・辛酉革命などの際に登場するのに対して、政道の語は訴訟と密接な関係が認められる。例えば貞和三年二月十九日に光厳上皇の意を受けて洞院公賢は、「政道事、当代于今無興行之間、動有錯乱事」りとの状況に対処するため、「向後縦雖非奉行事、人愁有被聞及事者、令執奏給」うなど、訴訟関係者らを戒める書状を院執権勧修寺経顕に遣わした[27]（『園太暦』同日条、なお以降同書の記事を本文中で引用する場合は『園』と略しつつ、年月日を記す）。これは上皇が公賢に、「此春別政事等可励微力之由、誓願子細候」との決意を伝えたことを具体化したものであった（『園』同年正月十日条）。彼はこれを光厳上皇による「政道興行」と捉えた（『園』同上条）。また文和四（一三五五）年十二月十九日に伝奏以下訴訟機関関係者から告文を召したことを「若政道可有興行歟」と記してもいた[28]（『園』同日条）。応安四年八月五日にも、「政道事可有興行之沙汰、太都就暦応之法、可有其沙汰歟」との方針が立てられ、審議が行われていた[29]。これらの事実は、朝廷内において雑訴の占める比重が徐々に高まるなかで、これを政道の核心と捉えていくという意識が、強まりを見せていたことを示しているのではないだろうか。

前代においても、最重要項目として扱われていたとはいえ、あくまでも徳政策中に含まれる一項目としての雑訴興行（＝政道興行）であったのが、この時期になり徳政（興行）と相並ぶ位置付けを持つに至ったと考えたい。このことが、

近来自新春風雨連続、聖化之所致歟、民間歎息、天下災薩（孽カ）上、可畏事也。然而公家・武家抛政道之時分、尤相応歟。（『園』延文二（一三五七）年正月十五日条）

として、従来であれば徳政が問われるはずの時に、代わって政道のあり方を問題とするようになったと思われる[30]。鎌倉時代中期以降より雑訴が徳政項目のなかでも重視され続けてきた結果を表すのであろう。遅くとも弘安八（一二八五）年には制符（新制）とほぼ時を同じく雑訴法が制定されていた。これを受ける形で翌年院評定制の改革が行われ、徳政沙汰と雑訴沙汰とに分離される[31]こととなったが、この影響を認めることもできるのではあるまいか。これ以後鎌

表1　鎌倉時代後期の制符と雑訴法

| 制符発布年月日 | 発布形式 | | 雑訴法の存否 | 雑訴法の典拠 |
|---|---|---|---|---|
| | 宣旨 | 院宣 | | |
| 文永10(1273)年9月27日 | ○ | | | |
| 弘安 2(1279)年8月10日 | ○ | | | |
| 同 8(1285)年 | ○ | | ○ | 11.13 付石清水八幡宮宛宣旨(「石清水文書」,『鎌』15732号) |
| 正応 5(1292)年7月 | ○ | | ○ | 7.27 付広田社宛官宣旨案(「壬生家文書」,『鎌』17973号) |
| 正安 3(1301)年3月 | | ○ | ○ | 3.13 付伏見上皇院宣(「近江菅浦文書」,(『鎌』20730号) |
| 嘉元 2(1304)年3月 | ○ | | | |
| 徳治 3(1308)年3月25日 | ○ | | | |
| 延慶 2(1309)年4月16日 | | ○ | ○ | 「清原宣賢式目抄」(『中世法制史料集　別巻』) |
| 正和 4(1315)年12月14日 | | ○ | ※ | 「正和三年十一月十三日法」(『師守記』暦応3年4月11日条) |
| 同 5(1316)年12月 | | ○ | ※ | 文保1(1317)年「政道条々」(『皇室制度史料　太上天皇』) |
| 元亨 1(1321)年4月17日 | ○ | | ○ | 4.17 付け感神院宛て官宣旨(「祇園社記雑纂部」,『鎌倉遺文』27766号) |
| 正慶 1(1332)年6月 | | ○ | ※ | 『花園天皇宸記』2月21日条(発布未詳) |

倉時代末期にかけて、徳政策の一つとしての新制と、その最重要項目である訴訟興行を具体化する雑訴法の制定とが、同時進行的に進められていくようになったからである。表1は鎌倉時代後期以降に発布された制符（新制）の一覧に、『園太暦』貞和二年十二月二十三日条に記されているその発布様式を加えつつ、雑訴法の制定との関連を示したものである。時期が下るにつれて、両者が同一日付或いは同年中に発布されることが多くなるのは明らかであろう。制符とは別途に雑訴法が制定・施行されていたことは、両者の密接な関連を窺わせる。制符があくまでも徳政に基づき政治方針を策定するという、いわば基本法的な位置にあるのに対して、雑訴法は内容を訴訟に限定しつつ制符条文の具体化を図るという性格を持っていたことが示されている。徳政沙汰と雑訴沙汰の分離というのは、それぞれの評定の場において、理念的には前者は制符に、後者は雑訴法にと、それぞれの法に則って運用すべき存在となったことを意味すると考える。この故に天変や

代替わりなどを理由とした政策の変更に際して、二つの法は同時的に発令する必要性が生じたのではないだろうか。制符の内容は徐々に過差禁制に限定されがちとなり、かつ院文殿への下達という様式で布達されていたことは、徳政策を明示するという本来的な意義を失いつつあることを示唆する。逆に雑訴興行こそが徳政策の中核的位置を占めるようになり、さらに雑訴法の構成要素の一つに任官関係の条項を含むことで、政道興行はより重みを増すことになったと捉えたい。

次に「任官」関係の検討に移す。暦応三年五月の雑訴法審議の最中に、院執権勧修寺経顕から「先日被尋下任官事、宣□（下）ニ追被書入候条、先例候者可被注進」との要請を受けた大外記中原師右は所見不詳と返答していた（『師守記』同月十日条、なお以降同書の記事を本文中で引用する場合は『師』と略しつつ、年月日を記す）。これは評定衆内に、暦応法中に又はその追加として、任官関係の規定を盛り込みたいとの意向が、存在していたことを示す記事と思われる。確かにこの時の法源の一つとなっていた延慶法には、「任官叙位等以女房被仰伝　奏・職事条、一切可被停止事」なる条項が存在していた[32]。また貞和三年九月関白二条良基は、大外記中原師茂に弘長以後の制符から「任官のゐんしゅ、又とうようのこと」などを書き抜くことを命じたのに対して、師茂は制符には規定がないと返答している[33]（『師』同月二十日条）。翌月になっても良基は師茂にこの件を再び尋ねていた（『師』十月一日条）。朝廷内には先例の確認を行いながら、具体策を策定しようとする動きが、存在していたことを意味するのではないだろうか。なお良基は、弘安九年及び嘉元年間（一三〇三〜〇六）の「任官員数御沙汰」を尋ねてもおり（『師』九月十三日条）、この二つの年代には定数にまで踏み込んだ検討が行われていた可能性もある。このような良基の動きからみると、制定の根拠を制符や先例に求めたいとの意図が伏在していたと思われる。先例尊重という伝統的な考え方から抜け出せずにいたことは明白であり、ここに自ずから限界が認められるだろう。具体化したのか否かを確認することは、管見の限りではできなかった[34]。

以上、前代と同様に「叙位・任官・雑訴」の三項目が政道興行の要として、依然重視されていたことを論じてきた。しかし雑訴法を含めて、常に先例となる制符などの確認から始まっていたことを思えば、仮に制定に至ったとしても、前代の規定を再確認・修正するにとどまるものであったことも指摘しておきたい。

## 三 過差禁制

南北朝期の制符として知られているのは、貞和二（一三四六）年十二月の過差禁制である。その内容等については、三浦周行氏の論考(35)を除き、触れられてこなかった。そこでまずこの制符を検討する。

制定への動きが史料的に確認されるのは、同年十二月二十一日からであり、この日洞院公賢の許に院評定衆で伝奏の日野資明の消息とともに一通の宣旨が届けられた（『園』同日条）。その内容は、

貞和二年十二月十五日　宣旨
諸人服飾并緇素従類員数、及賀茂恒例・臨時祭礼以下、祭儲以下過差停止事、宜守正慶符、固加制禁者。
蔵人頭左中弁兼春宮亮藤原宗光奉

というものである。資明が書状を添えたのは、評定の場で「宣下」の方針を決定したことを受けて、一旦は宣旨を作成したものの、制符の法源となった正慶制符が宣下ではなく院文殿への伝達という形式を取っていたことから、発布方式をどうすべきか公賢に諮問するためであった。彼は、「其體宣下可宜哉由存候」と返答し（『園』十二月二十三日条）、宣旨による発布を主張した(36)。

しかしながら、『園太暦』十二月二十九日条に載せる光明天皇勅書には、

抑制符事、以正慶符、可被施行之由承及之間、存其旨之処、又可被取捨之様其聞候、何様候哉。さてハ未及施行候乎。将又已改知〈制〉施行、正慶符追有用捨、重可被施行候乎。然者元三以下人々進退ハ先可守正慶符之条勿論候哉。

との文言があり、この制符が正月の諸行事の規制を主たる目的にしているので、そのためには早急な下達が必要と天皇が認識していたことが明らかとなる。審議中には正慶制符の修正についての意見も出されたが、ただその場合には、内容の検討にさらに時間を要することとなり、その余裕がないとして、天皇はまずは正月の規制を優先させるため、修正を加えずに施行することを求めていたと推測される[37]。内容上の問題点はひとまず置いて、とにかく急ぎ発布することに重点があったといえよう。従って公賢の意見は通らず、正慶の例を踏まえて、院執権から文殿衆に仰せるという形式になった。そのために、

倹約条々、堅可守正慶元年制符之由、所被仰下候也、可被存知之状如件。

十二月二十八日　経顕卿 判

新大外記殿〈中原師茂〉

との院宣が発布されて[38]（『園』同月二十九日条）、別紙の篇目を添えて文殿衆に回覧され、施行を図ることになった[39]。

翌三年正月二十六日の褻御幸始に際して、「御牛飼水干以下殊可守制符之旨被仰」（『園』同日条）ると記されている。これは前掲した十二月十五日付宣旨には正慶制符の条項の一部が記されており、そのなかに「諸人服飾幷緇素従類員数」以下の諸行事を対象とする篇目が規定されていたとみられることから、この禁制の施行例となろう[40]。

ところで正慶制符の遵行を命じたのは、この貞和二年が初めてとなるのではない。『園太暦』康永三（一三四四）年正月一日条に「旧冬元三已下出仕輩、可守正慶制之由被仰下了」との割注があり、前年末に「正慶制」がやはり正月を直接の対象として発布されていたことが明らかとなる。規制対象といいその発布時期といい、貞和二年制符の先蹤

となるものといえよう。この発令を受けてのことであろうが、右大臣二条良基は中原師右に正慶制符の書写を依頼している（『師』同年正月八日条）。その後良基は、進上された制符内容を確認後に再び師右に宛てて、

正慶のせいふを遵行せられ候へ□□（よしカ）宣下の候けるは、いつの日にて候けるやらむ、申され候へく候。このせいふしはし用られ候へきやらん、もし正月なとはかり遵行せられ候へきやらむ。条々くはしくしるし申され候へく候よし仰事候。

との書状を遣わした（『師』同年正月十四日条）。この書状内容から、彼は宣下されたことだけは承知していたが、制符の発布日とその有効期間については、分らずにいたことが判明する。良基が右大臣という地位に就いていながら、且つこの時は「宣下」という形式を取っていたにもかかわらず、全く伝わっていないことになる。では師右はどうであろうか。彼もまた、

正慶のせいふ遵行せられ候へきよしの宣下、師右いまた存知せす候。もし官方や存知仕候覧、不審存候。正月はかり用られ候へき事も才学なく候。

と返答していた（『師』同右条）。院文殿衆である師右もまた、この時の発布日は知らず、適用期間も答えることができなかったのである。良基が書写を依頼していたことは、制符の条項すら知らされていないことを示す。光厳院政下の評定の場で、施行への全ての準備が進められたことを意味しよう。評定衆以外では、発布の事実を知るのは一握りの廷臣のみという状況を想定できるのではないだろうか。そこで他の人々は、良基のように、縁を頼りながら正慶制符を求めることになったのではあるまいか(41)。

ここで正慶制符について触れておきたい。『続史愚抄』正慶元（一三三二）年四月二十七日条に、

於常磐井殿院御所有徳政評定。関白冬教已下上達部五人参仕、可被用正応正和制符旨治定。

との記事があり、徳政評定の場で正応・正和の制符[42]を法源とした制定作業が開始された。これは三月三日の天変などを契機とする徳政策としてのことと思われる[43]が、六月には審議を終了し篇目十二カ条と推定される過差禁制[44]が院文殿に公布されたのである[45]。この制符については、前述した例以外にも、貞和五年の光明上皇の天龍寺行幸に際して、三条公秀からの質問を受けた公賢は、「車副者、（中略）弘安制府（符）以後、参議以下不可召具云々。正慶制今度被用之、同之」と返答していたことも知られ（『園』同年三月二十四日条）、貞和三年以降になると正慶制符を基準とした過差規制が度々施行されていた。このように正慶制は、一三四〇年代の朝廷において、過差禁制の基準法的位置を占めていた。同制符が、正慶元年三月の光厳天皇の即位式直後に制定されていたことを考慮するならば、後伏見・光厳皇統にとって出発点に位置する制符と認識されていたことを意味するのではないだろうか。そしてこの時代に至っては、主として正月の行事に際しての規制のために、十二月に発布することが多くなると思われる[46]。

幕府もまた当然制符に従うべき存在であった。室町幕府追加法四八条「衣裳事[47]」に「守公家新制、堅不可随他之段」ずと記されているのは、この点を示すものである。『園太暦』貞和四年十二月二十六日条には、「兼好法師入来、武蔵守（高）師直狩衣以下事談之也。今度被用正慶符、彼符趣示聞了」との記述があり、幕府関係者に対しても正慶制符が正月の衣服規制として適用されていた。幕府も又参内などに際して、朝廷の定めた規制に従っていた。同書前日条には、幕府の使者が公賢の許を訪れ、「年始沙汰始」の際の狩衣について、制符の規定内容を尋ねていたことが記されている。観応元（一三五〇）年には、足利義詮が参議就任後に拝賀する折りの狩衣について、院側は「可守制符之旨、有沙汰」りと返答していたのである（『園』同年九月七日条）。

一方で鎌倉時代後期では過差禁制が徳政議定の場において審議されていたのと比較すると、この時期に至って貴族らの関心がより一層「叙位任官雑訴」に傾斜してしまうことにより、過差禁制は徳政策の中心という役割からはずれてしまい、重要な政策課題という意識が薄れてしまったように思われる。その結果正月や行幸など特定行事を対象とした限定的な規制という意義を持つようになったと考えたい。発布形式の変化もその表れなのであろう。雑訴法は、「文殿訴陳法」（『師』暦応三年四月十日条）或いは「文殿法」（『師』同月十一日条）とも称されたように、訴訟処理関係者に直接布告すべき性格を持っていた。従って、院文殿衆へ下達するというのは当然であり、法自体が本来的に簡便な形式での法伝達が可能になるという性格を持っている。制符（過差禁制）もまた、この布達方式を取るようになってしまうのは、法の施行という点からいえば、簡略化の方向を辿ったことを意味している。表1に見るように、鎌倉時代末期には、両者は同日に発布されることが多くなるため、宣旨と院宣とに分けて発布するという、煩雑さを避けるという意図もあると推測される。しかしこのことは、徳政方針を示す制符、そしてその条項の一つとして制定された雑訴興行を実施するために必要となる手続を定めた雑訴法という、それぞれが果していた役割の相違を打ち消してしまうことに、繋がったのではないだろうか。両者共に院文殿への発令という形式を取ったことは、その点でいえば、過差禁制に集約されつつあった制符の地位が、さらに大きく低下したことを示すものと解釈される。

過差禁制は、鎌倉時代末期まで徳政策の一つとして発布され続けた。他の条項を含むことはあったが、倹約令のみの制符が多くなることからも明らかなように、制符の中核的項目を占め続けていた。しかしながらこの時期になると、過差禁制は特定行事に対象を限定して布告されることとなり、天変などに際しての攘災策＝徳政策としては、もはや省みられなくなってしまうのである。最後まで残されてきた主要項目を失ってしまった制符＝新制は、ここに終焉を告げることになったと考える。

## おわりに

室町幕府による朝廷権力の吸収が進行するなかでは、朝廷の施策の範囲も当然縮小していかざるを得ない。訴訟制度の形骸化は、雑訴法そのものが吉書の如く扱われるようになってしまうことにつながり[48]、税徴収権も徳政としての意義を失うことになる。貴族自体が窮乏化していくなかにあっては、過差禁制についても同様に本来的な意味を喪失してしまったであろう[49]。その結果過差禁制は、「御衣冠式目」（『園』延文四（一三五九）年二月五日条）という文言にみるような、故実の世界に取り込まれていくことになると思われる。ここに朝廷は、施策としての徳政興行、或いは政道興行を放棄せざるを得なくなる。朝廷はなお徳政意識を持ち続けたが[50]、彼等に残されたのは神仏への「御祈」程度に過ぎなかった。しかしこれすら幕府の経済的援助なくしては行えなかったのである[51]。

注

（1）この分野の主要な業績に、森茂暁氏の『南北朝期公武関係史の研究』（一九八四年、文献出版）及び『鎌倉時代の朝幕関係』（思文閣出版、一九九一年）の二書がある。また佐藤進一氏「室町幕府論」（同氏『日本中世史論集』岩波書店、一九九〇年、初出は一九六三年）以下の諸論考が、南北朝期の朝幕関係史を大きく前進させたことは言うまでもない。

（2）笠松宏至氏「中世の政治社会思想」（同氏『日本中世法史論』東京大学出版会、一九七九年、初出は一九七六年）参照。

（3）新制研究については、包括的な論考である稲葉伸道氏「新制の研究」（『史学雑誌』九六巻一号、一九八七年）をあげるにとどめる。

（4）三浦周行「新制の研究」（同氏『日本史の研究』新輯一、岩波書店、一九八二年、初出は一九二五・二六年）参照。

（5）『群書類従』二五輯、雑部。

（6）『光明院宸記』同年六月三日条（『大日本史料』同年五月八日条）。

（7）『万一記』同日条（宮内庁書陵部編纂『皇室制度史料　太上天皇』三、吉川弘文館、一九八〇年）。なお同書の同年五月十四日条にも関連記事がある。

（8）応安三（一三七〇）年二月日　東寺雑掌重陳状（「東寺百合文書ひ五十一―六十一」（『大日本史料』応安元年閏六月十九日条）に、「暦応康永御事書之法度」との文言があることから、本文のように判断した。

（9）宮内庁書陵部編『圖書寮叢刊　砂巌』（一九九四年、明治書院）。

（10）伊藤氏「良基の著作」（同氏『新北朝の人と文学』三弥井書店、一九七九年）二三三頁参照。小川剛生氏『二条良基研究』（笠間書院、二〇〇五年）は、「二条良基内奏状写」の内容を紹介している（五一・五二頁参照）。

（11）本文のごとく推定した根拠をあげておきたい。史料中には伊勢神宮の式年遷宮の遅れが指摘されている。内宮については比較的順調に遷宮が行われていたので、この時期で該当するのは外宮となる。貞和元（一三四五）年の次の遷宮は康暦二（一三八〇）年に行われており、異例にも三十六年後になり漸く遂行された。この間貞治五（一三六六年）年に一旦は外宮仮殿遷宮日時定が行われており（『師守記』同年十一月二十一日条参照）、良基が遅延を問題にするのはそれ以降となろう。一方造宮使の任命など遷宮への動きがはっきりするのは、応安六（一三七三）年五月になってからであり（「康暦二年外宮遷宮記」『続群書類従』第一輯上、神祇部）、ここを下限とみたい。従って貞治六年から応安五年の間に絞られることになる。さらに維摩会の停止も問題とされているが、この間では貞治六年から応安二年と同四年・五年が該当する（「三会定一記」『大日本史料』応安三年十一月十一日条及び同六年十月十六日条）。奏状は地震の発生を契機に提出されたが、この時期の大地震としては東寺講堂が傾いたとされる応安二年七月二十七日がある（『大日本史料』同日条参照）。奏状の「八月十一日」という日付も勘案するとあるいはこの年かとも思われるが、後考を待ちたい。

（12）この中で八神殿造替後について、「先規以左衛門府令守神祇官云々。造替之後被触検非違使、且被仰武家可被守護」と記されている。左衛門府が神祇官を守護するというのは、寛喜三（一二三一）年新制㉖条に規定があり、この時期に至ってもその原則に触れているのは興味深い。

（13）文治三（一一八七）年及び鎌倉時代の意見封事については、奥田環氏「九条兼実と意見封事」（『川村学園女子大学研究紀要』第一号、一九九〇年）参照。

（14）網野善彦氏「元亨の神人公事停止令について」（同氏『悪党と海賊』法政大学出版局、一九九五年、初出は一九七七年）三一一・一二頁参照。

(15)「清原宣賢式目抄」（池内義資氏編『中世法制史料集』別巻　御成敗式目註釋書集要、岩波書店、一九七八年）の式目二九条の注釈の記述（五一一頁）から一部の条項が判明する。森氏前掲注(1)書『鎌倉時代の朝幕関係』第四章付録に、延慶法制定の際の評定目録が掲載されている。

(16)前掲注(15)「清原宣賢式目抄」の注釈中に「永和条々」とあり（五一一頁）、恐らくはこの年に制定された法を指すのではないだろうか。

(17)既に森茂暁氏は、洛民新役について、「寺社権門の反撃の産物以外の何者でもない」と指摘している（同氏前掲注(1)書『南北朝期公武関係史の研究』二八六・八七頁参照）。朝廷による徴税の実態についての以下の記述は、同書に負うところが大きい。

(18)この時期は、朝廷による酒麴役・米穀売買課役・地口銭などの徴収の画期とされている。酒麴役については網野善彦氏「造酒司酒麴役の成立」（同氏前掲注(14)書、初出は一九七八年）、米穀売買課役については橋本義彦氏「大炊寮領について」（同氏『平安貴族社会の研究』吉川弘文館、一九七六年、初出は一九七二年）、地口銭については馬田綾子氏「洛中の土地支配と地口銭」（『史林』六〇巻四号、一九七七年）の、それぞれ研究がある。

(19)本郷恵子氏『中世公家政権の研究』（東京大学出版会、一九九八年）第二部第一章第四節第二項及び同第二章第四節第二項参照。なお桜井英治氏「日本中世の経済思想」（同氏『日本中世の経済構造』岩波書店、一九九六年、初出は一九九三年）は、税徴収の思想的な背景を明らかにしており、徳政との関係にも触れている。

(20)『後光厳院御記』応安三年十月五日条（『大日本史料』同年九月四日条）。

(21)『愚管記』永和二年閏七月二十八日条。

(22)酒麴役の場合については、網野氏前掲注(18)論文参照。

(23)後円融天皇の即位費用は、「諸国反米事、雖被下院宣、年内不可事行之間、先借用土蔵酒屋」という形で捻出されたという（『吉田日次記』応安四年十一月十六日条、『大日本史料』同月二十二日条）。これは、本文中に引用した『後光厳院御記』の記事（前掲注(20)参照）にみるように、土倉への課役は停止したまま（但し結局は彼等から「借用」したのであるが）、代わりに諸国に段銭が課せられたことを意味しよう。また貞治四年に内裏造営が計画された折りには、その費用を調達する手段として諸国に段銭を賦課する案が審議され、「近古以来此儀久中絶。今更有沙汰之条、可為窮民之憂乎」との結論に達していたことは（『師守記』同年六月五日条参照)、本章での叙述を否定するものになりかねないが、貴族らの意識としては、本文の如く考えてよいのではないだろうか。

(24) これら鎌倉時代の雑訴法については、森氏前掲注(15)書第四章第一節第三項など参照。

(25) 森氏前掲注(17)書第三章参照。

(26) 康永元年については、前掲注(8)参照。貞和年間については、『師守記』貞治元年十一月十六日条に「不備進訴陳不具対決之時、称簡要執進之条、可停止之由、貞和文殿之時被定法了」との文言がある。あるいは貞和三年の改革を指すものかもしれない(次注も参照のこと)。両者共に単行法なのか、包括的な雑訴法を制定していたのかはなど詳細は不明。

(27) また『師守記』同年二月二十九日条によると、この日院文殿寄人に、この旨の徹底化を図るため廻文が送付されていた。同書二月二十日条には、「対決事一ヶ度」以下の裁判上の手続を定めたことが記されている。中原師守は、「去二十日被仰文殿法院宣、被押文殿」(同右書同月二十四日条)ると記しているように、これを文殿法と捉えていた。

(28) この時公賢は、「徳政比歟」とも記している。この文言から、徳政と政道とは異なるものとの認識を汲み取りたい(本文後述参照)。

(29) 『愚管記』同日条。その後も審議が積み重ねられ(同上書九月二十日条など)、十月五日になって院宣の様式で雑訴法が発布された(『後愚昧記』同日条)。審議過程を示す九月二十六日の評定目録には、雑訴のみならず任官以下の項目が検討されていた(『吉田家日次記』同日条、『大日本史料』同日条)。なお同年閏三月六日に後光厳院の院庁始が行われていたことから(『愚管記』同日条)、八月五日の評定は、同院政の政治方針を定めるという意味を持っていたと思われる。

(30) 鎌倉期においても、例えば、徳治二(一三〇七)年「恒明親王立坊事書案」の「近曾天変地妖、連綿而無絶。(中略)政道有不叶天意之故歟」(宮内庁書陵部編纂『皇室制度史料　皇族四』)という文言にみるように、天変と政道との関係が語られてはいる。但しこの史料の場合は、持明院統と大覚寺統との主導権をめぐる争いの中での文言であることも注意される(この文書については、森氏前掲注(15)書第二章第三節参照)。

(31) 橋本義彦氏「院評定制について」(同氏前掲注(14)書、初出は一九七〇年)参照。橋本氏はこの論文中で、雑訴評定が分離されたことが文殿庭中の成立につながった可能性を指摘していることに注意を払いたい。

(32) 前掲注(15)の延慶法六条(条文番号は森氏に従う。同氏前掲注(15)書第四章第一節付録参照)。暦応法が文殿衆を対象とした限定的な内容を持つことに着目すれば、この法を手続法に徹底した法令として評価できるのかもしれない。前掲注(29)で触れた応安四年の評定での審議が、手続法は暦応法、任官叙位などについては延慶法と、分けて行われていたことも注意される（『吉田家日次記』同日条参照）。

(33)　弘長三年令の任官関係条項には、四カ条（⑭・⑮・⑯・⑲条）が存在するが、この時の良基の関心は員数などにあったことから、このような師茂の返答となったと思われる。なお『師守記』を管見すると、弘長以後の制符については度々登場するが（康永三年六月二十四日条、貞和三年九月二十日条など）、保元制符は所持しておらず（康永元年七月十八日条）、建長五（一二五三）年以前の新制については引用もされていない。これは当時の貴族層が重視していた新制の範囲を示す可能性がある。後藤紀彦氏が紹介した「田中勘兵衛氏旧蔵　制符」（後藤氏「田中本　制符」『年報中世史研究』五号、一九八〇年）が、弘長元年以降の制符を分類したものであったことも想起される。

(34)　光厳上皇もまた、大納言の員数の上限を定めようとしたことがある（『園太暦』康永三年八月一日条参照）。

(35)　三浦氏前掲注(4)論文参照。

(36)　彼の主張の根拠は、或いは康永二年末の正慶制符の施行の際は、宣下されていたことを踏まえてのことかもしれない（本文後述参照）。また「制符宣下被略、被仰文殿」（『園太暦』貞和二年十二月二十三日条）るとの文言を考慮すると、宣旨として発布した場合は、太政官系文書による施行が必要となり、正月の行事を直接の対象とするには間に合わなくなるという事情が絡んでいた可能性もある。

(37)　この時「臨時祭制」などを、修正すべきとの意見が存在したと思われる（『園太暦』同年十二月二十一日条）。『師守記』翌年正月十二日条には、「今日為日野前大納言（資明）奉行、自禁裏正和両度制符、今日可被書進之由、被仰下」るとの文言がある。正慶制符の法源となっていた正和の制符を提出させて、これを基に貞和二年制符の修正に向けて動きだそうとしていたとも受けとれるが、その後の様相を史料的には確認できない。

(38)　従来この制符は、十二月二十三日公布とされてきたが、ここは『大日本史料』綱文のとおり、この院宣の日付を基に二十八日とすべきである。また『園太暦』同日条には、正応五年制符の遵行を命じた延慶の例を載せている。延慶制符も又院文殿に下されていたことが判明する。

(39)　正和四年の例を参考にするならば〈同年〉十二月十三日　後伏見院院宣案、「成簣堂文庫文書」『鎌』二五六八一号及び同月十

四日　新制廻文案、「成簣堂文庫文書」『鎌』二五六八三号参照）、院文殿寄人には院宣に添えて規制項目を載せた篇目が添えられた廻文が送られていたと思われる。しかしこのような施行方法では、貴族官人層に徹底できないであろう。制定に関与していた公賢もまた、正月一日年賀に来た院文殿寄人中原師茂から発布の事実を聞くことになった（『園太暦』同日条）。これは文殿衆が、法の施行を貴族らに伝える役割を持っていたことを示すのではないだろうか。本文後述の康永二年制符の際の二条良基の例も参照されたい。

なお前節で触れた貞和三年正月の光厳上皇の政道興行への決意とその実施を忘れるべきではないが、この過差禁制との関連は不明である。

(40) その後も『園太暦』を瞥見していくと、貞和三年九月二十五日条などに過差禁制への言及がある。

(41) 『師守記』同年正月十三日条には、権大納言西園寺公重の依頼に応じ、「正慶制符」を進上していたことが記されている。本文中で論じた貞和二年の制符の発布の際にも、公重は同制符を書写させていた（同書貞和三年二月十七日条）。

(42) 正応制符とは、同五年七月の新制と考えられる。この制符については、手続法を含めた訴訟関連の十三カ条が明らかとなっている（後藤氏前掲注(33)論文参照）。同時に過差禁制も発布されていたことは前章で触れた。また正和年間では、四年と五年のそれぞれ十二月に制符が発布されていた（稲葉氏前掲注(3)論文参照）。前者は倹約令＝過差禁制であるが（前掲注(39)の両文書参照。但し具体的内容は不明）、後者についても本文で論じた貞和二年制符の制定過程及び前掲注(37)の『師守記』の記事を参照すると、少なくとも過差禁制を含めた法令であったことは確実である。

(43) 『続史愚抄』正慶元年三月三日条参照。

(44) 『園太暦』貞和二年十二月二十一日条所収の日野資明書状及び本文中に掲げた同年十二月十五日宣旨参照。

(45) 『続史愚抄』同月条参照。但しこの制符の発布日は従来六月九日とされてきたがその根拠は不明。またこの年には、雑訴法及び評定・越訴・庭中式日などに関する審議も行われていた（『花園天皇宸記』同年二月二十一日条参照）。

(46) ここで思い出されるのが、室町幕府追加法四八条「一　衣裳事　守公家新制、堅不可随他之段」ずとの条文である。この条を含む「倹約条々」（建武以来追加四四条～五〇条）について、佐藤進一・池内義資両氏編『中世法制史料集』第二巻　室町幕府法（岩波書店、一九五七年）は、貞和二年十二月から同六年二月までの間に発布されたと推定しているが、「正月祝亭引出物事」（四七条）などの条文を踏まえれば、十二月に制定されたことはほぼ確実であろう。前記四八条が具体的な内容を定めていないことは不審といえるが、この「公家新制」が内容的には正慶制符を指すことだけは指摘できよう。この他正月を明らかに意識した幕府法に、貞治六年十二月二十九日付の「禁制条々」（同右書　建武以来追加八六条〜九〇条）がある。朝廷と同様に或いはそれに倣って、幕府もまた関係者に限定した過差禁制を十二月に発布していた可能性がある。

(47)　前掲注(46)参照。

(48)　永和元年の議定始に際して、「諸社造営事」・「公事用途事」という慣例化した項目のほかに、雑訴法が議題とされていた（『愚管記』同年三月十八日条）。また使庁の内々評定始でも雑訴法を取り上げた例がある（『師守記』貞治五年十月六日条）。

(49)　正慶制符については、その後も貞和四年の年末には、年始沙汰始の際の狩衣についてその適用が認められる（『園太暦』同年十二月二十五日・同二十六日条）。

(50)　例えば『建内記』嘉吉三（一四四三）年五月二十二日条など参照。

(51)　富田正弘氏「室町時代における祈禱と公武統一政権」（日本史研究会史料研究部会編『中世日本の歴史像』創元社、一九七八年）参照。

（追記）

初出時に触れることができなかった三点について補足しておきたい。

（一）　正慶制符の最後の適用例とみられるのが、本文中でも触れた貞和五（一三四九）年三月の天龍寺行幸時の大臣以下を対象とした「車副」に対する規制である（『園太暦』同月二十四日条）。新法によらず正慶制符の再施行で済ませるに至ったことは、逆に新たな過差禁制を制定するという意欲を失わせていくことにもなったのではないだろうか。このような事情もこの時代になって過差法が消失していく背景にあると思われる。

（二）　過差禁制はその後も散見する（『園太暦』観応元年九月七日、十月五日条など参照）。その下限は、管見の限りでは、『後愚昧記』康暦元（一三七九）年五月二十二日条の「帷裾寸法事、可守近来制府（符）。彼寸法暗不覚悟、以制府（符）、可被治定」という記事のようである。なお「後慈眼院殿雑筆」（『九条家歴世記録』二巻）に収める辛酉改元定草案中に「至徳（一三八四〜八七）新制」との文言がある。これが新制の制定を示すとすると最下限となるが、その内容を他の史料では確認できない。後考のため記しておきたい。

（三）　正慶令は本章で論じたように過差禁制とすべき法令であり、本令を継承した貞和二年令もまた正月を意識した単行法令的禁制と判断される。従って神事・仏事・雑事を含む典型的な形式を取る新制として、史料的に確認できる最後の新制はさしあたり元亨元年令（一三二一年発布）ということになるだろう。同令では前章補注四で触れたように、神仏事に関連した諸社祭幣物の興行に、雑事に含まれる項目として少なくとも手続法や殺生禁断令を規定していた。その後も南北朝期の半ばまでは朝廷内において徳政策をめぐり、機会あるごとに様々な提言や審議が行われた。しかしながら政策として実現しえたのは「雑訴法」や個別的過差禁制（これも多くは正慶令の再施行）の制定にとどまり、前代のような新制として実を結ぶには至らなかったと思われる。

【別表1】　平安中後期の公家新制及び過差規制

| 発布年月日 | * | 施行文書 | 禁制内容 | 対象行事など | 典拠 | 備考 |
|---|---|---|---|---|---|---|
| 天暦元(九四七)・11・13 | * | 太政官符 | 衣服四カ条、饗宴・饗禄各一カ条 | 諸祭及び五節 | 政事要略、日本紀略他 | 全六カ条 |
| 同　4・閏5・1以前 | | | 纏　頭 | | 九　暦 | |
| 天延3(九七五)・3・1 | * | 太政官符 | 従者数、美服 | 賀茂祭、石清水臨時祭 | 政事要略、法曹至要抄 | 全六カ条中過差のみ三条判明 |
| 天元3(九八〇)・5・28 | | | 侍臣の美服 | | 小記目録 | |
| 同　5・3・22 | * | | 従者美服 | 賀茂祭 | 日本紀略、政事要略他 | |
| 永観2(九八四)・10・14 | * | | 舞姫過差、饗禄 | 五　節 | 小右記、日本紀略 | |
| 永延2(九八八)・4・14 | * | 太政官符 | 祭使従者数、美服 | 諸　祭 | 政事要略 | 四カ条中一条判明 |
| 同　年・7・28 | | | | 相撲節会 | 日本紀略 | 「禁奢僭」のみ |
| 同　年・10・19? | | | 装束改替 | 五　節 | 小記目録 | |
| 永祚元(九八九)・2・25以前 | | | 従者数 | ? | 小右記 | |
| 同　年・6・2 | | 太政官符 | 僧侶の従者数 | | 政事要略 | |
| 正暦元(九九〇)・4・1 | * | 官宣旨 | 祭使従者数・美服・車・前駈数 | 賀茂祭 | 政事要略 | 二カ条判明 |
| 長徳元(九九五)・7・15以前 | | 宣　旨 | 衣袖の長さ制限 | | 編年小記目録 | |
| 長保元(九九九)・7・27 | * | 太政官符 | 美服・乗車・饗宴 | | 政事要略、権記 | 全十一カ条中過差四カ条 |
| 同　2・6・5 | * | 官宣旨 | 車宿・美服・乗車 | | 政事要略、権記 | 三カ条。右記の修正・再施行 |
| 同　3・閏12・8 | * | 太政官符 | 衣袖・車華美・乗車など | | 新抄格勅符抄、権記 | 五カ条。一部元年の再施行 |

| | | | | | |
|---|---|---|---|---|---|
| 同4・4・20以前 | | | 祭使従者数か？ | 賀茂祭 | 小記目録 |
| 同5・7・2 | | | 装束改替 | 相撲節会 | 同右書 |
| 寛弘元（一〇〇四）・4・17以前 | | | 祭使の従者数、新車 | 賀茂祭 | 御堂関白記 |
| 同2・12・16 | | 宣旨 | 美服 | | 小記目録 |
| 長和元（一〇一二）・11・8 | | | 装束 | 五節 | 同右書 |
| 同2・4・19 | * | | 祭使の従者数、美服 | 賀茂祭 | 本朝世紀、御堂関白記、小右記 |
| 同年・7・19 | | | 祭使装束改替 | 相撲節会 | 小記目録 |
| 同3・3・29 | | 宣旨 | 祭使の従者数、美服 | 賀茂祭 | 小右記 |
| 同年・11・21以前 | | | 美服、纏頭 | 五節 | 同右書 |
| 同4・4・24以前 | | | 牛童従者数 | 賀茂祭 | 同右書 |
| 同5・3・28 | | | 装束改替、牛童 | 同右 | 同右書、御堂関白記 |
| 寛仁3（一〇一九）・4・19以前 | | | 牛童装束 | 同右 | 日本紀略、小右記 |
| 同年・7・20以前 | | | 二襲 | 相撲節会 | 小右記 |
| 治安3（一〇二三）・7・26 | | | 美服、二襲 | 同右 | 同右書 |
| 万寿元（一〇二四）・7・29 | | | 装束改替 | 同右 | 小記目録 |
| 同2・11・8 | | | 美服、改着 | 五節 | 小右記 |
| 同3・4・17以前 | | | 車・衣袴 | 賀茂祭 | 同右書、左経記 |
| 同4・4・11 | | | 祭使の従者数、美服 | 同右 | 小右記 |
| 長元元（一〇二八）・10・3 | | | 美服、纏頭 | 五節 | 同右書、左経記 |
| 同2・4・10？ | | | 祭使の従者数、美服 | 賀茂祭 | 小右記 |
| 同年・7・12 | | | 二襲装束 | 相撲節会 | 同右書 |
| 同3・4・6 | | | 美服 | 賀茂祭 | 日本紀略、小記目録 |

| 発布年月日 | * | 施行文書 | 禁制内容 | 対象行事など | 典拠 | 備考 |
|---|---|---|---|---|---|---|
| 同年・9・? | | | 美服 | | 小右記 | 長保元年新制に同じ |
| 同4・7・25 | | | 二襲装束 | 相撲節会 | 同右書 | |
| 同5・12・? | | | 僧の美服規制 | | 同右書 | |
| 長暦元(一〇三七)・11・17以前 | | | 美服 | 五節 | 平記 | |
| 同2・12・9以前 | | | 美服 | 諸社奉幣 | 春記 | |
| 同3・11・14以前 | | | 美服 | 五節 | 同右書 | |
| 長久元(一〇四〇)・4・22以前 | | | 祭使の従者数、美服・枚数 | 賀茂祭 | 同右書 | |
| 同年・10・3? | | | 纏頭、童女御覧 | 五節 | 同右書 | |
| 同2・4・20以前 | | | 牛童美服 | 賀茂祭 | 同右書 | |
| 同年・7・18 | * | | 美服 | 相撲節会 | 樗嚢抄 | |
| 永承7(一〇五二)・4・19以前 | | | 美服、車 | 賀茂祭 | 春記 | |
| 康平3(一〇六〇)・11・19 | | | 纏頭 | 五節 | 同右書 | |
| 康平年間(一〇五八~六五) | * | | 祭使の従者数 | 賀茂祭 | 平戸記 | |
| 延久元(一〇六九)・4・22以前 | | | 祭使の従者数、車、衣服 | 同右 | 土右記 | |
| 同年・10・28 | | | 下襲の長さ規制 | | 後三条天皇御記 | |
| 寛治元(一〇八七)・4・16以前 | | | 祭使の従者数、 | 賀茂祭 | 為房卿記 | |
| 同5・4・22以前 | | | 祭使の美服、 | 同上 | 参軍要略抄 | |
| 同6・2・8以前 | | | 美服 | 春日祭 | 中右記 | |
| 同年・8・8 | | | 童相撲装束 | 童相撲 | 後二条師通記 | |
| 嘉保元(一〇九四)・閏3・8以前 | | | 摺物・兵仗 | | 中右記 | |
| 康和5(一一〇三)・11・10 | | 宣旨? | 纏頭 | 同右 | 同右書、殿暦他 | |
| 長治元(一一〇四)・11・3以前 | | | 纏頭 | 同右 | 中右記 | |

| | | | | | | |
|---|---|---|---|---|---|---|
| 同　2・3・10以前 | | | 纏　頭 | 賀茂祭 | 同右書 | |
| 嘉承2(一一〇七)・4・18以前 | | | 纏　頭 | 同　右 | 同右書 | |
| 天永2(一一一一)・4・24以前 | | | 纏　頭 | 同　右 | 同右書 | |
| 永久2(一一一四)・4・8? | | | 使庁下部の美服 | 同　右 | 同右書 | |
| 同　年・9・28 | | | 従者の美服 | 賀茂・石清水行幸 | 同右書 | |
| 同　年・11・12 | | | 従者数、童子美服 | 白河阿弥陀堂法会 | 白河御堂供養記 | |
| 同　4・7・12 | * | | 五節・相撲の改替、美服、衣服数、纏頭、乗車 | 相撲節会・五節ほか | 朝野群載 | 全七カ条中六条が過差条文 |
| 保安4(一一二三)・10・25以前 | | | 美　服 | 大嘗会御禊行幸 | 台　記 | |
| 天治2(一一二五)・7・18 | | | | | 中右記 | 「倹約」の文言のみ |
| 大治5(一一三〇)・4・11? | | 宣　旨 | 非法過差、纏頭 | 賀茂祭 | 同右書 | |
| 長承2(一一三三)・2・11以前 | | | 纏　頭 | 春日祭 | 同右書 | |
| 同　3・2・17以前 | | | 美　服 | 法勝寺供養 | 長秋記 | |
| 保延元(一一三五)・4・21以前 | | | 纏　頭 | 賀茂祭? | 同右書 | |
| 同　6・4・18以前 | | | 美　服 | 同　右 | 百練抄 | |
| 同年間(一一三五~四一) | * | | 礲近衛官人の禄法 | | 三代制符 | |
| 久安2(一一四六)・12以前 | | | 纏　頭 | 忠通五十賀 | 台　記 | |
| 同　3・9・29以前 | | | 美服、衣服数 | | 同右書 | |
| 仁平元(一一五一)・11・15以前 | | | 纏　頭 | 春日祭使 | 同右書 | |

＊　水戸部正男氏『公家新制の研究』(創文社、一九六一年)において、公家新制(本書で過差規制としたものを含む)と指摘した法令を指す。但し荘園整理令及び地方政治関係のみの法令については表より省いた。
典拠史料は第一章を参照のこと。

【別表2】 平安末・鎌倉・南北朝期公家新制及び過差禁制一覧表

| 発布年月日 | 新制 | 施行文書 | 禁制内容 | 発布契機・対象 | 典拠 | 備考 |
|---|---|---|---|---|---|---|
| 保元元(一一五六)・閏9・18 | * | 太政官符・官宣旨 | | 飢饉など | 兵、平二八五一・二八七六 | 七カ条 |
| 同 2・10・8 | * | | | 飢 饉 | 兵 | 三五カ条。内一四カ条判明 |
| 同 3・6・26 | * | | 装束の改着 | 相撲節会 | 槫囊抄 | |
| 嘉応元(一一六九)・2? | | | 摺袴腰 | 皇后多子平野神社行啓 | 飾 抄 | |
| 同 年・11・15以前 | | | 装束の改着 | 五 節 | 兵 | |
| 承安3(一一七三)・3・20以前 | | | 従類数 | 石清水行幸 | 玉 | |
| 治承2(一一七八)・閏6・17 | * | 太政官符 | | 天 変 | 玉、平三八五二 | 一七カ条。一二カ条判明。他に過差法 |
| 同 3・8・30 | * | | | 同 上 | 玉 | 三二カ条。過差法・沽価法など |
| 文治3(一一八七)・11? | | | 過差禁制か | 石清水・賀茂行幸 | 玉 | 七?カ条 |
| 建久2(一一九一)・3・22 | * | 官 牒 | | 三 合 | 玉、鎌五二三 | 一七カ条、全条判明 |
| 建久2・3・28 | * | | | 同 上 | 玉、鎌五二六 | 三六カ条、全条判明 |
| 同 6・9・2以前 | | | 「企過差」のみ | 維摩会 | 玉 | ☆ |
| 同 9・2・14以前 | | | 随身の美服 | 八幡行幸 | 明 | |
| 建暦2(一二一二)・3・22 | * | 「官符」 | | 天 変 | 玉蘂、鎌一九二一 | 二一カ条、全条判明。同時に「けちうのしんせい」 |
| 建保元(一二一三)・4・11 | | 宣 旨 | 紅下袴 | | 明 | |
| 同 4・6・20以前 | | | 僧装束 | | 門葉記 | |

| | | | | | | |
|---|---|---|---|---|---|---|
| 同6・4・23 | | | 紅下袴など | 春日行啓 | 野槐服飾抄 | |
| 建保年間(5?、一二一三〜一九) | | | 僧従者数など | 院最勝講 | 黄、公 | |
| 嘉禄元(一二二五)・10・29 | * | | | 天変 | 百、鎌三四五五 | 三六カ条中三三カ条の事書、内七カ条は事実書も判明。他に過差禁制も |
| 安貞2(一二二八)・10・27以前 | | | 僧装束 | | 門葉記 | |
| 寛喜元(一二二九)・12・29以前 | | | 雑仕の紅梅など | | 明 | |
| 同2・11・14以前 | | | 水引 | | 明 | |
| 同3・5・14 | | 綸旨 | 僧綱童子数など | 最勝講 | 民 | 四カ条 |
| 同年・5・24以前 | | | 裾寸法 | 若宮百箇日 | 百、飾抄 | |
| 同年・11・3 | * | | | 天変・飢饉 | 民、鎌四二四〇 | 四二カ条、全条判明 |
| 天福元(一二三三)・6・14以前 | | | 馬長 | 祇園御霊会 | 民 | |
| 延応2(一二四〇)・3・12 | * | | | 天変 | 平、鎌五五三一 | 二カ条判明。他に過差法 |
| 寛元元(一二四三)・10・24 | | | 風流以下 | 五節 | 百 | 六カ条 |
| 同3・2・10〜4・21 | * | | | | 平、黄 | 賀茂祭の過差規制 |
| 同4・9・17以前 | | | 倹約 | 五節 | 民 | |
| 宝治2(一二四八)・10・2 | | | 供奉人装束など | 宇治行幸 | 宇治行幸記 | |
| 建長3(一二五一) | | | | 維摩会 | 福91 | |
| 建長5・7・12 | * | | | 天変 | 百、鎌七五九〇 | 一八カ条。五カ条判明 |
| 文応元(一二六〇)・10・25 | | 御教書 | 過差を止むのみ | 五節 | 民 | |
| 弘長元(一二六一)・5・11 | * | | | 辛酉革命 | 田中本 | 二一カ条。五カ条判明 |
| 同3・8・13 | * | | | 天変 | 鎌八九七七 | 四一カ条。全条判明 |
| 文永2(一二六五)・5・5以前 | | | 前駈人数 | 拝賀 | 民 | |
| 同4・3・7以前 | | | 前駈人数 | 拝賀 | 民 | |
| 同10・9・27 | * | | | 天変 | 鎌一一二五一 | 二五カ条、全条判明 |
| 同11・10・22以前 | | | 見物車 | 大嘗会御禊 | 勘(*1) | |

| 発布年月日 | 新制 | 施行文書 | 禁制内容 | 発布契機・対象 | 典拠 | 備考 |
|---|---|---|---|---|---|---|
| 建治2(一二七六)・7・24 | | | 下袴・衛府布衣など | 摂政、平等院参詣 | 勘 | |
| 弘安元(一二七八)・4・27以前 | | | 法会の行粧 | | 鎌一三〇三三 | |
| 同 年 閏10・20以前 | | | 大 帷 | | 鎌一三二三一 | |
| 同 2・7・7以前 | | | 雑色数など | 法勝寺八講 | 勘 | |
| 同 年・8・10 | * | | | | 勘、田中本 | 二カ条判明。他に過差・供人制限 |
| 同 4・6・13? | | | 衛府の布衣など | 御霊会? | 勘(*2) | |
| 同 6・2・4以前 | | | 行 粧 | 春日祭 | 勘 | |
| 同 年・3・15以前 | | | 随身大帷 | 石清水臨時祭 | 経任卿記 | |
| 同 7・閏4・2〜5・20以前 | | | 改着か? | 内裏最勝講 | 勘 | |
| 同 年・11・16以前 | | | 美 服 | 五 節 | 勘 | |
| 同 8・11? | * | | | | 勘、田中本 | 三カ条判明。他に過差法 |
| 同 9・3・27以前 | | | 行 粧 | 春日祭 | 勘 | |
| 同 11・5・27以前 | | | 「毎事省略」 | 延暦寺六月会 | 勘 | |
| 正応5(一二九二)・7・27 | * | 官宣旨 | | 天 変 | 園、田中本、鎌一七九七三 | 一五カ条判明。他に過差法 |
| 永仁元(一二九三)・12・28以前 | | | 前駈か? | 慶 賀 | 勘 | |
| 同 2・1・24〜3・19 | * | | | 天変・地震 | 勘、実 | 過差法あり |
| 同 6・8・5? | | | 雑 色 | 伏見行幸 | 御幸始部類記 | |
| 同 年・8・25? | | | 大嘗会御禊用途 | 大嘗会 | 続 | |
| 正安3(一三〇一)・3 | * | | | 天 変 | 実、園 | 過差法あり |
| 同 年・11・19以前 | | | 美 服 | 五 節 | 実 | |
| 乾元元(一三〇二)・4・21以前 | | | 美 服 | 賀茂祭 | 実 | |

| | | | | | | |
|---|---|---|---|---|---|---|
| 同年・6・1 | | | 毎事撰約 | 亀山行幸 | 実 | |
| 同年・12・21 | | 御教書 | 狩衣 | | 実 | |
| 嘉元元（一三〇三）・7・21以前 | | | 出車、下袴 | | 実 | |
| 同年・10～12月 | | | 美服 | | 実 | |
| 同2・3・13？ | * | | | 天変 | 続、鎌二一七七七 | 過差法九カ条判明 |
| 徳治3（一三〇八）・3・25 | * | | | | 園、鎌二三二一一 | 過差法のみ |
| 延慶2（一三〇九）・4・16 | * | | | | 園 | 過差法、雑訴法 |
| 正和4（一三一五）・5・5以前 | | | 最勝講倹約条々 | 最勝講 | 公、福一〇六 | |
| 同年・12・14 | * | | | 天変 | 園、鎌二五六八三 | 過差法 |
| 同5・12・7？ | * | | | 地震など | 園、続 | 同上 |
| 元亨元（一三二一）・4・17 | * | 官宣旨 | | 辛酉革命 | 師守記、続、万一記、鎌二七七六六 | 八カ条以上。七カ条判明 |
| 同2・5・1 | | 綸旨 | 倹約 | 最勝講 | 福八七 | |
| 同年・12・14以前 | | | 被物など | 西園寺実兼仏事 | 花園天皇宸記 | |
| 正慶元（一三三二）・6・9 | * | | | 天変・地震 | 続 | 過差法のみか？ |
| 建武元（一三三四）・5・7 | | | 過差禁止 | 武者所 | 建武年間記 | |
| 同年・8・29 | | | 緇素倹約法 | | 護国寺供養記 | |
| 同年・9・7 | | | 衣服規制 | | 玉英記抄 | 八幡行幸が契機か |
| 康永2（一三四三）・10～12 | | | | 正月？ | 園 | 正慶法の再施行 |
| 貞和2（一三四六）・12・28 | * | | | 同右 | 園 | 同右 |
| 同3・9・25以前 | | | 前駈の下袴 | 公衡三十三回忌 | 園 | |
| 同4・9・12以前 | | | 舎人装束 | 行幸 | 園 | |
| 同5・3・24以前 | | | 雑色人数 | 天龍寺行幸 | 園 | 「正慶制」 |
| 観応元（一三五〇）・9・7以前 | | | 狩衣 | | 園 | |
| 康暦元（一三七九）・5・22以前 | | | 帷裾寸法 | | 後愚昧記 | |

日付及び事項欄について

●日付欄については、公家新制（以下新制と略す）は施行文書・口宣案又は記録類に記された年月日とした。過差禁制（以下過差法とする）も同様。過差法のなかには新制と同年に発布されていたものもある。両者の区別を判別しがたい場合には省略した法もある。なお嘉応から承安までの過差禁制については、下郡剛氏「後白河院政期の新制の基礎的考察」（『立正史学』平成十二年）を参照した。同氏はこれらの禁制を全て新制と理解したが、私見は個別的行事に関わる単行法令的過差規制と解す。

●新制欄の＊印は新制を示す。なお新制については、序章で触れた水戸部・稲葉・後藤各氏の著書・論文に私見を加えた。但し水戸部・稲葉両氏が新制と指摘した法のうち、後代の新制条文中の引載に史料が限られるもののなかには、必ずしも新制と断定する根拠として十分ではないと判断し、表からは省いたものがある。

●施行文書欄について、稲葉氏が指摘しているように、新制の施行文書には太政官符・官宣旨・官牒など宛所に合わせた文書様式を取っていたが、この欄には現存史料により確認される様式のみを記した。

●禁制内容の欄は、過差禁制のみ記し、公家新制については省いた。前掲各氏の著書・論文及び本書を参照されたい。

●発布契機・対象の欄は、新制は発布契機、過差法についてはその法が対象とした行事などを記した。

●典拠欄は、主要な史料を記すにとどめた。序章に記した史料については以下のような略称を用いた。

『兵範記』→兵、『玉葉』→玉、『明月記』→明、『葉黄記』→黄、『公衡公記』→公、『百練抄』→百、『民経紀』→民、『平戸記』→平、『勘仲記』→勘、『園太暦』→園、『実躬卿記』→実、『続史愚抄』→続。

また『勘仲記』について、＊1は高橋秀樹氏「広橋家旧蔵『兼仲卿暦記　文永十一年』について」（『国立歴史民俗博物館研究報告』七〇集、一九九七年）を、＊2は村井章介氏「『勘仲記』弘安四年夏記」（『鎌倉遺文研究』十二号、二〇〇三年）において翻刻されている史料を利用した。

残る史料については、『福智院家文書』（史料纂集　古文書編、「福」と略して文書番号を記した）・『樗嚢抄』（『続群書類従』一〇上　公事部）・『餝抄』（『群書類従』八　装束部）・『玉蘂』（思文閣出版）、『門葉記』（全て発布日欄の『大日本史料』同日条引載）、『吉田家本式目追加』（佐藤進一氏他編『中世法制史料集』第六巻）、『宇治行幸記』（『歴代残闕日記』一巻、日付については『大日本史料』同年十月二十一日条の比定に従う）、『田中本制符』（後藤紀彦氏「田中本　制符」、『年報中世史研究』五、一九八〇年）、『経任卿記』（『歴代残闕日記』十五巻）、『御幸始部類記』（『群書類従』三　帝王部）、『建武年間記』（『群書類従』二五　雑部）、『護国寺供養記』（『続群書類従』二七上　釈家部）を使用した。

また『平安遺文』・『鎌倉遺文』所収文書については、それぞれ「平」・「鎌」と略称しつつ番号を記した。

☆　下郡氏「後白河院政期の公家新制」（同氏著『後白河院政の研究』付論）は、建久二年三月二十八日新制の施行例とするが、同新制中に対応する条項なく、よって過差禁制と判断した。

# 第二部　関東新制と鎌倉幕府訴訟機関

# 第一章　「関東新制」小考

## ――弘長元年二月三十日関東新制を中心として――

### はじめに

鎌倉幕府が発布した新制については、公家新制との関連、或いは発布契機やその主体などを中心に研究が進められてきた。その研究の先蹤をなす三浦周行氏は、論文「新制の研究」[1]において関東新制にも言及した。しかしながら公家新制の鎌倉幕府法への影響という面に限定した論考のため、全般に触れるものではなかった。次いで水戸部正男氏は、三浦氏の研究を受けて、関東新制を発掘しつつその条文の検討を行った[2]。管見の限り、条文の考察まで踏み込んだ唯一の研究である。但し、主たる対象を延応二（一二四〇）年と弘長元（一二六一）年という二つの新制に絞ったことにより、三浦氏と同様に、必ずしも全体像を提示するまでには至らなかった。

稲葉伸道氏は、嘉禄元（一二二五）年から永仁五（一二九七）年の所謂徳政令までの新制を扱いつつ、公家新制との発布時期の関連、或いは発布主体に検討を加えた[3]。その結果当初朝幕ほぼ同時期に制定されていたのが、弘長元年になって幕府が先行するようになり、弘安七（一二八四）年に至って朝廷側はかえって後れを取ったとする。後者の問題については、当初将軍が制定の主体となっていたが、弘長元年以降になり基本的に北条氏得宗の手に移ると指摘した。その後増山秀樹氏は、一九九八年度史学会において、「武家新制についての諸問題」というテーマで研究発表し、新制発布の主体やその契機、幕府法上の位置付けなどについて報告した。氏は、新制は一貫して得宗の立案になるとし、その発布契機を代替わりと御所造営などとの関わりで捉え、条文内容としては裁判興行と倹約という徳政の表現に意義があるとする。このように政治史的面については、徐々に明らかとなりつつある。全条文が判明する唯一の例とみられる弘長元年二月三十日発布の関東新制（以下弘長新制と略称）については、網野善彦氏が諸法令の集大成という意味を持ち、禁止規定の著しい増加にその特徴を求め、制定の主導者北条時頼の専制的な性格を示す政策と捉えた[4]。また羽下徳彦氏は、各条文を公家新制との系譜関係の有無に求め、幕府独自の条項に着目しつつ武家集団の基本律を樹立したと評価している[5]。

以上のように、この新制についての歴史的意義の考察は進められてきたが[6]、全条文を含めた分析は、水戸部氏の研究以後必ずしも進捗したとはいえない状況にある。そこで本章の課題の一つとなるのが、各新制の概要を再確認することである。そのために公家新制との関連に再度注目したい。少なくとも弘長元年までは公武ともに発布年次がほぼ一致していたことは[7]、両者に密接な関わりがあることを示唆しており、発布契機や内容を検討することは依然必要とされていよう。なかでも弘長新制を分析することで、当該時期の幕府の政策の一端を垣間見ることができるのではないかと考える。なお諸氏一致して永仁五年発布の徳政令までを対象としてきたが、本章では、ひとまず嘉禄元年から弘長元年までの四度の新制に限定する。制定主体に関する考察は、政治史的観点からして重要な問題となるが、触れることができなかった。今後の課題としたい。

さて鎌倉幕府が発布した新制については、論者によって「武家新制」或いは「関東新制」とまちまちに使用されてきた。「武家新制」との呼称にはやや問題があろう。というのは室町幕府もまた「新制」と題する法令を発布していた[8]。武家新制の語をもって鎌倉幕府が立法した法令に限定させることには疑問が残る。一方原形を残していると考えられる弘長新制は「関東新制条々」と称されていた。大友氏が発布した仁治三（一二四二）年の「新御成敗状」が、御成敗式目・関東御教書・宣旨などと並んで「関東新制」を法源の一つとしていたことは、少なくとも守護クラスの有力武士層の間にはこの語が浸透し、彼らも新制という法形式を十分意識していたことを示すと思われる。以上の点から、鎌倉幕府が発布した法令については関東新制と称するべきと考える。以後本章では、関東新制を原則的に新制と略称して表すこととし、朝廷が発布した法令については公家新制と表記する。[9]

## 一　関東新制と公家新制

### 1

公家新制の発布は、天変などをきっかけとした徳政策と密接な関連を持つことが指摘されてきた。そこでまずは幕府の徳政意識について触れておきたい。[10]

『吾妻鏡』寛喜二（一二三〇）年六月十六日条に、

美濃国飛脚参申云、去九日辰刻、当国蒔田荘白雪降云々。武州（北条泰時）太怖畏給、可被行徳政之由、有沙汰。

との記事があり、また同書嘉禎元（一二三五）年三月十六日条には、

大地震。今日依天変地妖等事、可有御祈禱徳政等之由、於武州（泰時）御亭、有其沙汰。師員朝臣（中原）為奉行。

との文言がある。両史料より天変地妖が生じた場合には、朝廷と同様に徳政策を採用して攘災をはかるという、天人相関説の影響が認められる。このような徳政に対する意識自体は、幕府当初から存在していた。さらに周知のところ[11]

であるが、同書延応二（仁治元、一二四〇）年正月二十七日条には、

今年将軍家可有御上洛之由、雖思召立、彗星連夜出現之間、被慰窮民之条、可為攘災上計之由、有御沙汰延引。其子細可被仰六波羅。

との記述があり、彗星の出現（天変）に際して「攘災上計」のための徳政（撫民）策として、将軍九条頼経の上洛が延引された。また頼経から頼嗣への将軍交代の理由として、「依天変御譲与事、俄思食」すとも記されている。[12] ここには勿論政治的背景には全く触れられておらず、ある種の天変の政治的な「利用」を認めるべきであろう。とともに、朝廷以上に天変に対する過剰ともいえる反応が見られることにも注意しておきたい。[13]

一方安貞元（一二二七）年十一月六日条には、

左近将監親実（三条）為奉行、連々地震事被驚思食、云善政篇目、云御祈禱事、可進意見之由、被仰諸道。

との記事がある。天変に際して善政策などについて諸道に諮問していたことが判明する。この記述からでは、意見の具申が実際に行われていたのか詳びらかとはならないものの、朝廷における意見封事[14]を思わせる事例といえるのではないだろうか。これらの点から判断すると、幕府は朝廷とともに、天人相関思想を共有していたことは確実であり、稲葉氏が指摘するように、新制の制定はこの思想を背景にしていたことを予想させる。この視点を踏まえて本節では、嘉禄元（一二二五）年・延応二年・建長五（一二五三）年の各新制を対象に検討を加える。

## 2

さて幕府発令の新制の嚆矢とされてきたのが嘉禄元年である。その根拠は、『吾妻鏡』同年十月二十九日条の「為被休民庶費煩、被止諸人過差。仍衣装調度以下事、新制符被仰下。今日施行」すとの記事と、同年発布の公家新制の

施行文書が追加法のなかに収められていることにある。[15] しかしながらこの記事中の「新制符被仰下」るとの文言からするならば、幕府が自ら条文を付加するなど、独自の制定作業を行っていたのかという点については明らかとはならない。このため先行研究では、幕府が公家新制を施行していたことを示す最初の記事と捉えてきた。即ち既に建久二（一一九一）年の公家新制において頼朝を名指しした条文が存在[16]することを踏まえると、以前から幕府に布達されていた可能性が高いと推測できる。従ってこの嘉禄元年の場合も法の伝達を受けて、関東御分国など幕府勢力圏に対して施行していたことが明確となる史料と理解されてきたのである。また『吾妻鏡』に記載された日付が宣下日と同日という点には、京都からの伝達期間を考慮すると不審が残り、朝廷の宣下日である十月二十九日が動かせない[17]以上、同書には何らかの錯誤の可能性があるとも考えられてきた。[18]

このようななか新見解を表明したのが五味文彦氏である。五味氏は、先の『吾妻鏡』記事について誤記の可能性を認めつつも、

幕府は朝廷と同日付で新制を発布・施行したとみたほうが自然である。泰時は予め朝廷と連絡をとり、この日に新制を発布した。

と理解し、「幕府の主導において、朝廷とタイアップして新制が出されたと考えてよい」とする。従って朝幕協調のもと同日付けでそれぞれが独自に発布していたとし、この新制については泰時の代始めの徳政という意義があるという。さらに、

施行の日を十月二十九日付としたのは『吾妻鏡』の誤りであって、その日は朝廷の新制発布の日、それからあまり時を経ずして関東において施行され、正月になって再度三ヵ条のみ施行されたという風にも理解できよう。だがこれでは京から鎌倉までの伝達の期間を計算に入れると、一〜二ヵ月の間に同趣旨の新制が二度施行されたこ

とになる。これはやや異常である。

とも指摘している。[19] 氏の見解は成立するのか検討を加えたい。

同二年正月二十六日付の諸国御家人を宛所とする追加法一七条の事実書には、

以前条々事、宣旨到来之即下知先畢。（中略）其篇雖多、於件三ヶ条者、厳制殊重。若有違犯之輩者、不日可注進交名。

との文言がある。この文面から三カ条が再施行されねばならなかった理由を知ることができよう。公家新制の送達直後にまずはその遵守を指示したが、この三カ条についてのみ違反者の交名注進を付加しつつ改めて指令しているのであり、より徹底化を図ろうとするところに幕府の意図が認められる。[20] この点について『吾妻鏡』同日条にも、

以田地領所為双六賭事、博戯事幷私出挙利過一倍及挙銭利過半銭事、任宣旨之状、一向可禁断。有違犯輩者、可注進交名之旨、被仰下。

と記されており、違反者への交名注進が指示されていたのは確実となる。先述の同書記事中からは「新制符」の施行は明確となるが、制定作業を示すような文言はみられない。また新制を発布する際に幕府は、周知させるためか必ず施行まで一定期間を置くのを通例としていたが、[21] 嘉禄元年十月二十九日条の『吾妻鏡』記事にはこの点についての言及もみられない。これらの点を踏まえると、やはり同日条には何らかの錯誤があるとせざるをえない。[22] 朝廷の宣下後に日を置いて施行文書などが伝達されたのを受けて、幕府は一旦は宣旨通りに施行していたのであろう。しかしこの三カ条については、「厳制殊重」しとの幕府独自の判断により再施行されたと、平凡ではあるがこのように考えたい。同年は、先行研究が示すように、公家新制が伝達されていたこと及び幕府がそれを施行していたことを（再施行を含め）意味するに過ぎないと考える。

では新制にとって嘉禄元年はどのような意義が認められるのか。二つの点に注意を払っておきたい。一つは再度の引用となるが『吾妻鏡』記事中の「為被休民庶費煩、被止諸人過差。仍衣装調度以下事、新制符被仰下」るとの記述である。ここには、多様な条文を含んでいたはずの公家新制という法形式に対する幕府の認識が表われている可能性がある。『吾妻鏡』における「過差」の語の初見でもあり、同書では以後の新制制定に際しては、必ず過差禁制に関わる文言とともに記されている。既に水戸部氏が指摘[23]しているが、幕府は徳政意識に基づき制定された公家新制という法形式の主要な位置付けを、「過差法」とする認識を持っていたのではないだろうか。二つ目は、公家新制に幕府独自の指示を加えつつ、あえて再施行していたことに着目したい。もともと公家新制には幕府の名で施行するには不適当な条文、特に過差禁制は朝廷とは内部秩序が異なることから適用できない条文が存在したはずであり、幕府内の実情に合わせた独自の規定を定めることが求められる項目もあったであろう。この点を考えるうえで参考となるのが興福寺の場合である。興福寺は、少なくとも治承五（一一八一）年より公家新制の施行文書の伝達後に、その必要に応じて寺辺（家）新制を制定していた。[24]この点も考慮すると、ここで幕府が指令を恐らく初めて付加したことの意味は大きいと推測される。即ちこれ以後の幕府勢力圏内に影響を及ぼす条文の制定作業を進める契機となった可能性があるのではなかろうか。嘉禄に送達された公家新制は、幕府にとって新制という法形式を強く意識するきっかけともなり、自ら制定に踏み出す第一歩となったと評価できるように思われる。

## 3

幕府が独自に新制を制定・発布したことが確実に判明するのは、延応二年三月十八日である。[25]『吾妻鏡』同日条に、関東御家人幷鎌倉祗候人々、万事停止過差可好倹約条々事、日来有沙汰。今日造其制符。自来四月一日、固可禁制之。

との文言があり、少なくとも過差禁制に関わる条文をこの日制定していた。さらに同書四月一日条には、

新制条々事。今日以後、固可守御旨之由被仰下。若猶不叙用者、随見及、且任法、且可被行罪科。

という記述があり、その施行を知ることができる。この間の様相をみていく。

ところでこの年は正月から変異を告げる彗星が現れ、地震も続発していた[26]。既述の通り、これらを理由として将軍頼経の上洛は延期されたのであった。さらに正月二十四日には連署の北条時房が死亡し、翌月六日には放火の疑いが残る火災で政所以下が焼失した[27]。幕府内で不安感が高まりをみせていたなかで発令された鶴岡八幡宮に充てた禁制には、

依連々変異等事、可有敬神御信心之由、前武州(泰時)令申行給。先鶴岡宮寺領鎌倉中地事、三ヶ条有被定下事。神官殊喜悦[28]。

と記されている。変異を強く意識していたことは確実であり、このような状況下で新制の制定作業が行われていたことになる。

この新制については、公武間の連絡のもとに制定された可能性が指摘されてきた[29]。それは朝廷・幕府ともに三月中に発布していたという、時期的に近接していることからの推断と思われるが、先にこの点から検討したい。朝廷内では、天変に対する攘災のため同年正月後半から徳政興行の動きが現れ、祭礼及び記録所の興行策がまず定められ、最終的に三月十二日の公家新制発布という経過を辿ったことが『平戸記』により判明する[30]。記主平経高は、立法作業に深く関わっていた。また実力者九条道家の側近でもあった。しかしながら経高の地位からすれば当然のことといえようが、この間に幕府との交渉を窺わせる記述はなく、時房の死について後鳥羽院の祟りとの噂を記し、さらには「関

東漸以衰微」すとの感慨を洩らしていた。[31]幕府への対抗意識ともいうべき心情を知ることはできるが、天変などへの対応のため協調して徳政策を策定するような様子を確認することはできない。やはり朝幕、特に幕府にとっては時房の死を含め、立て続けに起きた災異への早急な対応策が求められていたと考えられるのであり、それぞれ別個に攘災策を策定していたと思われる。

さて以上の私見を認めうるとするならば、本新制は幕府が初めて独自に制定していたこととなる。その意味で二年後に大友氏が発布した「新御成敗状」が「鷹狩事」（追加法一七四条）の法源をこの新制に求めていたことは改めて注目すべきであろう。鷹狩の停止（制限）については、建久六（一一九五）年以来度々発令されてきた。[32]大友氏は最も近時の法令としてこの新制に依拠したとも解しえようが、関東御教書としてではなく「関東新制」を直接引いていたことは、守護層など有力御家人にとって、その重みを意味するといえるのではないだろうか。

条文については、同年の追加法中から膝下法を中心とした六カ条、[33]弘長新制の「傍書」（傍書については次節参照）から八カ条の、[34]合わせて十四カ条が明らかにされてきた。このうち過差禁制について、『吾妻鏡』記事はその制定を伝えているが、追加法として残されていないため、やや信頼性に不安を残す傍書を根拠とするに止まっていた。しかしこの点については本新制の条項の一つ追加法一三六条「在京武士乗車横行洛中事」に関する六波羅宛ての施行文書である同日付一三七条の事実書中に、「兼亦関東御家人中過差事、可被停止也。可被存其旨」しとの文言がある。ここに『吾妻鏡』の過差停止条文の制定を史料的に確認できるのであり、御家人に対して過差禁制を指示していたことは明確となる。[35]

4

次に公家新制との関連を窺うことができるのが、建長五年である。全十八カ条で発布された同年七月十二日付公家新制[36]は、追加法のなかに口宣案の様式で五カ条が残されている。[37]『吾妻鏡』同年九月十六日条には、

今日被定新制事。延応法之外、被加十三ヶ条。関東御家人幷鎌倉居住人々可停止過差条々也。是去七月十二日所被　宣下也。蔵人頭宮内卿平時継朝臣為奉行。依之守　宣下之状可令遵行。且自十月一日可令停止之。若猶不叙用之者、且任法加糺断、且可被行罪科之旨、被仰下。

との文言がある。この時幕府内で「新制定」が行われ、「延応法」のほかに十三カ条を追加し発布したとする。それは蔵人頭平時継が奉行となり発布された同年七月十二日付け公家新制を受けての制定作業であったというが、この記事は幕府の制定作業と公家新制の施行との関係に分かりにくさを残す。

通説は、延応法を幕府法と見なし、これに建長五年の公家新制中から十三カ条を付加し新制を制定したと理解してきた。この考え方に立つと、各条文は公武の新制を折衷した内容、いわば寄せ集めということにもなりかねない。しかしこのように断定してしまうことには問題がある。一つは「延応法」を幕府法と断定してよいかという点である。というのは、この記事を素直に読むならば、「遵行」を命じているのはあくまでも「宣下」された公家新制の条文と読めそうだからである。前項で触れたように、延応二年には公家新制も発布されていたことから、この年朝廷はその条項を含めつつ建長の公家新制を制定していたと、幕府側が理解したと解釈する余地が残る。また公家新制が発布されるたびに伝達されていたと考えられることから、幕府もその内容を十分に熟知していたとすべきであり、記事中の延応法を幕府法と即断することはできないだろう。他方建長五年公家新制の全十八カ条中から取捨して十三カ条に改めたと理解してきたが（逆に言えば残りの五カ条の遵業を命じなかったことになる）、これを幕府法とする可能性は全くないのかという点であり、追加されたとされる十三カ条をどのように捉えるのかという点が二つめの問題となろう。この

ように、条文内容をどのように考えるかによっては、嘉禄と同様に御家人などに対する単なる公家新制の施行記事と解釈することもできるのである。

しかしながら通説通り、「延応法」については幕府法でよいと思われる。というのはやや消極的な論拠だが、延応二年の公家新制といわれている法は、間近に迫っていた賀茂祭の際の規制など単行法令的な過差禁制の確率が高い[38]ことにある。では残る十三カ条はどのような内容とみるべきなのだろうか。『吾妻鏡』同年十月一日条には、

又被施行新制法。今日以後固守此旨、不可違犯之由所被仰下也。就中法家女房装束事、五衣練貫以下過差可停止事。

という新制の施行記事があり、管見の限り、「就中」以下に記されている規制は鎌倉期の公家新制では該当条文を確認できず、幕府独自の法令と考えられる。次節で触れる弘長新制の「物具事」（三六四条）・「衣裳事」（三六五条）の二カ条についての傍書に建長の年号が記されていることは、過差関連の条項を立法していたことを示すのであり、見逃せないところである。さらに同新制中の「人勾引」（三九三条）の項にも建長の傍書が記されていた。先述の『吾妻鏡』記事中の「今日被定新制事」るとの文言からも明らかなように、幕府独自の制定作業が行われていた事は確実[39]である。単に公家新制の施行を示すのであるならば、あえて周知期間を置く必要性もないだろう。以上の点から、通説とは異なり、「十三ヶ条」とは幕府が延応の新制（延応法）に付加した条文数としたい。とすると、延応法として現在まで十四カ条が判明しており、これにこの時制定されたとされる十三カ条を加えると、少なくとも二十七カ条以上の条文を持つ新制になると推測されよう。

従って前掲『吾妻鏡』九月十六日条の文言は、まずこの日に行われた幕府の制定作業を記し、次にそのきっかけとなった公家新制の伝達とその施行を載せるという、順を違えた記事構成になっているのではあるまいか。幕府は、公

家新制の遵業を指示するに際し（これが追加法として残る）、同時に条数は確定できないが延応法に十三カ条を追加する形で、独自の新制を制定していたと考える。朝廷はこの時天変を契機に発布したが、その送付を受け幕府も、同年中にしばしば発生した地震[40]などへの対応という意味を込めて独自の立法となったと思われる。建長五年十月一日の段階では、公家新制と、延応法に十三カ条を加えた関東新制、そして「撫民」を基礎とした諸国地頭代を宛所とする十三カ条の追加法（二八二〜二九四条）という、都合三種類の法令が同時に公布・施行されていたのであろう。

## 二　弘長元年二月三十日関東新制について

### 1

関東新制として唯一全条文が判明すると考えられてきたのが弘長新制である。まずは全六十一カ条の条文配列がいかなる視点或いは基準に基づいていたのか、この点から検討を加える。水戸部氏は、①神社仏寺関係（三三七〜三四八条）、②裁判関係（三四九〜三五五条）、③過差停止（三五六〜三六六条及び三八一条）、④御家人役関係（三六八〜三七五条及び三八五条）、⑤飲食を含む風俗取締関係（三七六・三七七条）、⑥任官制限関係（三七八〜三八〇条）、⑦鎌倉市政及び社会政策的立法（三八一〜三八四条及び三八六〜三九七条）と、条文を事項別に七分類した。ただこの分類では、二カ条を移動せざるをえず（三八一・三八五条、三八一条は重複）、三六六条は過差規制には馴染まないという欠点がある。私見は、基本的に全条文は内容別に根本原則を定めた主規定とそれに関連した主に禁止事項を定めた付設規定の二つから構成されていたと考える。そこでまずその構成を示すこととする（表2参照）。

表2　弘長元年新制の条文配列

(1)　神事関係(主規定：337・338条)
　　[禁止規定]①社司対象(339条)
　　　　　　　②御家人対象(340～43条)
(2)　仏事関係(主規定：344・345条)
　　[禁止規定]御家人対象(346条)
　[(1)・(2)に関連する禁止規定]御家人対象(347・348条)
(3)　訴訟関係(主規定：349条→訴訟処理の原則)
　　[禁止規定]訴訟担当者対象(350～355条)
(4)　過差関係(356～367条)
　　[禁止規定]①360条「造作事」の付設
　　　　　　　　　→御家人対象の百姓臨時役禁を含む(361～363条)
　　　　　　　②365条「衣裳」の付設→「商人」に対する禁止項目(366条)
(5)　御家人関係(主規定：368条→守護地頭職務の再確認)
　　[禁止規定]御家人対象(369～382条)
(6)　膝下法(保々官人を主たる対象，383～397条)
　　　383・384条→幕府下部職員
　　　385条→相模国定使(当国は守護不設置)
　　　＊　一部守護地頭も対象(393・394・395？条)

(1)から説明を加えたい。三三七条の「可如法勤行諸社神事等事」は、御成敗式目の第一条に相当する。当該期の公家新制においても常に第一条に置かれてきた条項であり、神事に対する幕府の原則を再確認した条文と位置付ける事ができるのであり、冒頭を飾るにふさわしい項目といえるだろう。続く三三八条の「可令有封社司修造本社事」は、御成敗式目の同じく第一条の事実書を引用しており、同条の分割とみることができるので、この両条を神事に関する主規定とする。三三九条の「可令停止神人加増濫行事」条は、建長五(一二五三)年公家新制に同趣旨の条文が存在するが[41]、社司に対する禁止規定とみなす。これに対して、三四〇条「放生会的立役事」以下の四カ条[42]は、三四三条に一括して付された事実書中の、

以前条々、就巡役被催促之時、充課彼用途於百姓之由、有其聞。於自今以後者、永停止其儀。

との文言からも明瞭となるように、撫民(徳政)の視点に基づき、神事に参加する御家人に対する規制を定めた条項である。

(2)仏事関係も同様に御成敗式目第二条（事実書を含む）を分割した三四四・三四五条を主規定とし、仏事の際の過差を規制する三四六条は、「堂舎供養之人、報恩追善之家、不測涯分、多費家産」すとの記述から判断して、寺司を対象とした条文とは言い難く、主として御家人に関連すると解されるので、(2)の付則と理解できるだろう。[43] 続く二カ条の殺生禁断と鷹狩の規制は、御家人を対象にしながらも、神仏事と関わりを持っているので、神仏事両方に関連した付設規程とみる。公家新制では前者を規制した条文が多く残されているが、この場合は神事・仏事に続く「雑事」の中に位置し通常条文中の後部に配された。これに対して弘長新制では、内容的な関連性を重んじ、(1)・(2)の直後に配置したのであろう。なお(1)と(2)の主規定が、神仏事勤行と神社仏寺修造にそれぞれ分割されたことは、法形式という面に限定していえば、この新制が御成敗式目よりも、むしろ公家新制の条文構成をより忠実に継承していたことを意味する。神仏事関係については、公家法を強く意識しその規定（文言）を継承しつつも、付設規定において過差を戒め公平を説くなど、より幕府内の実状を意識した内容となっている。

訴訟関係の(3)は、三四九条「可専守式目事」で、御成敗式目を規範とする訴訟処理の原則を再確認し、以下三五五条までの関連条項は、訴訟担当者に対する指示と考える。[44] 次に順を替えて先に(5)御家人関係に触れると、まず三六八条において御成敗式目第三条の原則にさらには同三二条も含めつつ、ここで守護・地頭の主任務を再確認する。[45] そのうえで以下の条文で御家人に関連する諸事項を一括する。この三六九条以下の付帯条項では、(1)と同様に「撫民」を思想的軸として、特に百姓への負担転嫁することの禁止項目を列挙したものである。

戻って(4)の過差禁制に含まれる法令群は、公家新制においても主要な規定となっていた。ここには、主に幕府・御所内及び公的行事や幕府職員を主たる対象とした条文が配列されている。このうち三六〇条「造作事」は、御所及び私邸を建造する際の制限項目を列挙する。その事実書の冒頭には「倹約可止花美也。且非一郭新造之外者、不可充催其用途於百姓等」と記されており、華美を戒めるとともに新築以外は百姓に対する賦課停止を指示している。これに続く三六一〜三六三条は、それぞれ御家人を直接の対象として百姓への臨時役とすることの禁を指令しており、「不可充催其用途於百姓等」ずとの文言に該当する項目を列挙した条文と解して、この意味で三六〇条の付設規程とする。先の(1)の「放生会的立役事」以下の四カ条と同様の位置付けにあるとみたい。同じく三六六条「可禁制絹布類短狭事」は、「商人等之猛悪」を規制する内容になっており、一見過差禁制関連の条文とは異なるようだが、三六五条「衣裳事」を意識した付設規定として、ここに配置されたと考えられる。なお過差規制についていえば、公家新制を基礎としつつも、幕府内及び関係者・御家人の実情に合わせた詳細な規定となっている点が注目される。

次に(6)膝下法に分類した条文について検討する。ここに配置された条項は、下部職員を含めた幕府内部と相模国及び鎌倉市中とを主対象とした内容の法令群であり、「保之奉行人」や侍所に取締まりを指示している。但し「可令禁断人勾引并人売事」(三九三)・「可停止博奕事」(三九四)・「私出挙幷挙銭利分事」(三九五)の三項目については、前節で触れた嘉禄二(一二二六)年正月全国の守護・地頭に宛てて再施行を命じていた条項でもあり、異論が生じるかも知れない。しかし三九三・三九四両条については、守護・地頭とともに「保之奉行人」・「保奉行人」をも対象とした指令となっており、且つ先んじてその職掌を掲げる。また三九五条は、出挙及び利銭に関する従来からの幕府の原則を確認したうえで、訴の提起に際しての奉行人の取り扱い方に対する指示が中心となっている。この意味で膝下法中に含めたと思われる。(4)と(6)については、条項の性格から主規定というべき条文をみいだせないが、それぞれ配列上のまとまりを見せていることは認められよう。

以上弘長新制の条文配列とその分類別の特徴について触れてきた。各項目は主規程とその付設規程で構成されていること、主規程はそれぞれの原則を示して励行を、付設規定では御家人及び社司・寺司を含め関係する奉行人などに対する禁止規程がその中心となっている。これは内容的には二分類しうるのではないだろうか。即ち、一つは御成敗式目の原則の再確認（(1)・(2)・(3)・(5)）とそれに関連した御家人に対する付帯禁止条項で、その内容は「撫民」思想を核として、特に百姓に負担を転嫁することの禁止項目を列挙した条文、二つ目としては、公家新制においても主要項目である過差法と京都市中法（膝下法）を幕府に適合するように改変した条文、とに大きく分類できる。主規程は、過去の法令の集大成という性格を合せ持ち、弘長元年時点での幕政の基本原則の再確認・修正・補足などの意義があったといえよう。

## 2

ここで全六十一カ条中の二十カ条に付されている傍書（肩注・傍注）及び事書の下の注記について触れておきたい（以下傍書とする）。これらの多くは事書または事実書に「年号・人名又は機関名」という順に記されているが、なかにはどちらかを欠くものもある（表3参照）。傍書について佐藤進一氏は、「この年号は同一の規定が他の時期にも発布せられたことを示すものであり、人名、役所名はその時々におけるその条項担当の奉行人乃至奉行機関を示す」と注記している。[46] しかしこの傍書の信頼性には疑問点がある。三三九条は傍書のある最初の条文であるが、ここには「同年同人」と記されるのみで、これより前の条文にも傍書が存在していたことを窺わせる。また三四〇から三四三条は、前項で触れたように、条文としての共通の性格を持ち、かつ四カ条分の事実書は三四三条に一括して付されている。そしてその傍書は三四〇条のみに記されているが、この四カ条全てに掛かる可能性を示唆していよう。さらに弘長の年号も付されていることは、傍書が何時の時点で記されたのかということが問われ、後代ということになればその信憑性に疑いを抱かせることにもなる。このような致命的ともいえる問題点を残しており、分析を行うこと自体の意味

表3　傍書のある条文一覧

| 条文 | 延応 | 建長 | 正嘉 | 文応 | 弘長 | 備考(記載箇所など) |
|---|---|---|---|---|---|---|
| 三三九(神人加増乱行停止) | | | | | | 事書に「同年同人」のみ |
| 三四〇(放生会的立役) | | | | | | 事書に侍所(年号なし) |
| 三四四(仏事勤行) | | | | | | 事書の下に行一(同右) |
| 三四六(仏事間) | | | | 政所 | | 事書 |
| 三四八(鷹　狩) | 行一 | | | | | 同右 |
| 三四九(守式目) | | | | | 問注所執事 | 同右 |
| 三五五(見参、庭中訴訟) | | | | (文応) | | 事書、年号のみ |
| 三六〇(造　作) | 長泰 | | | 長泰 | | 事書は「文応長泰」 |
| 三六四(物　具) | 行願、景頼 | 行一(2) | | 侍所 | 侍所、行一 | 全て事実書(＊1) |
| 三六五(衣　裳) | 行方、景頼(3)、侍所、行願(2) | 景頼、行願 | | | 景頼、行願、侍所 | (＊2)、事書は「延応行方」 |
| 三六六(絹布短狭禁) | | | | | 政所 | 事書 |
| 三六七(従類員数) | 行方 | | (正嘉) | 侍所 | 行方(2) | 事書は「弘長行方」 |
| 三六九(京上役) | | | | 「同」 | | 事書 |
| 三七〇(長　夫) | | | | 政所 | | 事書、前条の傍書に基づく |
| 三七六(群飲禁制) | 行方 | | | | | 事書 |
| 三七七(僧酒宴・魚食禁) | 行方 | | | | | 同右 |
| 三七八(児任官) | | | | | | 同右基政(年号なし) |
| 三九〇(鎌倉迎買) | | | 蓮仏・光成・行仏 | | | 同右 |
| 三九三(人勾引) | | 蓮仏・光成・行仏 | | | | 同右 |
| 三九四(博　奕) | 基政・光蓮 | | | | | 同右 |

中丸は連記、カッコ内の算用数字は記載箇所数、人名は傍書の記載のままとした。

(＊1)　建長行一と文応侍所は連記。基政と行一(二カ所)には年号がなく、表から除いた。

(＊2)　三六五条の年号または人名に付された「同」の傍書については、直前の傍書の年号又は人名を指すと判断した。

を問われかねないことを承知しつつ、試論を提示したいと思う。

まず傍書に記された年次と追加法との関連を確認しておく。三六九条のように発布の年月日まで判明する条文もあるが[47]、過差関連法を中心に多くは年次までは確定できない。その年号が必ずしも法としての史料的初見を示すものではないことにも留意したい。例えば三七七条と同一内容の法令は文暦二(一二三五)年に発布されていたし[48]、三九〇条も建長六年には制定されていた[49]。過差条文に限定されるが、一条文中に複数の年号が注記されていることは、規制内容に改定を加えつつ(或いは同一内容の条文が)しばしば制定されてきたことを窺わせる。三九三条は、嘉禄の公家新制など「代々新制」を法源として幾度か発布されてきたが[50]、ここではあえて建長の年号が付されている。これらを考え合わせると、延応以後の年号には何らかの特別の意味があるとしなければならないだろう。このうち延応と建長についていえば、三四八・三九四両条の「延応」は明らかに同二(一二四〇)年の新制を指し[51]、両新制の制定にあたって過差禁制が定められていたことは既述した。文応(一二六〇・六一年)の年号も、この新制の制定作業が弘長改元を前後して行われていたことを考慮すると十分理解できる。とすると傍書の年号は、新制の発布または少なくともその準備が行われた年次を示しているのではないだろうか。私見を認めうるとすると残された「正嘉」の年号が注目される。正嘉年間(一二五七〜五九)は、大地震や暴風による「諸国田園悉以損亡」[52]が生じ、同三年には飢饉を理由に「止山野江海煩、可助浪人身命事」[53]しとの指示が出されており[54]、まさに徳政が求められる状況にあったことが想起される。これらのことから、正嘉年間にも少なくとも制定作業が行われていたと推定しえよう。

本新制の制定経過について付言するならば、『吾妻鏡』では、文応から弘長に改元されたその日の二月二十日条から辿ることができる[55]。「文応」の傍書を持つ三六九条は、前年の十二月二十五日に立法されたことが同書で確認でき、かつ事実書は両者ほぼ同文である[56]。この間二カ月足らずであることを考慮すると、文応元年の後半から徐々に制定への準備が進められていたことを示唆すると考えられる。それは傍書に文応と記された条文が七カ条と、延応に次いで多いことにも表わされている。『吾妻鏡』の記述からは、一見弘長元年二月下旬の短期間に制定作業が一気に進められたかにみえるが、実際には数カ月に及んでいたのではないかと推測される。これは本新制が突発的な天変によるのではなく、この年が辛酉年にあたることを発布契機としていたことに関連すると思われ、この故に制定に際しては、いわば準備期間ともいうべき時間的余裕があったのであろう。(57)

次に制定に関与した機関及び奉行人について検討する。発令前日となる『吾妻鏡』同月二十九日条には、

関東御分寺社、殊可興行仏神事之由、日来有其沙汰、今日被始行之。（中略）又関東祗候諸人、家屋之営作、出仕之行粧以下事、可令停止過差之由、被定之云々。此外厳制数ヶ条也。後藤壱岐前司基政、小野沢左近大夫入道光蓮等為奉行。

との文言がある。この記事は、①関東御分寺社の仏神事興行、②「又過差停止」、③「厳制数ヶ条」、という三段に分けられる。まず①には前項で論じた(1)・(2)の神仏事に関わる五カ条が中略とした部分に記載されている。このうち主規定となる四カ条については、公家新制や御成敗式目の冒頭に置かれた条文でもあり、評定会議の場で制定されていたのではないだろうか。②は(4)の過差規制を示し、傍書を参照すると、御所奉行に在任していた二階堂行方と武藤景頼を中心とした政所系職員が担当していたと思われる。なお条文中で複数の傍書が記されているのは、三六〇・三六四・三六五・三六七条という四カ条のみで、全て過差規制に関連する条文に限られる。これらの項目では同一人物がその条項を重ねて担当することが多かったことも示されている。③については同書中には九カ条が記されているが、その内容は主に(5)の籐下法と(4)の御家人関係についての付設条項で、鎌倉地奉行の後藤基政と小野沢仲実（光蓮）の二名が担当したことが明らかとなる。因みにこの内四カ条に傍書が存在するが、両人の名は延応の年号が記された三

九四条に連記されるのみである。[58] 従って彼らは「奉行」として、過去の法令を取捨選択しつつ（或いは新規立法も含めて）作業を行っていたと思われる。残る訴訟関係の(3)の担当者については、史料的に確認することはできないが、主規定には問注所執事（三善康宗）と傍書されていたことから、同所職員か或いは評定会議の場で直接定められていたと推測される。組織名の傍書があるのは、三六五条を除くと、文応・弘長の年号を持つ条文に限られ、ここには中核的な政所以下の三機関の名が記されている。

このように傍書及び『吾妻鏡』からは、この新制が三機関及び御所奉行や鎌倉地奉行など幾つかのグループ（組織）に分かれて制定作業が進められ、条項の一部は順次先行して施行しながら、二月二十九日に最終的な取りまとめが行われていたと推測される。即ち政所は(1)・(2)・(4)、問注所は(3)、侍所は(4)及び御家人に関わる付設規定、そして地奉行が(5)・(6)を主として担当していたと思われる。推断を重ねてきたが、制定作業に三機関がそろって動員されていたことは、村井章介氏が指摘[59]するように、この法令の制定に際しての幕府の強い意欲が示されていると考えてよいだろう。

最後にその執行状況をみていきたい。諸国に居住する一般御家人に対しては、三六八条の大原則[60]とともに、少なくとも「百姓臨時役」・「修理替物」・「垸飯」の三カ条が関東御教書で布達[61]された。諸国の守護・地頭には殺生禁断令と鷹狩禁制等が命じられていた可能性も高いだろう。しかし条文中では御家人に対する規定が多いとはいえ、その他の条項は鎌倉或いは京都に居住し臨時役を直接勤仕していた御家人に関わる内容と判断されるのであり、地方居住の一般武士に全条文が送付されていたとは思えない。施行文書が他の追加法の発布と異なる様式ではなかったことからすると、一般武士にとっては、「関東新制」の全容を知る機会があったのか、さらには特別な立法として認識していたのかという点には疑問が残ることになる。ここが御成敗式目の施行とは大きく異なる点といえよう。

(3)の訴訟については、先立ってまず三月五日に早速引付関係者に三五四条の遵守の指示がだされ、施行当日の二十日には三五〇条に基づき評定衆以下から起請文を取っている。この際に署名に応じなかった二階堂行久は評定衆を除籍されており、また「亦新制事、今日始施行之、引付結番被改之」ると、新制の施行にともない引付の結番を改めていた。ここにも幕府の強い姿勢を読み取ることができる。さて詳細な規定を持つ(4)の過差関係条文についてはどうであろうか。追加法として残されている過差条文自体きわめて少ない。時代は下るが、その希少な例である弘安七（一二八四）年の場合では、「政所張文」[62]という形を取っていた。あるいはこのような形式で関係条文が周知されたのかも知れない。

## おわりに

屋上屋を架した感があるが、本章で論じてきたことをまとめると以下のとおりである。嘉禄元（一二二五）年から建長五（一二五三）年までの関東新制は、公家新制と発布年次が全て一致している点を重視し同一の制定理由に基づくと考え、研究史が明らかにしてきたようにそれぞれが天変などを契機としていたとみて誤りがないことを指摘した。そのうえで嘉禄の場合は公家新制の施行が主であり、延応二（一二四〇）年に至って初めて幕府法として新制が制定されたこと、建長五年では公家新制の送達を受けて制定作業が進められ、幕府は両者を同時に施行していたと考えた。さらに寛喜三（一二三一）年と正嘉年間（一二五七〜五九）にも制定（施行）が行われた可能性があることに注意を喚起した。ややもすれば曖昧さを残してきた制定と施行との関係に検討を加えてきたが、推断を重ねたために説得力の乏しい内容となった。御叱正を仰ぎたいと思う。また弘長元年新制の主として条文配列を明らかにするなかで、この時期の幕政の基本原則の抽出を試みようとした。

最後に弘長元年新制の歴史的意義について、簡単に触れておきたい。この点については、既に網野・羽下・村井各氏などにより論じられてきたが[63]、条文全体に即した結論とは必ずしも言い難い面を残していた。そこで当該期の幕府の諸政策に論及した先行論文に依拠しつつ検討を加える。

まず寺社政策の面についていえば、稲葉伸道氏は、幕府が一貫して仏神事興行を徳政の一つとして位置付けていたことを踏まえ、弘長元（一二六一）年二月に関東御分寺社を対象としての「興行令」が発布されていたことに着目して、ここが「徳政としての寺社興行」の出発点になると指摘[64]している。同氏はこの法令と弘長新制とを分離して理解しているようであるが、このことを伝える『吾妻鏡』の記事[65]は、前節第2項で論じたように、この新制の制定過程を示す史料の一つであった。従って、次章で触れる弘安年間の幕府による寺社政策につながる条項となっていたとみることができる。

次に幕府の検断権関係をみていきたい。この点について西田友広氏[66]は、特に寛元年間（一二四三～四七年）以降徐々に進められてきた検断機構の整備が、正元元（一二五九）年十二月七日付の関東御教書[67]によって地頭領住民の把握にまで進展していたことに着目して、ここに一つの画期を求めるという見解を示した。弘長新制の御家人に関係する主規定とした三六八条の事実書には、

山賊、海賊、夜討、強盗之類、諸国地頭守護等、可致其沙汰之子細、被載式目畢。而無沙汰之由、依有其聞、如此悪党不可見隠聞隠之旨、雖被召起請文於御家人等、猶以不断絶云々。早仰国々守護所々地頭等、殊可被加懲粛。此上猶悪党蜂起之由、於有其聞所々者、云守護云地頭、可被改補其職矣。

との文言が記されている。これは内容的には三点に分けられよう。冒頭において御成敗式目第三条を根拠として悪党

禁圧という方針を再確認する。次いで正元元年の地頭以下住民を含めて悪党隠匿をしない旨の起請文を提出させるという対策だけでは不十分であったことを認めて、そこで新たに守護・地頭を罷免するという姿勢で臨むことを明らかにしている。取締りの主体となる守護・地頭に対し厳しい態度を表明することで、悪党問題へのより積極的な対応を示した条項といえる。この方針は文永十（一二七三）年に至っても堅持されていた。(68)このようにみるならば、この時期悪党問題に悩まされていた幕府は、その有効な対策を求めて、正元元年以来の住民を巻き込んだ政策と並行して、守護・地頭の職務に関する方針を付加し弘長新制の規定に盛り込んだと思われ、(69)これが次なる検断関係の画期となる弘安の改革までの基本方針となったと推察してよいのではなかろうか。

訴訟関係では、既述したように、新制条文に基づき起請文を召し、同時に引付番衆の改編を行っていた。前代からの方策ともなっていた訴訟を担当する奉行人に対する督励策がみられるとはいえ、この他にも庭中訴訟の明確化や三五一条以下では手続法も定められている。(70)訴訟処理に対する幕府の意欲を窺うことは十分できるだろう。

また上杉和彦氏は、この新制の発布前後から、御家人役の在地転嫁に対する禁止令が集中的に発布されていたことを明確にした。(71)事実文応元（一二六〇）年から文永元年にかけて、百姓臨時役とともに本章で付設規定とみた諸役に対する百姓への賦課を禁じる法令が発布されており、この政策は以後も継承されていく。朝廷側の幕府への経済的依存度が徐々に高まるなかで、諸役の在地への賦課や転嫁に対する禁止政策の出発点に位置付けることができよう。過差関係についても、第二節第2項で触れた傍書からも明白となるように、前代以来の法の集大成という意味をもっていた。

以上主規定をもとに各項目の意義について論じてきた。弘長新制は、総じて当該時期の幕府の政策基調を示すと判断されるのであり、この新制の画期性を示しているといってよいと考える。羽下氏が指摘していたように、この新制は弘安年間に至るまでの幕府体制の「基本律」とも言うべき位置を持つ法令となっていたと思われる。[72]この点に第一部第四章で論じた弘長三年の公家新制の歴史的意義も考え合わせると、朝廷・幕府共に弘長年間を一つの画期として、大きく政策的転換を遂げたと評価しうるのである。

注

(1) 三浦氏「新制の研究」(同氏『日本史の研究』新輯一、岩波書店、一九八二年、初出は一九二五〜二六年)。
(2) 水戸部氏『公家新制の研究』(創元社、一九六一年)。
(3) 稲葉氏「新制の研究」(『史学雑誌』九六編一号、一九八七年)。
(4) 網野氏『蒙古襲来』(小学館、一九七四年)六九〜七二頁参照。
(5) 羽下氏「領主支配と法」(『岩波講座日本歴史』中世一、一九七五年)。
(6) 村井章介氏は弘長元年新制について、「内容的には他の新制と同様過差の禁止を中心としており、さほど特徴あるものとはいえない」が、「この新制の発布にあたっての幕府のなみなみならぬ決意を窺うことができる」と指摘している(同氏「執権政治の変質」『日本史研究』二六一号、一九八四年)。この他にも鎌倉市中法という面に着目した保立道久氏「町の中世的展開と支配」(高橋康夫氏他編『日本都市史入門』II、東京大学出版会、一九九〇年)のように個々の条文に触れた論文は枚挙に遑がない。
(7) この間公家新制とは発布が一致しないとされてきた年次に、寛喜三(一二三一)年と寛元三(一二四五)年がある。前者については、後掲注(25)参照。
(8) 永和二(一三七六)年三月二十七日室町幕府追加法一二六条(佐藤進一・池内義資両氏編『中世法制史料集』第二巻 室町幕府法、岩波書店、一九五七年)。なお同書補註二〇参照。また室町幕府が発布した新制的性格を持つ法に、「倹約条々」(同右書年不詳室町幕府追加法四四〜五〇条)や「禁制条々」(同右書貞治六〈一三六七〉年十二月二十九日室町幕府追加法八六〜九〇条)などがある。
(9) 同年正月十五日「新御成敗状」は、佐藤進一・池内義資両氏編『中世法制史料集』第一巻 鎌倉幕府法(岩波書店、一九五五年)に追加法一七二〜一九九条として収載されている。その一七四条「鷹狩事」が関東新制を法源とする。なお鎌倉幕府追加法については、以下同書によって年次・番号を示す。

(10) 稲葉氏前掲注(3)論文参照。
(11) 『吾妻鏡』文治元（一一八五）年九月四日条など。
(12) 『吾妻鏡』寛元二年四月二十一日条。また弘長三年には「大風」が、将軍宗尊親王の上洛延期の理由ともされていた（『吾妻鏡』同年八月二十五日条）。
(13) 例えば承久の乱の際に、北条泰時らが鎌倉を出陣した直後、義時宅に落雷した時の彼の過剰ともいえる反応に表されていよう（『吾妻鏡』承久三（一二二一）年六月八日条参照）。
(14) 鎌倉時代に至っても朝廷では天変に際して徳政策として意見封事を行うことがあった（奥田環氏「九条兼実と意見封事」『川村学園女子大学研究紀要』一号、一九九〇年参照）。
(15) 嘉禄二年正月二十六日追加法一五条～一七条参照。この文書様式の意義については稲葉前掲注(3)論文参照。
(16) 同年三月二十二日　後鳥羽天皇宣旨（「三代制符」『鎌』五二三号）⑯条。
(17) 前掲注(15)追加法の日付及び『百練抄』同日条参照。
(18) 稲葉氏前掲注(3)論文参照。
(19) 五味氏「執事・執権・得宗」（同氏『吾妻鏡の方法』吉川弘文館、一九八九年、初出は一九八八年）二一〇～二一二頁参照。なお同氏は脱稿が先行する論文「相続と代替わり」（木村尚三郎氏他編『中世史講座』六、学生社、一九九二年）においても同趣旨のことを論じている。
(20) この三カ条について幕府は、その後もしばしば発布していた。一五条は延応元年四月十四日追加法一一〇条など、一六条は年不詳追加法五四条など、一七条については寛元二年六月二十五日追加法二二六条などがある。
(21) 延応二・建長五・弘長元年の各新制において確認できる。延応は『吾妻鏡』仁治元年三月十八日条、建長は同書同五年九月十六日条、弘長については同書同元年三月二十日条に、それぞれ明示されている。
後節で検討する弘長元年新制には幾つかの条文に傍書があり、幕府による新制の制定との関連が窺えるが、そこに嘉禄の年号はない（なお傍書については第二節第2項参照）。このことも幕府が法の制定にまでは至っていなかったことを示す消極的傍証となろう。
(22) 本文中に引用した『吾妻鏡』嘉禄二年正月二十六日条の記事は、人勾引についての一カ条を欠き、「以田地領所為双六賭事」を加える。この点について三浦氏は、前掲注(20)追加法五四条「以田地領所為双六賭事」を引きつつ、嘉禄の公家新制の条文に追加しうる可能性を示唆した(同氏前掲注(1)論文五九二頁〜九五頁参照)。しかしその事実書には、「博戯之科、禁制惟重、而近年匪背制符、剰以田地為賭之由、世間有其聞」りとの記述がある。この「制符」の語は博戯に掛かると解され、且つ「剰」以下の文言は、かえってこの追加法発布時の状況を示しているといえよう。従ってこの日の記事には何らかの錯誤があると考えたい。

(23) 水戸部前掲注(2)書二四七頁参照。

(24) 興福寺が発布した寺辺新制として、同年六月日 興福寺学衆新制案(「内閣文庫所蔵大乗院文書」『平』三九六八号)・嘉禄二年正月日 南都新制条々事書(花園大学福智院家文書研究会編『福智院家古文書』花園大学、二二二号)などがある。稲葉氏「寺辺新制」(同氏『中世寺院の権力構造』岩波書店、一九九七年、初出は一九八六年)参照。

(25) 『吾妻鏡』記事中において過差の語は、多く新制と関連して使用されている。この観点に立って『吾妻鏡』をみると、寛喜三(一二三一)年正月二十九日条に「関東祗候諸人可止過差之由、被定」るとの記事があることが注目される。本文中で触れた増山氏が既に報告されたところであるが、「被定」るの文言に着目すると、この記事は新制発布の可能性を示唆するのではあるまいか。前年以来飢饉の状況が明白となり、朝廷もまた遅くともこの年四月から公家新制の制定作業を行っていた(序章第2項参照)。詳細は不明だが、朝廷に先行して過差関連の新制を定めていたと推測したい。

(26) 彗星の出現については『吾妻鏡』同年正月二日条以下、地震については同書同月十三日条以下、それぞれ参照。

(27) 以上それぞれ『吾妻鏡』同日条参照。

(28) 『吾妻鏡』同年二月二十五日条参照。

(29) 稲葉氏前掲注(3)論文参照。

(30) 同書正月十八日条・三十日条、二月二十日条、四月十五日条など参照。この時は三月十二日付で賀茂祭及び灌仏会に際しての過差禁制(公家新制)が発布されていた。過差禁制以外も含む新制であったのかという点については不明である。『百練抄』同年二月七日条参照。

(31) 『平戸記』同年正月二十四日条。

(32) 例えば『吾妻鏡』建久六(一一九五)年九月二十九日条、建暦二(一二一二)年八月十九日条、建保元(一二一三)年十二月七日条などより鷹狩に対する禁令が発布されていたことが明らかとなる。

(33) 同年三月十八日追加法一三一〜一三六条。
(34) 稲葉前掲注(3)論文参照。
(35) また『吾妻鏡』仁治二年十二月一日条には、
酒宴経営之間、或用風流菓子、或衝重外居等、書図為事、御所中之外、向後一切可停止如此過分式之由、被触仰諸家。凡禁制過差事、先日雖被定、経営結構之時、動依有違犯事、今日重被仰下。

との記事があり、この日以前に過差禁制が制定されていたことが明らかとなる。前年の新制との関連は不詳。
(36) 『百練抄』同年七月十二日条参照。
(37) 同年七月十二日追加法二七七〜二八一条。
(38) 単行法令的な過差禁制については、第一部第一章及び第二章において、鎌倉時代についても若干触れた。
(39) 本文中で引用した『吾妻鏡』記事からは、この新制があたかも過差禁制条文のみで構成されていたかに受け取れるが、人勾引関連の規定や本新制が一部条文を継承する延応二年三月十八日付追加法（前掲注(33)参照）からも明白となるように、多様な条文を含んでいたことは確実である。従って同書編者が、本文中の嘉禄の項でも触れたとおり、新制という法形式が過差禁制に代表されるという認識を強く持っていたことを示唆するものであろう。
(40) 『吾妻鏡』同年二月二十五日条・四月三日条・六月十日条・九月十六日条など。また六月十三日には「地震御祈」のため泰山府君祭が行われていた（同書同日条）。
(41) 前掲注(37)追加法二八〇条。
(42) 三四〇条の傍書「奉行侍所」は全てにかかると思われるが、これはこの四カ条が共通した性格を持つことを意味している。
(43) 『吾妻鏡』同年二月二十九日条には、三三七・三三八・三四四・三四五・三四六の五カ条が記されている。この内三四六条を除く各条文を主規定と考える。
(44) (3)に含めた七カ条中の三五五条「御家人見参幷庭中訴訟聴断事」については異論が出るかも知れない。庭中訴訟はまだしも、「見参」は訴訟関係というよりも主従制そのものに関わることだからである。この点について藤原良章氏は、事実書中に「以評定之隙、常可有其沙汰」しと記されていることを論拠としつつ、両者には共通の性格があると指摘している（「鎌倉幕府の庭中」、同氏『中世的思惟とその社会』吉川弘文館、一九九七年、初出は一九八五年、二九頁参照）。この点を踏まえると、「見参」についても庭中訴訟の位置に引きずられて(3)に配列したと考えられるのではあるまいか。続く三五六から三五九条は、この条に関連した過差法を配していた可能性を指摘しておきたい。というのは、後述するように、過差法の基軸となるべき項目は三六〇・三六四・三六五・三六七条にある。にもかかわらずそれら条文の前に一見微細ともみえる項目を配置したのは、「御儲」以下が将軍との直接的関係の場における過差行為の規制という性格を持つと考えていたからではないだろうか。なお三五八条の八朔の際の贈物については、既に宝治元（一二四七）年に執権・連署以外は禁止されており（『吾妻鏡』同年八月一日条参照）、この条文は再確認の意味を持つことになる。

(45) この条文は、寛元三年の二五二条とほぼ同文であり、深刻化しつつあった悪党問題を踏まえ、その職務を再規定したものといえよう（後掲注(69)も参照のこと）。諸国守護権については、西田友広氏「鎌倉幕府検断体制の構造と展開」（『史学雑誌』一一一編八号、二〇〇二年）が詳細に跡づけている。

(46) 前掲注(9)書の補註三七参照。なお網野善彦氏は、本文中に引用した補註後半の指摘には矛盾があるとして、人名は弘長新制の制定作業中の条項担当者を示す可能性があると指摘している（「鎌倉の『地』と地奉行」、同氏『日本中世都市の世界』筑摩書房、一九九六年、初出は一九七六年、註三五参照）。しかし三六四条の事実書中の「羽事」には、「文応侍所」と「建長行一」との二重の傍書がある。網野説では、弘長では侍所と二階堂行忠（行一）の両者が担当したことになるが、これはやや無理な解釈ではなかろうか。佐藤説に従いたい。

(47) 『吾妻鏡』文応元年十二月二十五日条参照。

(48) 同年七月十四日追加法七五条参照。

(49) 『吾妻鏡』同年十月十七日条参照。その他にも三四九条については、『吾妻鏡』建長二年九月十日条参照。

(50) 例えば、延応元年四月一四日追加法一一〇条や同二年五月十二日追加法一四二条などがある。

(51) 前掲注(33)追加法一三三条・一三四条参照。

(52) 改元は二月二十日、鎌倉への詔書の到着は同月二十六日（『吾妻鏡』同月二十六日条参照）。

(53) 『吾妻鏡』同元年八月一日条など参照。

(54) 正嘉三年二月九日追加法三二三条参照。

(55) 本新制の制定過程については、『吾妻鏡』同月二十日条・二十五日条・二十九日条、三月一日条など参照。

(56) 同日追加法三三三条参照。
(57) 稲葉氏前掲注(3)論文参照。
(58) 『吾妻鏡』同月二十九日条の記事中では過差規制の「放生会桟敷可用倹約事」の項も奉行したとする。この項目は三六〇条の事実書中に記されているが、これは鶴岡放生会に際しての規制と考えられ、市中法的性格をもつことから、彼らが担当したのであろう。なお文永二（一二六五）年八月には「倹約」等を理由として桟敷の規制が行われていた（『吾妻鏡』同月十六日条参照）。
(59) 村井氏前掲注(6)論文参照。
(60) 弘長元年三月二十二日追加法四〇五条参照。
(61) 弘長元年四月二日追加法四〇一～四〇四条参照。
(62) 同年十月二十二日「御新制」追加法五六三～五六五条参照。
(63) 網野氏前掲注(4)書・羽下氏前掲注(5)論文・村井氏前掲注(6)論文など参照。
(64) 稲葉氏「中世の国家と寺社」（『年報　中世史研究』二八号、二〇〇三年）参照。
(65) 『吾妻鏡』同年二月二十九日条参照。
(66) 西田氏前掲注(45)論文参照。
(67) 嘉元三（一三〇五）年三月日峯貞陳状案（「肥前青方文書」『鎌』二二一五六号）の事実書中に引用されていることは、西田氏前掲注(45)論文参照。
(68) 同年十一月十六日追加法四六〇条参照。
(69) さてここで注意すべきは、寛元三年の制定とされてきた追加法二五二条である。この法令の事実書は、弘長新制とほぼ同文である。従って新制条文三六八条は、寛元段階の政策に戻したに過ぎないと解することもできよう。ただ注意を払うべきは、この追加法の事実書の末尾に「此段寛元三年也」と記されていることである。この年紀は、前掲注(9)書が底本とした「清原宣賢式目抄」の著者宣賢などによる注記が混入した、後筆と解する余地がある。この追加法が起請文を提出させるという本文中で触れた正元元年十二月七日付関東御教書に示された政策を前提とした法文となっていることを勘案すると、同書が時期を特定する材料としたこの文言の信憑性を疑うこともできるのではあるまいか。この解釈に立つと、宣賢らが本来は弘長新制の条文に誤ってこの文言を書き加えたという可能性が生ずることになるが、後考を待ちたい。なお同式目抄中の弘長新制条文は三五五条のみ収載されている

（前掲注（9）書参照）。

（70）庭中については、藤原良章氏前掲注（44）書第一部第一章参照。

（71）上杉氏「中世国家財政構造と鎌倉幕府」（『歴史学研究』六九〇号、一九九六年）参照。

（72）羽下氏前掲注（5）論文参照。

# 第二章　弘安七年「新御式目」の歴史的位置

## はじめに

弘安七（一二八四）年五月二十日付けの所謂「新御式目」三十八カ条[1]（第二節に史料を掲げる。また以下新御式目と略称）について、五味文彦氏は、

全三十八カ条の条数といい、『新御式目』の名称といい、これは貞永の御成敗式目を意識しつつ、新たな政治体制を目指して制定された。

と指摘する。[2]また海津一朗氏は、

在地領主・寺社勢力をとわず、全ての領主権力を将軍のもとに統合する方針を明示した。中世国家の軍事部局を担当した時代の規範「貞永式目」から、中世国家の『公方』としての規範「弘安式目」への脱皮。

を表わすと、[3]この式目の政治史的位置付けに論及した。それまでの幕府の基本姿勢を示してきた御成敗式目にも代わる、新たな政治規範として高い評価を受けている。このように鎌倉幕府後期の政治基調を端的に示す、最も重要な史料として注目されてきた。

一方新御式目は、特異な形式を取ることでも知られている。その形態的特徴としては、一部に例外を含むものの上位者への上申という形式を取っていること、そのほぼ中間に位置する五〇八条と次条との間に「条々公方」という文

言が挟み込まれていること、事書のみの列挙に止まるため具体的内容を欠きその趣旨を理解するには困難な項目があること、などを挙げることができる。また内容的には、類似ないしは重複とみなすべき条文が認められることや、学問や武芸の奨励といった「追加法」とするには疑問を残す条項が存在すること、なども指摘できよう。これらの点から、他の追加法とは同列に考えにくい面をもっているのである。このため新御式目をめぐり、発布の主体やその対象者、政治的意義などをめぐり、論争が積み重ねられてきた。そこでまずは、この式目の研究史上の位置付けを辿ることから始めたい。

## 一 「新御式目」についての研究史の整理と課題の設定

新御式目については、古く荻野由之氏が建武式目を論ずるにあたり、

時の将軍か、執権かに進めたる諫誡の意見書にして、他の式目とは、類を異にすれども、古人は往々此様の便宜挿入を為すことあり。

として[4]、法令というよりは幕政への意見書という性格を持つと指摘した。しかしその後は本史料を収載する『中世法制史料集』編者が、制定法と理解して追加法のなかに収めたことにより[5]、この見解が前提とされてきた。なかでも水戸部正男氏は、関東新制の一つであると主張した[6]。なお荻野・水戸部両氏は、ともにその主張の根拠を示していない。新御式目は、意見書なのか制定法であるのか、はたまた一般的な追加法なのか特別な状況下で発布される関東新制とすべきかという、基本的性格そのものについて、必ずしも理解は一致してこなかった。

新御式目についての本格的な研究は、網野善彦氏の論文「『関東公方御教書』について」[7]に始まるといえよう。網

野氏は、条項中に挟み込まれた文言「条々公方」に着目して、鎌倉幕府追加法中で公方の語が記されているのはこの式目のみであるとし、当該期のその他の文書の分析も踏まえて、この公方は将軍を指す語であると理解した。また通常の法令と異なり上申形式を取っていることの、以上二点を主たる根拠に、将軍の許に提出されていたと指摘する。次いで三十八カ条中には、類似する条文が存在することを明らかにした。これは全条文を一括することが困難なことを示すものであり、「条々公方」の語を挟んで前後半に分かつべきことを主張し、前半は将軍の私的・個人的問題、後半はその公的活動を対象とした条文で構成されているとする。そのうえで全体としては「政道興行条々」としての意義を持ち、制定法というよりも、弘安徳政の「政策綱領」としての性格があるとする。この式目は、北条時宗が生前に用意した新方針であり、彼の死後は安達泰盛が推進して、翌年十一月の霜月騒動で泰盛が滅亡するに至るまでの約一年半の期間中に、多方面にわたる幕政改革が行われたとする。この時「評定衆が将軍の諮問に応じて答申し、それを将軍がみずからの名で行なうかたち」を取ることで、反対派の抵抗を弱めようとしたともいう。ここに新御式目研究の基礎が形作られるとともに、鎌倉幕府後期の政治過程の解明にあたっても重要な位置を占める論文として、網野説は現在に至るまで研究史上に大きな影響を与え続けている。但しその対象者を将軍とみる点については、古沢直人氏が指摘するように[8]、「公方」の語は後代になって付け加えられた書き込みの可能性が高いことと、鎌倉後期においてはこの語が多義的に使用されていたことなどからすると、公方を即将軍と解してよいのかという問題を残した。

網野説を真っ向から批判したのが五味文彦氏である[9]。五味氏は、この時期の将軍の力量を考慮すると対象者を将軍とすることには疑問があり、時宗の急死にともない得宗の地位に就いた北条貞時に執行が求められた、代替わり徳政という点に意義があると指摘した。そして公方の語を「将軍を含んだ幕府の公的側面」と解して、各条項には「その公方において得宗がなすべき箇条が列挙」されているとする。また事書のみのために趣旨が不明瞭な項目が存在する点に着目し、これは寄合で作成されたことにより生じたとして、公的な評定の場で制定されたとする網野説を批判した。内容については、前半を「御内条々」と解し得宗に私的に求められた項目、これに対して後半は幕府の公的側面に関わるもので「公方条々」という性格を持つとする。さらに後半部で規定されている服装や条文中に現れる「御所」の語句などの検討を踏まえ、網野氏とは正反対となる、得宗への提言という結論を導き出した。[10]当然政治的意義についても、この時期の無力化していた将軍の立場を考慮して、

　時宗の急死という重大な局面において、幕府内部に走る危機感と動揺のなか、貞時の下に結集して新たな体制の構築が図られた。

と指摘し、網野氏の理解を鋭く批判する。ここに新御式目の提出対象者やその意義などをめぐり、種々の見解が表明されることとなった。

　さて上申の対象者をめぐる相反する両者の主張の背後には、この時期の幕府政治史の捉え方に関する見解の相違が反映している。海津一朗氏が指摘[11]しているように、霜月騒動に執権政治から得宗専制体制への変化という幕政の転換をみる、佐藤進一氏が提起したシューマ[12]の是非をめぐる意見の対立が認められる。

　その後細川重男氏は、新御式目伝本に初めて考察を加えた論文[13]を発表した。その中で、公方の語は後世の書き込みの可能性が高いことと、本来は「条々」と題された別個の二つの法令群であることの、二点を明らかにしたのは重要な成果であった。そのうえで上申対象者に関する網野・五味両説を批判し、前後半部それぞれの史料中の語句や条項などに着目して分析を加え、前半は得宗、後半は将軍というそれぞれ提出先が相違することから、二通の「条々」が作成されることになったと主張した。ただその政治史的意義については、網野・五味両氏に依拠した理解にとどまった。

また村井章介氏は、論文「安達泰盛の立場」及び著書『北条時宗と蒙古襲来』において、新御式目について論じた。[14]本節では細川論文の発表を受けて、自説を一部修正した後者をもとに紹介したい。村井氏は、新御式目に関する基本的な論点では網野説に立脚しながらも、細川説を踏まえて、前半部については得宗に対する提言と理解した。[15]そのうえで全体としては、この改革を主導した泰盛の狙いが無力化した将軍権力を「賦活」することにあったと論じた。このために御家人制の拡大を意図する政策を推進したが、この施策によって不利益を蒙ることになる反対派の反発を受けて失脚したとする。氏の研究の特色は、新御式目個々の条項の分析にとどまらず、短期間に集中的に発布された追加法約九十カ条を含めて分類・分析を行い[16]つつ、この時期の政策の特質を論じたところにある。

南基鶴（ナムキハク）氏は、個々の条項の分析を基礎にしてこの式目の意義を論じた。[17]そして形式上は将軍を対象としているが改革の主体とはなりえず、彼を制度上の首班と仰ぎつつも、実質上幕政を主導していた得宗権力の立場から条項が設定されたとする。その前半は幕府運営上必要な項目であり将軍の私的領域を含めた法令の原則・基本方針を提示し、後半には得宗が主体となって公布すべき条々が示されているとして、前半部に沿って法令を具体化した部分であると指摘した。海津一朗氏も、南説を継承しながら、前半は将軍の私的問題や幕府内部の政治問題に関する規定、後半部は対京都の政治問題を含む国家的役割を定めた規範であると主張する。[18]特に後半部の規定は幕府が新たに獲得した権限であり、国家権力の中核の位置を占めるようになったことを意味しているという。このように両説は、佐藤氏が定立した鎌倉幕府権力論から一旦離れて距離を置いて、新御式目そのものの考察に集中して政治史的意義の再検討を進めた。その結果、新御式目の基本的性格としては、得宗専制の姿勢を示すものであり、他方幕府の地位を高めようとする志向も認められる、という見解を示した。

さてここまで研究史を辿ってきた。まとめると、①前後半に二分すべきこと、②弘安期の改革の政策綱領としての意義を持つこと、③北条時宗の関与については異論を残すが、安達泰盛が立案・推進したという点、などについては一致している。他方で、(1)上申の対象者、(2)前後半の項目の歴史的意義、(3)幕府政治史上の位置付けや解釈、などについては論者によって大きく異なっていることが明らかとなる。このような研究状況の背景の一つには、この時期の幕政に関連する史料の乏しさも反映しており、ややもすれば性急な新御式目論となりかねない現状が認められよう。

以上のように研究史を踏まえつつ、本章の課題を設定しておきたい。上申という形式を取ることは、一般の追加法と性格を異にしていることが示されている。この点から、通説化していた制定法説に、新たに弘安徳政の「政策綱領」との見解が加わり、かつ現在では有力視されることになった。しかしながら、このように理解することには疑問をぬぐいきれないものを感ずる。従来十分な検討が行われてこなかった項目に過差規制がある。新御式目を政策綱領などと解釈するのであれば、本来は四九九条や五一一条で触れている過差禁止の原則を示す条項一カ条のみで十分なはずである。なぜならば、これに基づいて後に細目を定めた追加法などを発布すれば済むのであり、実際にも発令されていた[19]。しかるに前半部に五カ条（四九九〜五〇四条）、後半部にも少なくとも六カ条（五二一〜五二六条）が取上げられており、しかもそれらは微細ともいえる内容となっている。細目の規定だけで全体の三割を超えていることは、無視できる数字ではあるまい。これは、政策綱領という捉え方に再検討を迫るものではなかろうか。また見解の一致しない対象者をどうみるのかという点にも、なお考慮の余地を残している。そこで新御式目そのものの性格を確定することこそが、本章での最も重要な課題となる。また幕府の政策と新御式目を直結させる傾向が強く、鎮西神領興行令など一部特定の施策に関心を寄せる研究も発表されている。だがこの式目の全面的な条項の分析については、必ずしも十分といえないところを残してきた。そこで軽視されてきたと言わざるをえない過差規制関係も含めた、全体を見通した考察の必要性があるだろう。このためには、新御式目の原形というべきものに、今一度立ち返ることが求められる。既に細川氏が重要な提言を行っているが、その再確認も行いたい。

## 二　「新御式目」の再検討

まずは、『中世法制史料集』第一巻に収載されている新御式目の全条文を掲げる。[20]

新御式目
弘安七五廿　卅八ヶ条

（四九一）一　寺社領如旧被沙汰付、被専神事仏事、被止新造寺社、可被加古寺社修理事
（四九二）一　御祈事、被選器量仁、被減人数、如法被勤行、供料無懈怠、可被下行事
（四九三）一　可有御学問事
（四九四）一　武道不廃之様、可被懸御意事
（四九五）一　内談三箇条可被聞食事
（四九六）一　被定申次番衆、諸人参上之時急申入、可然人々、可有御対面、其外可有御返事
（四九七）一　殿中人々、毎日可有見参事
（四九八）一　可被止僧女口入事
（四九九）一　毎物可被用真実之倹約事
（五〇〇）一　殿中人礼儀礼法、可被直事
（五〇一）一　在京人并四方発遣人々進物、一向可被停止也

其外人々進物、可被止過分事

(五〇二) 一 可被止雑掌事

(五〇三) 一 可被止造作過分事

(五〇四) 一 御行始、御方違之外、人々許入御、可有猶予事

(五〇五) 一 依諸人沙汰事、殿中人、不可遣使者於奉行人許事

(五〇六) 一 知食奉行廉直、可被召仕事

(五〇七) 一 可被止臨時公事々

(五〇八) 一 御領御年貢、毎年被遂結解、可被全御得分事

条々公方

(五〇九) 一 九国社領止甲乙人売買、如旧可致沙汰事

(五一〇) 一 自今以後、被止新造寺社、可被興行諸国々分寺一宮事

(五一一) 一 可被行倹約事

(五一二) 一 闕所随出来、所領替、巡恩、旧恩労、可有御恩事

(五一三) 一 越訴事、可被定奉行人事

(五一四) 一 鎮西九国名主、可被成御下文事

(五一五) 一 在京人幷四方発遣人所領年貢、可有御免事

(五一六) 一 御年貢定日限可徴納、若過期日者、可被召所領事

(五一七) 一 臨時公事、不可被充御家人事

（五一八）一　可被止大御厩事
（五一九）一　出羽陸奥外、東国御牧可被止事
（五二〇）一　路次送夫可被止事
（五二一）一　垸飯三日之外、可被止事
（五二二）一　御評定初五日、直垂折烏帽子
（五二三）一　御的七日、直垂立烏帽子
（五二四）一　屛風、障子絵、可被止事
（五二五）一　衣裳絵可被止事
（五二六）一　御所女房上臈者二衣、下臈者薄衣
（五二七）一　贄殿御菜於浦々所々、不可取事
（五二八）一　念仏者、遁世者、凡下者、鎌倉中騎馬可被止事

内容の検討に入る前に、編者の校訂について触れておきたい。史料冒頭の新御式目の名称と次行の日付については、底本とした『続群書類従』本の「新御式目」[21]を採用して、「近衛家本式目追加条々」及び「貞応弘安式目」[22]の首部に記載されている「条々」の文言を削除する。一方で底本が三十八カ条を一括して記しているのに対して、前記二写本に挟み込まれている「条々公方」の文言を採る[23]という校訂を行った。

これに対して細川氏は、表題中に「式目」と名付けられている追加法は、この式目を含めて僅かに二例[24]しかないことから、新御式目との名称は後世になって付加されたと解する。また幕府が複数の法を同時に制定する場合は「条々」と称する表題を付けることが多く、特に法の内容やその対象者を示す文言を要する場合には、「〇〇条々」の

如く前部に記載されることを明らかにした。ところがこの式目では、逆に「条々公方」と公方の語が後部に位置していると指摘する。ここに着目して、公方の文言はやはり後代になって追加された可能性が高いとする。[25] 確かに、公方の字句は「近衛家本式目追加条々」系統の写本に見えず、また当初から存在するのであれば、「御方」などという敬称を示す文言が別途必要になるように思われる。そこで氏は、本来は「条々」の名の下に、十八カ条と二十カ条で別個に発布された、二つの法令群と理解[26]したのである。この結論は首肯すべき提言であり、この視点を前提としなければならない。

さて前半十八カ条と後半二十カ条とが、全く別個の「条々」ということになると[27]、当然ながらそれぞれ個別に分析する必要性が出てくるだろう。他方同日の日付であることも無視できず、両者の関連性を追求することも重要な問題となってくる。

この点について細川氏を除く諸氏は、条文内容について、前半は私的或いは原則・基本方針、後半は公的（法として公布されるべき内容）又は対京都問題を含めその具体化を図った条文で構成されていると理解してきた。確かに前半部は幕府内部に関わる条項が多く、また少なくとも四九三条の御学問の奨励などは、得宗又は将軍という個人に求められた項目と認められる。しかし冒頭の四九一条は、規定の精神という面では、御成敗式目第一条・二条と共通していると判断されるのであり、その執行にあたっては公的な性格を持つといわざるをえまい。同様なことは、奉行人に「廉直」を求めた五〇六条や、臨時公事の停止に関わる五〇七条にもいえよう。[28]

それ以上に、後半を公的などと一括して解釈することには大きな疑問が生じる。[29] 例えば五一八条は幕府の施設に関わる規定であろうし、五二一条から五二六条までの過差関係の項目は、あくまでも幕府内（御所内）などに限定した規制である。五二八条は、過去にも鎌倉市中法として定められていた。[30] 対京都問題と直接関わるのは、五〇九・五一〇・五一四条の三カ条、公的部分に関連するのがこの三カ条に加えて五一二・五一三両条と五一五〜五一七各条などと判断できるのであり、全二十カ条中半数に満たないことになる。さらに後半部の解釈についての細川説を除く各説共通の弱点とすべきは、文言は若干異なるとはいえ、前後半部それぞれに、重複或いは類似とすべき項目が存在していることであり、これまでの解釈では合理的に理解することは難しい。

　このように見てくると、新御式目については、ある視角に立って前後半それぞれに意義の違いを求め、その上に両者の関連性を確定することは困難なように思われる。このため細川氏は、別個の二つの法令と捉えて、提出者の相違という点にその解決を求めたのである。氏は、前半は得宗、後半を将軍と、それぞれに相応しい条項が取上げられているとした。しかしながら、論証過程における語句の分析や条文の解釈に、やや恣意的な面が見られる点があるのは否めない。得宗説に立つ五味説にも共通するが、前半部が得宗に奏上されたと考える時に、最も大きな障害となるのは、五〇四条の「御行始」と「御方違」についての規定である。細川氏は、一般的な「渡御」と解したが、これは南氏も指摘[31]するように成立し難い解釈とすべきであり、将軍の行動に対する規制としか理解できないだろう。そこでまずは前後半に分けつつ、その書式や内容に分析を加えることから始めたい[32]。

　前半部の十八カ条は、上申形式でほぼ一貫[33]している。その内容については、

①　神仏事（四九一・九二条）

②　幕政担当者（将軍・得宗）（四九三〜九八条[34]）

③　過差（四九九〜五〇四条[35]）

④　幕府職員（五〇五・〇六条）

⑤　御家人（五〇七・〇八条）

と区分しうるように思われる。①は御成敗式目や公家新制においても冒頭に配置されていた神仏事関係、同様に③も公式の新制において主要項目を形成していた過差規制である。これらに各条項の対象者別に、②・④・⑤を加えた分類とした。後者の三項目は、対象となるそれぞれの地位や身分の者のあるべき姿、或いは果すべき役割や政治に取り組む姿勢を糺すという意味を持った規定と考える。個々の条項を見れば、旧来の追加法や政策の継承というべき内容が多いことも看取できる。[36] 政治方針という観点に限定していえば、①を除くと、前半部からは特別目新しい策を窺うことはできない。但し、四九一条や五〇六・五〇七両条などは公的性格の強い条項といえるのであり、前半部を私的側面に関連した規定とのみ理解するのはやはり誤りと考える。

これに対して後半部の二十カ条は、述語がなく文章として整っていない条項[37]があり、また条文構成上のまとまりを欠いていることなども指摘できる。[38] 例えば、五一一条「可被行倹約事」は過差停止を求めた条文であるが、その具体的内容が政務関連の事項を挟んで、五二四条以下に記されているのは不自然とすべきであろう。同様に神仏事に関わる五〇九条と五一〇条も、基本方針と言うべき条項は全国を対象とした後者にあるはずであり、九国という地域を限定した前者は後条に置かれてこそ、その意義がより鮮明となるだろう。他方前半部を対置すると、例えば神仏興行策として共通する四九一条と五〇九・五一〇両条では、後者は地域やその対象を限定した具体的な提案となっており、且つこの時期の主要な政策として執行[39]されてもいた。その他にも闕所地の御家人への給付や越訴奉行人の設置、地域名をあげた提言、さらには過差規制も詳細な規定となっており、総じて後半部は幕府を取り巻く実情を色濃く反映した内容になっていると思われる。この故に諸氏の論考は専ら後半部に着目してきたのである。

このように前後半部を比較すると、研究史が一致して指摘するところの安達泰盛という特定個人による提言とは思えないほどの相違が認められるのである。この点をいかに解するのかが、新御式目を理解するために重要な問題となるだろう。その手掛かりを、類似するとされてきた条文に求めて、次節で再検討する。

## 三　「類似」条文の再検討

さて類似条文とされてきたのは五項目である。既に細川氏などによる考察[40]があり、屋上屋を架すの感があるが、改めてみていきたい（史料を再掲するにあたって、後半部に位置する条項は二字下げる）。この内文言に相違はあるものの、重複とすべき条文は二項目である。

①（四九九）毎物可被用真実之倹約事

　　（五一一）可被行倹約事

②（五〇七）可被止臨時公事々

　　（五一七）臨時公事、不可被充御家人事

字句に若干の違いがみられるとはいえ、①が同一内容を規定していることは明瞭であろう。②の臨時公事について、後半部は御家人に対する賦課と明示している。前半部に客体を示す文言はないが、その対象となるのは主として御家人と解さざるをえまい。両条ともに、幕府による臨時公事賦課の停止に主眼が置かれていると思われるのであり、実質的な重複と理解してよかろう。

これに対して、残る三項目はやや趣を異にする。

③（四九一）寺社領如旧被沙汰付、被専神事仏事、被止新造寺社、可被加古寺社修理事

　　（五〇九）九国社領止甲乙人売買、如旧可致沙汰事

（五一〇）　自今以後、被止新造寺社、可被興行諸国々分寺一宮事

五〇九・五一〇両条は、四九一条を内容的に分割した条項と考えられる。寺社領の沙汰付けについて、五〇九条は九国社領に限った条項となっている。また新造寺社の停止という点では前後半に共通性があるが、古寺社の修理について五一〇条では国分寺・一宮と限定しており、後半部の両条はその対象を明確にしているという相違点が認められる。

④（五〇一）　在京人幷四方発遣人々進物、一向可被停止也　其外人々進物、可被止過分事

（五一五）　在京人幷四方発遣人所領年貢、可有御免事

前者は、在京人らが鎌倉を旅立つ際の進物を停止するという内容となっており、過差規制の一環という性格を持つ。[41]この点は、幕府関係者に対する規制と思われる付けたり的な「其外人々進物、可被止過分事」という文言にも明らかである。これに対して後者は、彼らの負担の軽減を提言した条項となっている。同じく在京人・四方発遣人の語が記されているとはいえ、これは対象者の同一を示しているのみであって、その規定内容は全く異なるとすべきであり、類似条文と解することはできない。

⑤（五〇八）　御領御年貢、毎年被遂結解、可被全御得分事

（五一六）　御年貢定日限可徴納、若過期日者、可被召所領事

関東御領からの年貢収納率の向上策として、五〇八条は幕府による「毎年被遂結解」ることの必要性を取り上げているが、五一六条では御家人に対する徴納期日の厳守と従わない者に対する処罰方針を記している。前者が幕府として取るべき方策を記しているのに対し、後者は納入の主体となる御家人を対象とした内容となっている。

細川氏を除きこの類似条文に言及した諸論考では五項目を一括しつつ、前後半の関連性を解く鍵としてきた。しか

しながら、文言に僅かな違いはあるものの、同一或いは重復とすべき条項が二項目存在していることは、このような区分に疑問を呈することになるだろう。では、規定内容に相違が見られる三項目については、この理解が成立するのかといえばやはり問題を残す。例えば⑤は、翌六月発布の追加法五四五条「所領年貢事」として立法化された。その事実書中には、

遠国者、翌年七月以前令究済、可遂結解。近国者、同三月中可遂結解。縦雖無未進、期日以前、不遂其節者、別納之地者、可落政所例郷。於例郷者、可令改易所帯也。

との文言がある。遠国・近国に分けてそれぞれの結解の時期を明示するとともに、その後半部においては違反者に対する処罰方針を定めていた。この追加法は、⑤として取り上げた両条を取り込みつつ、さらに一歩進めて細目までを指示した法令となっていることが判明する。とするならば、やはり今までのような理解は成り立たないことを意味していよう。

では類似条文について、細川氏のいう得宗と将軍という対象者の相違によるという説はどうであろうか。この場合でもやはり重復項目の存在が、その解釈の成立し難いことを示している。従って、今までの理解とは異なる観点が必要となることは明白であろう。

類似とされてきた三項目については、同一の内容を取り上げながらも、それぞれその視点の置き方或いは力点が異なることを明らかにしてきた。一方で重復とすべきものが二項目存在するということも無視できまい。なぜこのような条項が存在するのであろうか。ここには新御式目の性格を解く鍵があるように思われる。この点を次に検討したい。

通説は、新御式目をこの時期の幕政指導者安達泰盛個人による将軍又は得宗への上申と理解してきた。一人の人物の手になる政策提案と理解してきたことが、所謂類似条項の解釈を難しくしてきたといえる。ここで想起すべきなの

が、細川氏が指摘した、新御式目は別個に作成された二つの文書とする見解である。氏は、これを提出先の相違と解したが、この説が成立し難いことは述べてきた。そこで私見は、別人の手になる二通の上申書或いは提言書・意見書のごとき性格を持つ文書と考えたい。評定衆・引付衆、或いは奉行人などの文筆官人層による、幕府への政策提言とみるのである。一個人とすべきかグループによるものか、或いは三通以上提出されていたのかなど、詳細を明らかにすることはできず、推測に頼らざるをえないのではあるが、朝廷における意見封事の如く、諮問又は幕政への意見を求められたことに対する、その答申と理解したいのである。

このような視点に立つことによって初めて、上申形式であること、前後半の構成や書式の違いなど、これまでの種々の疑問を解消できるのではなかろうか。ここには、提言者間の政策的な意見・視点の相違や、彼らの個性が表れていると考える。さらには、従来解釈にやや苦慮してきた感のある、学問や武芸の奨励に関わる項目も、治世者に徳を求めているという点に着目すると、かえって相応しいとすらいえる条項なのではないか。最初から公布を目的としない文書であり、かつ諮問者と提出者との間には、後述するように、ある程度意思の疎通が図られていた節がみられることなどから、事書のみという一見特殊な形式を取っているようにみえても、提案者の意図するところは十分に諮問者に伝えることが可能であったと思われる。あくまでも政策の提言にとどまるのであるから、政策決定の場である評定あるいは寄合などで定められたと考える必要はないであろう。

幕府内において、このような政策提言が行われたことはあるのだろうか。研究史的には否定的見解が表明されており[42]、徳治三（一三〇八）年八月「平（中原）政連諫草[43]」や建長六（一二五四）年二月二十五日とされている「藤原茂範啓状[44]」などの僅かな例が、佐藤進一氏によって指摘されてきた程度である。但し前者第一条の事実書中の、

政連疎遠微弱之身、庸瑣愚鈍之性也。雖然、念々欲報恩徳、度々有献諫言。雖無賞翫、不違賢慮歟。仍不残鄙底、

重所言上也。

との文言を押さえて、佐藤氏は、政連がこのような諫言を「前にも何回にもやったことがあり、またこのひと一人のやり方ではないという感じもあります」と発言していた。[45] 幕府内においても意見書の提出が行われていた可能性を示唆していることは見逃せない。時期は遡るが、前章でも引用した『吾妻鏡』安貞元（一二二七）年十一月六日条には、

左近将監親実為奉行、連々地震事被驚思食。云善政篇目、云御祈禱事、可進意見之由、被仰諸道。（三条）

との記述があった。ここに天変に際しての善政策などを諸道に求めていたことが明らかとなる。この記事は、朝廷における意見封事を思わせる事例といえよう。[46] 史料的根拠は十分とはいえないが、幕府内においても、将軍らの諮問に答えて、意見の奏上が行われていたと考える。

私見が認められるのであれば、新御式目を法令＝制定法とする見解は勿論成立しない。それだけではなく、御成敗式目に代わる幕政の基本方針を示すという見解や、この時期の「政策綱領」であるとする見方にも、再検討の余地が出てこよう。その後発布された多量の追加法の内容と直接関連する条項が新御式目中に多いことを斟酌するならば、幕政の重要な参考資料となっていたことは確実である。ではあるが意見書という性格を持つ文書であるとしたら、この時期の政策に関して本式目に直接の法的根拠を求めることには、慎重でなくてはならないということになろう。さらには、この全三十八カ条が、即執行に移されたと考えることも、当然のことながら不可能となる。

安達泰盛を新御式目の提案者とする通説を否定してきた。彼を逆に、諮問者側とするのはどうであろうか。この問題を明らかにするためには、諮問が行われた時期を考慮する必要がでてくる。北条時宗の生前の場合であれば、当然時宗の名が浮上することになるからである。しかしながら、事書のみでかつ文章としても整わない項目があるなどという、簡潔な答申に終止していたことは、諮問とその答申が短期間に進められたことを示しており、時宗の死後一カ

月半余りという時間の経過は不要であったことを意味しているのではないだろうか。とすると彼の死後に諮問が行われたと考えざるをえないと思われる。従って時宗は除外できるだろう。

では諮問者を誰とすべきなのであろうか。とはいいながらもこの点については、確たる史料的根拠を見つけることはできず、全くの憶測にとどまることになるが、触れておきたい。従来からの説に従えば、泰盛の他にも将軍惟康や北条貞時などが予想されるだろう。しかし惟康については、この時期の将軍が執権を経由せずに直接吏僚層に指示を与えることはできないと推測されることから否定しえよう。また得宗となるべき貞時は、年少且つ執権職就任以前[47]であることから、やはり無理な想定といえるだろう。では泰盛なのであろうか。しかし上申という形式を取っていたことは、いかに幕府内の有力者であったとはいえ、彼個人に提出する文書としては相応しくないのではなかろうか。ともにやや消極的な論拠ではあるが、この三者については否定したい。

そこで北条時宗の死後ただ一人の執権（正式には連署）となった北条業時と考えてみたい。その根拠は、答申者を評定衆或いは奉行人層と判断したことにある。彼らに直接諮問しうるのは、評定制以下の諸機関を統轄し、評定衆以下を指揮下に置いていた執権以外いないと思われるからである。勿論彼個人に帰すべきものか、はたまた彼を中心として泰盛も含めた幕府首脳部という複数とみるべきなのかなど、さらなる検討を今後も要するが、少なくとも形式的には業時の名で諮問が行われ、彼のもとに提出されたと考える。

諮問はいかなる形式で行われていたのか、白紙委任のような状況を仮定すべきなのであろうか。ここで再度類似条文の考察に戻りたい。神仏関係についてみれば、以前から幕府内で何らかの動きがあった。同年五月三日付けの薩摩国守護島津久経に宛てた関東御教書[48]において、幕府が「薩摩国一宮国分寺事、往古子細、当時次第、并管領仁、及免田等、分明可令注申」しと指令していたことは、五一〇条にみるようなこの提言以前の段階で、一宮・国分寺に対する動きが幕府内に存在していたことを示している。なお同日に同一内容の関東御教書が高野山にも伝達されて[49]いたことより、五月三日には、全国一斉に守護人及び一宮・国分寺を管轄下に置く有力寺社に対して、同様の指示が行われていた[50]のであろう。

また「在京人幷四方発遣人」については、僅か七日後には、「守護人幷御使可存知条々[51]」として八カ条の指示が発布されていた。この内五三二条「夜討強盗山賊海賊殺害罪科事」の事実書中には、御家人或いは非御家人・凡下輩らによる罪科について、「両人相議、可令計沙汰之[52]」しと述べられている。この両人とは守護と御使を指すと判断できるのであり、守護の管国に御使の派遣が予定されていたことが判明する。この法令は、両名の合議による現地での取締りの強化を期しての指令であった。二年後の弘安九年三月二日付追加法五九三条「遠江佐渡両国悪党事」には、「守護人無緩怠可令沙汰。於御使者、明春可令帰国也」との文言がある。この点について岡邦信氏は、同七年に派遣された御使がそのまま現地に滞在していたと指摘[53]している。これらのことから幕府内では、同年全国に派遣した御使を、「四方発遣人[54]」と呼んでいたことが推測される。彼らの任務は、当初から長期化が予想されていたのであろう。事実長引いたが、そこで彼らに対する処遇などについての諮問が行われたのではなかろうか。注意しておきたいのは、新御式目の条項中では彼らの職務について、全く触れていないことである。とするならば、日程的に見て、答申が提出される以前の段階で、この追加法から明白となるような職権は決定済みであったと考えられる。このことは、在京人と御使＝四方発遣人の派遣自体は、既定事実となっていたことを意味するであろう。

即ち、地方支配体制の再建・強化のために在京人及び全国に使者を発遣するという方針そのものは、幕府内で固まっていたが、その実施にあたって予測される課題として、出発時の過差への配慮と、任務期間中の彼らに対する処遇がそれぞれ提案されていたと思われる。同様に神仏関係についても、その興行の方向自体は確定していたのではあるまいか。ただ対象とすべき寺社の範囲については、上層部の間から一宮・国分寺に対象を絞るべしとの考えも出されたが意見の一致をみることができず、この点も含めて、いかなる政策を取るべきなのかが諮問され、類似条文③で検討したような、提案者による相違が生じたと推測したい。

さて以上を認めうるとすれば、類似条文の存在には、特別の意味があるのではないだろうか。幕府内では、既に幾つかの項目については改革の方針案が大まかに策定され実施への意志を固めていたが、その執行にあたっての問題点や方向性或いは詳細を定めるための提案などを、幕府関係者に前もって意見として提出させることにしたと考えたい。この結果が、同一内容となったり視点の相違による異なる提言となって表れたと思われる。この点についてはさらに次節でも検証するが、改革にあたって政策綱領的なものが作成されていたとするならば、諮問以前の段階で策定されていた可能性が高いだろう。さらに付言すれば、このような諮問が行われるに至った背景には、この改革の方針又は政策について幕府内有力者間に意見の相違が存在していたと、想定することができるのかもしれない。

## 四　弘安七年六月十二日の関東新制

新御式目の成果或いはその意義は、どのように捉えるべきなのであろうか。短期間に多数の追加法が発布されており、かつこの式目と内容的に密接な関わりを持つ法令が多いことは、諸氏の研究によって明らかになりつつある。この故に高く評価されてきたのであった。本節では、さらに同年六月十二日に「関東ノ新制十九箇条ノ内、自今以後止新造寺社可興行諸国々分寺一宮事」という一カ条を含む、十九カ条の関東新制が発布されていたとする「清原宣賢式目抄」[55]の記述に着目したい。ここで引用されている条文は、五一〇条と同趣旨であるが、尊敬の助動詞「被」の字を同条からわざわざ削除[56]していることから判断して、新制の発布を示す史料[57]としてその信頼性は高いと考える。他方新御式目の前後半は、既述したように、それぞれ十八カ条と二十カ条で構成されており、条文数は新制と合致しない。とするならば、上申された項目を取り込みつつ、幕府は二〇日ほどの間に十九カ条の新制として公布していた可能性が出てくるだろう。史料的根拠は実はこの引用部分にとどまる。しかしながらも、あるいはこの検討期間を設けつつ幕府内において審議が行われ、諮問以前にある程度までは策定済みであった基本方針をもとに、答申内容の取捨選択やさらには付加を行いながら、制定法としての関東新制が発布されたと考えることは十分許されるのではないだろうか。

前節において、新御式目に先行して政策綱領的なものが立案されていたのではないかと推測した。この問題と六月十二日新制との関連について、迂遠な方法ではあるが、追加法の面からさらに考察する。

新御式目の提出から関東新制の制定までの間に、少なくとも十五カ条の追加法が発布されていたことが明らかとなっている。それを日付順に内訳をみていくと、本式目と同日に関東御領の調査指令（五二九条）、同月二十七日の評定で定められたとする「沽却質券地幷他人和与所領事」（五三〇条）・「諸人所領百姓負物事」（五三一条）の二カ条、及び先述の「守護人幷御使可存知条々」の八カ条（五三二〜五三九条）、そして六月三日発令の「河手」以下の四カ条（五四〇〜五四三条）となる。

村井氏は、これら追加法を五二九条を除き網野説に基本的に従いつつ、「悪党・博徒の禁圧」（地方支配あるいは地方統制策とするのが相応わしいと思われる）と「流通経済の統制」という項目中に分類した[59]。ところがこの二つの分類に該当する条項自体は、この新御式目中には含まれていないということにまずは注意を払うべきである。そこで順を違えて、守護人らを対象とした追加法から検討を加える。この八カ条は内容上より三点に分けることができる。(1)取締り対象となる犯罪を明示しつつその処置の仕方を定めた三カ条（五三二～三四条）、(2)犯罪者の身柄を確保するにあたって守護が留意すべき事項（五三五・三六条）、そして(3)犯罪者を収容する獄舎に関する事項[60]（五三七～三九条）、という配列になっている。従って主規定というべきものは(1)にあり、(2)と(3)とはいわばその付属規定ということになろう。そこでまずは(1)に注目したい。ここに示される「夜討・強盗・山賊・海賊・殺害」・「悪党」・「博奕」という犯罪は、早くから幕府の禁圧対象とされてきた[61]。流通統制策とされる「河手」以下の四カ条も、既存法の修正・再施行という性格を持っている[62]。

以上の二つに関連する条項が新御式目中に登場しないのは、ともにその徹底化や強化の意図は明白であるが、従前からの政策を基本的に踏襲しているという点に求められるだろう。両者ともに既存法の修正に基づく施行という共通性をもっており、幕府内においても意見の相違や対立をそれほどみることなく、これら追加法の事実書に記されているような細目に至るまで、当初の方針中に含めることが出来たのではないだろうか。他の項目とは異なりこの二つについては、新制の発布以後霜月騒動までの間に、関連する追加法が発令されていないことも、新御式目とは直接的な結びつきを持たないとする私見を支持するだろう[63]。

本式目の提出日から新制の制定までの期間中に発布されたこれら追加法については、この式目とは結びつきを持たないとした。このように考えたうえで、改めて基本方針・新御式目・新制の三者の関係に触れておきたい。北条時宗の生前であるのか没後となるのか時期は不明だが、幕府内で改革への機運が生じ[64]、まずは有力者間で基本方針の策定作業が行われたのであろう。その際に地方統制策と流通関係については、主として既存の法を修正・再施行するという方向でまとまり、時間をそれほどおかずに追加法を発令できた。しかし寺社興行策などにみるように、幾つかの項目については、意見の不一致やなお考慮すべき点などが残されることになったと推測される。そこで範囲を広げて意見を求めることにして、改革の基本的方向や素案を伝えつつ、関係者らに諮問することになった。その答申ともいうべきものが、「新御式目」として残されたという流れの中で考えることができるのではないだろうか。[65]その後幕府は、基本方針と提出された文書とにさらに検討や修正を加えて、最終的に固まったところで関東新制を発布して、[66]いよいよ改革作業が本格化していったのではなかろうか。それが矢継ぎ早に発令されたおびただしい数の追加法として現在に残されたと考えられる。従って、この改革の中で執行に移された政策は、その成案に至る過程の面から見ると、二種類に分けることができるだろう。一つは、以前からの政策の継承という面の強いもので、守護らへの指令からも明らかとなるように、早くに細目までの策定が終り、基本方針どおり順次法令として発布された。二つ目は、朝廷を含めて他に与える影響を考慮せねばならない新規の、乃至は従来の政策を大きく転換させねばならない施策で、これらは提案を参考にするなどさらなる慎重な審議を行いつつ、時間をかけて練り上げていったと思われる。推測に推測を重ねたが、この間の様相を以上のように考えたい。

## おわりに

「新御式目」についての拙い考察を終えるにあたって、本章で論じてきたところを簡単に纏めておきたい。

鎌倉幕府後期の政治姿勢を示す史料として極めて重要視されてきたこの式目は、上位者への二通の答申書として理解されると結論付けた。評定衆以下幕府職員らの手による政策提案としての意味を持っていた。従って政策綱領という性格よりは、荻野由之氏の意見書説が正鵠を射ていると考える。「新御式目」という呼称は誤解を招きかねないのであり、今後は「上申状」又は「意見状」と称することを提案したい。「新御式目」という名称と史料中の「条々公方」の文言の、この二点が幕府の公式文書とする誤解を生んだ主要因となったと思われる。この文書は、過大に評価されてきたと言わざるをえまい。一上申状に過ぎないのであるから、盛り込まれている項目が全面的に実施に移されていったとみることは、到底できないことを再度強調しておきたい。このことは両文書を単に比較しても、提言内容に相違がみられることに明らかである。当然のことながら法的な根拠としてはならないのであり、追加法などを基に慎重に検討していく必要性がある。

この史料に依存し、且つその作成者に霜月騒動で滅亡した安達泰盛を想定した結果、彼の主導とその反対勢力との攻めぎ合いに、当該期の幕政の特徴をみる研究が主流となってきた。対して本章では、幕府上層部による基本方針の策定後に幕府職員らに対する諮問が行われ、次いでその提案を受けて修正及び追加がなされ、これが最終的には新制の条文として盛り込まれて、いよいよ政治改革が本格的に進むという道筋で、この時期の政策決定過程を捉えるという試論を提出した。ここで幕府上層部という極めて曖昧な表現をとった。これはこの過程を主導した人物を本章が想定した北条業時一人と断定してよいのか、なお躊躇するものを感じていることによる。奏上が行われていたことは、政策の策定作業に文筆官人層以上の地位の者が関与していたことを示す。であるならば、この時の改革案（基本方針）の作成に携わった者として上層部という、複数で捉える可能性は十分残されているといえるのであり、今後とも考察を要する。

この時期の政策、さらには幕政の特質を理解するためには、追加法を中心とした前後を含めた史料の全面的な分析が必要になる。しかし本章では、上申状（「新御式目」）の考察に集中したことから果せなかった。幕政の転換期とする見解にも、私見を加えることができなかった。これらの解明のためには、村井章介氏らが手がけた研究を[67]、さらに推し進めていくことが重要となるだろう。また奏上の対象者を業時と推定したが、確たる根拠を示すことはできず、ここにも余地を残した。余りにも大きな課題を残し、推測を重ねたところも多く、不十分な考察に終始してしまった。なお論じ残した二つの点に触れておく。

まずは前章において分析を加えた弘長元（一二六一）年関東新制と弘安七（一二八四）年関東新制の双方の制定過程から導き出されることである。弘長の場合は、前年の後半から審議が始まり、政所以下の諸機関などが条文の作成に関与していたことを指摘した。また弘安では、重臣層を中心にまずは政策の立案が行われ、これに評定衆以下奉行人層などに意見を求めつつ新制条文が制定されていったと想定した。このように新制の制定という限られた局面に限定されるとはいえ、慎重に時間をかけつつ、奉行人層を含め幕府内において組織的な政策決定が行われていたという視点は見逃されてきた。諸研究においては、ややもすれば幕府の諸政策の決定について、将軍・得宗や或いは時の権勢者という、個人の権限に帰する傾向が強かったことは否めないのではないだろうか。この結果として、権力抗争の中に政策を埋没させてしまう嫌いがあったように思われる。今一度幕府の政治体制というものを見直す必要があるだろう。

最後に、その後の関東新制についてみていく。とはいえ確実な史料的根拠に欠けるところがあり、推測に止まらざるをえないことを予めご了承いただきたい。

水戸部氏は、弘安七年の関東新制として、本章が論じた六月十二日のほかにも、十月二十二日の追加法を指摘[68]していた。確かに同追加法の冒頭には「御新制」という文言があり、条文も相応しい内容とはいえよう。しかしながら事実書中に「元三狩衣」とあり、「自明年正月可被行」しとする施行時期からみて、正月を迎えるにあたっての規制を意識した条文となっていることにまずは着目すべきであろう。六月時点の新制は、幕政改革の基本政策を策定するという性格・意義を持つとした。そしてその具体的な政策の展開は、施行上の細目を含めた個別的な立法によって、順次発令されていったのではないかと考えた。この点を考慮に入れるならば、この追加法は、新制で示されていた過差禁止の方針を具体化した法（の一つ）と推断しうる。即ち、六月の新制は、弘長元年の新制と比較して条文数が少なく、過差停止という基本的な政策を定めるにとどまっていた可能性が高い。従ってこの二つは切り離して捉えるのではなく、新制の具現化という動きのなかで捉える必要がある。この意味で同年の新制としては、六月新制を押さえるだけで十分であろう。(69)

また水戸部氏は弘安以後について、永仁五（一二九七）年の所謂徳政令(70)以外に、正応三（一二九〇）年に発布された追加法六二一～六二七条を新制と指摘していた。この七カ条は、「条々」と題されて『中世法制史料集』第一巻が収載するが、『続群書類従』所収「新御式目」の首行では同法を「新制条々七ヶ条」と記していた。且つ「造作事」以下「六斎日、二季彼岸、自八月一日至十五日殺生事」に至る条項まで、従来からの幕府発布の新制項目を継承した内容となっている。特に前章で論じた弘長元年新制の施行を命じた守護などに宛てた文書と類似していることも指摘できるのであり、同氏の見解は首肯し得よう。(72)

嘉元二（一三〇四）年三月には天変を契機として公家新制が発布されていたが、同年二月十二日付けの若狭守護（北条宗方、当時鎌倉在住）に宛てた追加法七一〇条「公私修理替物」の事実書には「臨時課役不可充土民之由、被載制符」ると記されている。この法令は、弘長元年新制の三六一条と同一内容であり、まさに徳政策とみなしうる条文である。文中の「制符」がこの年に関東新制が発布されていたことを意味するのかは詳らかでないが、もしこの解釈に誤りないとすれば、同一年次に公武ともに制定していた例ともなる。

前章でも触れたように、室町幕府も又公家新制を意識して追加法を発布していたことを考えるならば、前述の史料以外にも、幕府は新制を発布し続けていた可能性が高いと考えるべきであろう。(73)この時代後期の幕政の方向性を探る上でも、関東新制の解明は重要な課題であり、今後の研究を待ちたい。

注

（1）佐藤進一・池内義資両氏編『中世法制史料集』第一巻　鎌倉幕府法（岩波書店、一九五五年）第二部追加法　第四九一～五二八条（以下同書よりの引用は、年次・番号で記す）。

（2）五味氏「執事・執権・得宗」（同氏『吾妻鏡の方法』吉川弘文館、一九九〇年、初出は一九八八年）二二一頁参照。

（3）海津氏「異国降伏祈禱体制と諸国一宮興行」（一宮研究会編『中世一宮制の歴史的展開』下、岩田書院、二〇〇四年）参照。なお後掲注(11)同氏著書及び後掲注(18)の諸論文も参照のこと。

（4）荻野氏「建武式目の弁」・「建武式目弁補正」（國學院論纂『法制論纂』、一九〇三年）。

（5）佐藤進一・池内義資両氏編『中世法制史料集』第二巻　室町幕府法（岩波書店、一九五七年）の「建武式目」の解題参照（なお以下同書よりの建武以来追加の引用は、年次・番号で記す）。

（6）水戸部氏『公家新制の研究』（創元社、一九六一年）。同氏は、新御式目のほかに六月三日（五四〇～五四三条）、同月十二日（第四節参照）、八月十七日（五四八～五五八条）、十月二十二日（五六三～五六五条）、さらに月日不詳（五七四～五七七条）の合計六度の新制が、同年中に発布されたと指摘している（二四六～二四七頁参照）。「関東新制」との名称については前章で論じた。

（7）網野氏『悪党と海賊』（法政大学出版局、一九九五年、初出は一九七二年）所収。同氏『蒙古襲来』（小学館、一九七四年）は、この時期の追加法を含めた詳しい分析を行っている。

（8）古沢氏『鎌倉幕府と中世国家』第Ⅳ章（校倉書房、一九九一年）参照。網野氏自身も前掲注(7)書所収論文において、後代の書き込みの可能性を認めていた（六七頁参照）。

（9）五味氏前掲注(2)論文参照。なお同氏「公方」（網野善彦氏他編『ことばの文化史』中世3、平凡社、一九八九年）及び同氏『大系日本の歴史』五巻　鎌倉と京（小学館、一九八八年）三四六～三五一頁においても新御式目について論及している。

（10）五味氏は、前掲注(2)論文において、この式目の五二二・五二三両条に記されている服装について、「得宗でなくてはならない」と断定するが（二二五頁）、その根拠は示していない。例えば安貞二（一二二八）年十月の将軍藤原頼経の方違に際しては、五二三条の「直垂立烏帽子」姿は、六位の行粧として記されている（『吾妻鏡』同月十五日条）。このように同書では、ほぼ供奉人以下の一般的な装いとして頻出しており、得宗に限定することには納得できないものを感ずる。

(11) 海津氏『蒙古襲来』(吉川弘文館、一九九八年)一三八頁〜一四〇頁参照。

(12) 佐藤氏「鎌倉幕府政治の専制化について」(同氏『日本中世史論集』岩波書店、一九九〇年、初出は一九五五年)など参照。

(13) 細川氏『鎌倉政権得宗専制論』第二部第一章(吉川弘文館、二〇〇〇年。初出は一九九二・九三年)参照。

(14) 村井氏「安達泰盛の立場」(中世東国史研究会編『中世東国史の研究』東京大学出版会、一九八八年)及び同氏『北条時宗と蒙古襲来』(日本放送出版協会、二〇〇一年)参照。

(15) 前掲注(14)書二一二頁の表参照、同書では後半部の奏上対象者については明瞭ではない。なお同注の論文は、その対象者を将軍とするなど、網野説に依拠した叙述となっていた。

(16) 村井氏は、新御式目とこれら追加法について、I君徳の涵養、奢侈の抑制、II関東御領の興行、III主従関係の確立・拡充、IV悪党・博徒の禁圧、V在京人の派遣、VI流通経済の統制、VII訴訟制度整備・訴訟担当者引き締め、VIII寺社領・仏神事の興行、という八項目に分類した(同氏前掲注(14)書二一二頁の表参照)。

(17) 南氏『蒙古襲来と鎌倉幕府』(臨川書店、一九九六年)参照。

(18) 海津氏前掲注(11)書及び「『元寇』、倭寇、日本国王」(歴史学研究会・日本史研究会編『日本史講座』四、東京大学出版会、二〇〇四年)参照。前掲注(3)論文、さらに同氏『中世の変革と徳政』(吉川弘文館、一九九四年)においても新御式目に論及している。

(19) 実際に同年十月に政所張文という形式を取った「御新制」が発布されている(前掲注(6)参照)。この法令については、本章末の「おわりに」も参照のこと。

(20) 山鹿素行先生全集刊行会編『山鹿素行先生全集』第三六巻、武家事紀(山鹿素行先生刊行会、一九一六年)にも収載されている。同書所収の追加法については、前掲注(1)書解題が、「近衛家本追加」乃至その系統の追加集を参照した可能性を指摘している。

(21) 『続群書類従』二十二揖下 武家部。ここで「新御式目」の成立について若干触れておきたい。同書所収の全百四十四カ条の追加法について、前掲注(1)書の解題では、新御式目の成立について、配列されている条文を(イ)第一条から年代順の九七条まで、(ロ)鎮西宛ての九八〜一二八条、(ハ)室町幕府法を含む内容雑多な一二九条から最後となる一四四条までと三分類し、(イ)→(ロ)→(ハ)の順に付加されていった、即ち(イ)が同本の原形で、その後二段階で追加された可能性を指摘している。この内(イ)と(ロ)は、「近衛家本追加」

の二六三条（同写本の条文番号については、前掲注(1)書に従う）以降同本の最末となる三九一条までの一二八カ条は、両者とも条文配列が完全に一致する。とすると「新御式目」は、「近衛家本追加」又は同系統の追加集に基づき(イ)と(ロ)は同時に写されたのではないだろうか（この場合同書の冒頭から二六二条までの扱いをどのように考えるのかという問題、さらに冒頭の日付は「新御式目」のみに記されていることをどうみるのかなど幾つかの問題が残される）。(ハ)の十五カ条についていえば、「近衛家本追加」で六カ条を確認できるが（延応二年三月十八日追加法一三四・同年四月二十日追加法一三九・同年五月一日追加法一四三・建長七年三月二十九日追加法三〇三各条及び年月日不詳参考資料七五・正応三年月日不詳参考資料七九両条）、他方室町幕府法が二カ条（康正元〈一四五五〉年十月二日追加法二五六・永正七〈一五一〇〉年十二月二十日追加法三七七条）、また本書にのみ収められている条文もある（寛元元〈一二四三〉年八月二十六日追加法二一二条）。故に(ハ)の原拠については不明とせざるをえない。

(22)「貞応弘安式目」収載の全百二カ条は、その末尾に掲げる新井白石本からの「異本式目」を除くと、「近衛家本式目追加条々」の条文と完全に一致する（前掲注(1)書の解題を参照）。
　前掲注(21)の二写本を含め新御式目を伝える四種五本（内一本は内閣文庫本の写本が東大史料編纂所に収蔵されている。武家事紀本を加えるならば六本となる）の写本が残されているが、実質的には、「近衛家本追加」系統と「近衛家本式目追加条々」系統との二本となる。

(23) 両写本は首部を「条々」とする。また途中の「条々公方」の語は、「貞応弘安式目」は一つ書きの形を取っている（「新御式目」及び「近衛家本追加」にこの文言はない）。古沢・網野両氏も、疑問が残ることを指摘していたことは、前掲注(8)参照。

(24) 同氏前掲注(13)書二二四・二二五頁において、残る一つとして、弘安七年八月十七日追加法五四八〜五五八条の首部に、「近衛家本式目追加条々」及び「貞応弘安式目」の両本に、「十一ヶ条新御式目」との文言が記されていることを指摘している。

(25) 細川氏前掲注(13)書二二三〜二二七頁参照。

(26) ただし一方で氏は、この公方は将軍を指すとして（前掲注(13)書二四八頁）、後半部が彼に提出されたことの論拠の一つとした。ここにはやや混乱が見られ、折角の成果を生かし切れていない。

(27) 従って、新御式目に関しては、脱漏や重複などの史料的な問題を抱えるとしても、「近衛家本式目追加条々」系統の写本が「公方」の語を除くと原形に近いと考える。

(28) 五〇六条の施行例に、同年八月三日発布の追加法五四七条がある。五〇七条については後述参照。

(29) 南氏による条項の分類に従っても、必ずしも前後半それぞれ対応していない(前掲注(17)書八七頁参照)。さらにいえば、南・海津両氏が主張するように後半がその具体化であるのならば、前半の基本政策を十分吟味・議論を重ねての審議が必要なはずで、その結果として遅れての発令となると思われる。しかしながら同時に成立したことが動かせない以上、同一の日付という点にも釈然としないものを感ずる。

(30) 例えば、雑色以下凡下を対象とした弘長元(一二六一)年二月三十日関東新制中の追加法三八三条などを挙げることができる。

(31) 南氏前掲注(17)書八二・八三頁参照。

(32) 後半部の条文構成については、既に前半部を含めた南氏による事項別分類がある(前掲注(29)参照)。また村井氏は、後半部及び霜月騒動が起きた翌年十一月までの追加法を含めた分類を行っている(前掲注(16)参照)。

(33) 唯一四九七条「殿中人々、毎日可有見参事」は上申という形式を取っていない。これは、「殿中人々」＝御家人の行動を、直接の対象にしているためと考える。

(34) 四九七条については異論が出るかもしれない。前掲注(33)で触れたように、直接的には御家人を対象としている。しかしながら、この条項の施行に際しては、幕政担当者より御家人に対して指令が出されるという性格を持っていることを考慮して、②の項目内に位置付けた。

(35) 五〇一条は、御使への「進物」の規制であり、過差の停止に関わる(第三節参照)。次に五〇〇条「殿中人礼儀礼法、可被直事」と五〇二条「可被止雑掌事」にも、説明を加えておきたい。前者については、史料的根拠とすべきものを持たないが、服飾規制を含めた礼儀礼法と考える。後者の雑掌について、南氏は「雑餉」とする解釈をとったが(前掲注(17)書八六頁参照)、単に雑掌の数的規制と解することもできる。どちらにしても過差規制と判断してよかろう。

(36) 例えば、五〇三条は、弘長元年二月三十日関東新制中に同様の条文がある(追加法三六〇条)。五〇六条も文永十(一二七三)年七月十二日追加法四五三条と実質的に同じ内容となっている。注目されてきた四九一条にしても、寺社領の沙汰付けの部分を除くと、御成敗式目の第一条・第二条に淵源を持つとすべきだろう。

(37) 例えば、五二二・五二三・五二六条の三カ条が挙げられる。

(38) 南氏による分類に従っても、順を入れ替えざるを得ず、整合性を欠いていることは明らかである(前掲注(32)参照)。

(39) この後幕府による一宮・国分寺支配が強化されていくことについては相田二郎氏『蒙古襲来の研究』(吉川弘文館、一九五八年)

第三章、及び追塩千尋氏「中世前期国分寺の存在形態」（同氏『国分寺の中世的展開』吉川弘文館、一九九六年、初出は一九八四年）など参照。なおこの時の沙汰付が執行されるにあたっては、九国に限定されるものでなかったことは、伊勢神宮領についての上横手雅敬氏「弘安の神領興行令をめぐって」（同氏『鎌倉時代政治史研究』吉川弘文館、一九九一年、初出は一九七六年）、及び海津氏前掲注(18)書第一章など参照。

(40)　細川氏もこの五項目の分析を行い、本文後述中の①・②・⑤の三項目を重複と理解して、上申対象者の相違を示す論拠の一つとした（同氏前掲注(27)書二四五～二四八頁）。⑤が内容的に異なることは後述参照。

(41)　さらにこの条項が、過差規制を連ねた中に位置していることも傍証となるだろう。

(42)　佐藤進一・網野善彦・笠松宏至各氏『日本中世史を見直す』（悠思社、一九九四年）二五・二六頁における網野氏の発言参照。

(43)　「尊経閣所蔵文書」（『鎌』一三三六三号）。

(44)　「金沢蠹餘殘篇」（『鎌』七七一三号）。

(45)　前掲注(42)書における佐藤氏の発言（二七頁）参照。この「諫草」が、新御式目と同様に、冒頭に「条々」との文言で始まる点も興味を引く。

(46)　鎌倉時代の朝廷の意見封事に触れた論文に、奥田環氏「九条兼実と意見封事」（『川村学園女子大学研究紀要』一号、一九九〇年）がある。新御式目と近接するところでは、朝廷内で文永年間に二度行われていた（文永五年・同十年）。

(47)　彼の執権就任は七月七日である（『関東評定伝』同年条、『群書類従』四輯、補任部）。

(48)　「薩藩旧記　前集八　国分寺文書」（前掲注(1)書の「補遺（二）幷訂正　第二部　追加法　補七」）所収。なお村井氏前掲注(14)論文参照。

(49)　「高野山文書」（前掲注(1)書の「補遺二　第三部　参考資料　補七」）。建武三年三月日長門住吉社大宮司幷供僧神官等申状案（「長門榊原家所蔵文書」、松岡久人氏編『南北朝遺文　中国四国編』三〇五号）においても、「弘安七年五月三日、神領以下可注進事」との割注のある関東御教書の存在を知ることができる。ここには神領とのみ記されているが、日付から判断して同様の指示であったろう。

(50)　なお新御式目と同日、越中・越後両国の守護であった北条（名越）公時に対して、関東御領に限定した内容ではあるが、「当知行之交名、田畠在家員数」の注申を命じていたことも関連していよう（追加法五二九条参照）。

(51) 同月二十七日追加法五三二条～五三九条参照。この追加法の意義などについては、西田友広氏「鎌倉幕府検断体制の構造と展開」(『史学雑誌』一一一編八号、二〇〇二年) 参照。

(52) この条々中の五三三条「悪党由有其聞輩事」及び五三四条「博奕輩事」においても、両者による対応を定めている。

(53) 岡氏「鎌倉幕府における地方監察の使節について」(同氏『中世武家の法と支配』信山社、二〇〇四年、初出は一九八〇年) 五八頁参照。西田氏前掲注(51)論文も同様に理解している。鎮西への御使の派遣は、同年十一月末のことであり (村井氏前掲注(14)書二二六頁参照)、彼らの出発時期をいつとすべきか、史料的確認はできない。西田氏は、同論文において、十一月以前と推測している。

(54) 在京人について、村井氏は前掲注(14)書で六波羅強化策としてその職員が派遣されたと解釈した (二一三・二一四頁参照)。本文中で触れた追加法五三二条及び五三三条の事実書中において、御家人の違犯者を六波羅へ「召進」するよう幕府が指示していたことはその傍証となろう。幕府は守護人のほかに現地へ御使を派遣し取締りを徹底するとともに、六波羅探題管轄国については違反者を六波羅に送致することにより、地方統治の強化を意図していたと思われる。

(55) 池内義資氏編『中世法制史料集』別巻　御成敗式目註釋書集要 (岩波書店、一九七八年) 四二六・四二七頁参照。

(56) 本文で触れたように「被」の字句を挿入すれば、五一〇条と全くの同文となる。このことは、類似条文の③で触れた四九九条はその対象を「古寺社」としていたが、幕府が最終的に受け入れたのは五一〇条の提言であったことを示すものである。

(57) 水戸部氏は、前掲注(6)で示したように、この年六度の関東新制の発布を指摘した。この点に触れておきたい。この内、新御式目・後述する六月三日付け流通関係の追加法 (五四〇～五四三条)・八月十七日付け及び月日未詳の裁判関係の追加法 (五七四～五七七条) の四度については、氏自身論拠を示しておらず、また史料的にも新制と断ずべき根拠というものをみいだせない。従って新制としての可能性が認められるのは、本文中の六月十二日と前掲注(6)に挙げた十月二十二日発布の追加法との二つとなる。

(58) 前掲注(1)書編者は、追加法五七三条「寺社御寄進所領事」も同日の可能性があることを指摘しているが、本章では触れないこととする。

(59) 前掲注(16)参照。

(60) 石井進氏他編『日本思想大系　中世政治社会思想』上 (岩波書店、一九七二年) の、この三カ条についての頭注参照。

(61) 近藤成一氏は、幕府法においては悪党の意味が本文中に記した「夜討」以下の犯罪にほぼ限定されていたと指摘している (同氏

「悪党召し捕りの構造」、永原慶二氏編『中世の発見』吉川弘文館、一九九三年）。従って五三二条こそが主たる規定となるだろう。西田氏前掲注(51)論文も参照。

(62)　河手と津料については、近接しているところでは弘安四年に発布されていた（同年四月二十四日追加法四八五条）。その徹底化を図る方向で修正を施していたことは、同条についての事実書中における、河手に関する「帯　御下知之輩者、不及子細之由、先日雖被仰下、同被停止了」という文言にも明らかである。さらにこの点を示す史料に、同年中に発布されたとされる、東大寺からの伺問に答えた追加法五七二条がある。

この時流通統制策が取られたのは確かであろうが、新御式目と直接結びつけることはできない。村井氏は、「雑人利銭負物事」（弘安七年八月十七日追加法五五九条）・「問注所申鎌倉住人利銭事」（同日付追加法五六〇条）及び「諸人所領百姓負物事」（同八年四月十六日追加法五七九条）を「流通経済の統制」の項目に含めた。確かに五七九条は関連するかに見えるが、その内容は五三一条の修正であり同条の廃止を定めた法である。前二者は訴訟との関わりで捉える必要がある。五五九条は御成敗式目第四一条の再確認と思われる（前掲注(60)書の同条頭注参照）。五六〇条は問注所からの伺問に対する回答であり（同じく同書の頭注参照）、適用範囲も鎌倉市中に限定されていた。従ってこの政策に該当する追加法は、新御式目の提出から関東新制の発布までの僅かな期間に限定して発令されていたとしてよかろう。

また同氏は、地方統制策に関連するこの式目中の規定として、「在京人幷四方発遣人」に関わる五〇一・五一五条を挙げていた。しかしながらこの両条は、本文で論じたように、付帯的ともいうべき彼らに対する進物の規制と処遇についての提言となっており、その職務に関わるものではない。彼らの本務が地方統制にあることは確かだが、両条の趣旨と直接的には結びつかないと考える。

(63)　残る三カ条の追加法について簡単に触れておきたい。五二九条について、村井氏は関東御領興行策に分類したが（前掲注(14)書二一二頁の表参照）、ここに限定されるものではなかろう。調査の指示にとどまる点に着目すれば、弘安徳政の一環に関わることは当然認められるが、それ以上にこの時の政策全般に関わる、いわば基礎資料にするという意味合いを持っていることから、急ぎ発令されたと考えたい。また五三〇条の主眼は、沽却質券と他人和与後の年貢納入者の確定にあり、五三一条は手続法としての意味がある。ともに新御式目そのものとは、直結することはできない法令であろう。

(64)　この改革の契機としては、蒙古襲来の戦後処理問題と第三次襲来への備え（網野氏前掲注(7)論文六八頁参照）、貞時への代替わり（五味氏前掲注(2)論文二二二頁）、危機管理の総決算（海津氏前掲注(11)書一三四・一三五頁）などが、指摘されてきた。

(65) 公家新制の場合も、徳政意見を基礎として議定の場で新制の制定作業が行われていたことを考えると、無理な仮定とはいえないだろう（稲葉伸道氏「新制の研究」『史学雑誌』九六巻一号、一九八七年参照）。

(66) この新制の条文は、新御式目と実質的に同文の一宮・国分寺に関する一カ条のみが判明するに過ぎない。この点と条項数の類似とをもって、本式目と新制との相似を想定してはならない。例えば、「在京人并四方発遣人」についていえば、新制では、同文書に記されているような付帯的なものではなく、追加法五三二〜五三四条に示されているような職務内容に関わる項目を規定したであろう。前章で論じた弘長元年二月三十日関東新制においても、守護・地頭に対して、「海賊山賊」等の禁断（三六八条）と博奕停止（三九四条）が命じられていたことが参考になる。同新制の条文を見ると、幾つかの項目については前年のうちに単行法令として先行して発布されていた。そしてその追加法が、ほぼ同文のまま、この新制中に再び取り込まれ立項されていたことは（例えば、文応元〈一二六〇〉年十二月二十五日追加法三三三条と新制中の三六九条など）、この推測を裏付けるものではあるまいか。同様に過差禁制についても、主要とみなされた項目に限定されていたであろう。さらに新制の制定が当初から予定されていたとするならば、新御式目中の詳細な過差項目の存在の理解も容易となる。というのは、朝廷と同様に、幕府はこの規制を新制の主要項目として一貫して捉えていたことから（前章参照）、諮問の段階で既に規制内容についても、その案を求められていたと考えることが可能となる。

(67) 村井氏前掲注(14)論文及び著作参照。

(68) 水戸部氏前掲注(2)書の二四六〜二四七頁の関東新制の一覧表中においては、前掲注(19)に示した追加法を新制としていた。なおこの一覧表には幾つか疑問点があり、前章及び本章前掲注(6)などで指摘した。本章末に不十分なものではあるが、武家新制の一覧を収めた。

(69) 但し、六月新制が過差停止の原則を示した一カ条のみを定めたと断定するつもりはない。本文の如き正月というような時期を限定しない、例えば前章で論じた弘長元年新制の諸条文（例えば三六〇・三六四・三六五各条のような）などの一部が盛り込まれていた可能性は十分あると考える。或いはまた十月新制を本書第一部第一章で論及したような単行法令的な過差禁制と位置付けることができるのかもしれないが、詳細は不明とせざるをえない。

(70) 関東新制として徳政令をどのように位置付けるのかは、極めて重要な論点となるが、本章では言及できなかった。今後の課題としたい。

(71) 弘長元年二月三十日追加法三九八～四〇〇条、及び同年四月二日追加法四〇一～四〇四条参照。

(72) さらには同年中の発布とされる追加法六二九条「神社仏寺訴訟事」中の「早速可有沙汰之由、可被仰五方引付歟」も、或いは同新制中に含まれるか。

(73) その他に年未詳の追加法七三九～七四三条も内容的には、新制条文の一部とみることができるかもしれない。但し前述の正応三年とする可能性も残っている。

**【別表3】** 鎌倉・室町幕府発布新制及び過差禁制一覧表

| 発布年月日 | 新制 | 禁制内容（＊2） | 条文数 | 典拠（＊3） | 備考 |
|---|---|---|---|---|---|
| 嘉禄元（一二二五）・10・29～同2・1・26 | ＊ | | | 追加法、吾妻鏡 | 三カ条判明。元年の公家新制の施行及び再施行 |
| 寛喜3（一二三一）・1・29？ | | 過差規制 | 不明 | 吾妻鏡 | |
| 延応2（一二四〇）・3・18 | ＊ | | 不明 | 吾妻鏡、追加法、弘長新制傍書 | 十三ヵ条判明 |
| 仁治2（一二四一）・12・1 | | 過差規制 | 不明 | 吾妻鏡 | |
| 建長5（一二五三）・9・16 | ＊ | | 二七ヵ条 | 吾妻鏡、追加法、弘長新制傍書 | 「延応法」に十三カ条を加える。他に公家新制も施行 |
| 正嘉年間（一二五七～五九）？ | | | 不明 | 同右 | 過差規制などが？ |
| 弘長元（一二六一）・2・30 | ＊ | | 六一ヵ条 | 吾妻鏡、追加法 | 全条判明 |
| 文永3（一二六六）・8・16以前 | | 過差規制 | 不明 | 吾妻鏡 | |
| 弘安7（一二八四）・6・12 | ＊ | | 一九ヵ条 | 清原清賢式目抄 | 一カ条判明 |
| 同　年　10・22 | ＊ | 過差規制 | 三カ条 | 追加法 | 全条判明 |
| 正応3（一二九〇）・？・23？ | ＊ | | 不明 | 同右 | 七カ条判明 |
| 嘉元2（一三〇四）・3？ | | | 不明 | 同右 | 一カ条判明 |
| 貞和2（一三四六）・12～6・2？ | | 過差規制 | 七カ条 | 建武以来追加 | 「倹約条々」 |
| 貞治6（一三六七）・12・29 | | 同右 | 五カ条 | 同右 | 「禁制条々」 |
| 永和2（一三七六）・3・27 | | 同右 | 一カ条 | 同右 | 「新　制」 |

上記新制欄の＊は、水戸部正男氏『公家新制の研究』（創文社、一九六一年）で指摘済みの関東新制。なお本書で検討できなかった永仁五年の徳政令など徳政令関係は表から省いた。

＊2　この欄には単行法令的過差規制のみを記す。

＊3　この欄の追加法については、鎌倉幕府は佐藤進一・池内義資両氏編『中世法制史料集　第一巻　鎌倉幕府法』（岩波書店、一九五五年）、室町幕府は同氏編『中世法制史料集』第二巻　室町幕府法（岩波書店、一九五七年）、それぞれの条文番号を記した。「傍書」については、第二部第

一章参照。「清原清賢式目抄」は池内義資氏編『中世法制史料集』別巻　御成敗式目註釋書集要（岩波書店、一九七八年）参照。

# 第三章　鎌倉幕府前期の問注所について

## はじめに

鎌倉幕府訴訟制度の研究は、周知のとおり、石井良助[1]・佐藤進一[2]両氏の成果を継承しつつ進展してきた。しかしながら、両氏の研究の中心が鎌倉中・後期に置かれていたこともあり、源家将軍期については依然不明瞭な点が少なくないように思われる。

しかるに近年、この分野にも漸く注目すべき諸研究が発表されるようになってきた。ジェフリー・P・マス氏[3]や工藤勝彦氏[4]等による裁判機関としての問注所の機能・位置付けに関する論考や、山本幸司氏[5]による裁許状の分析に基づく訴訟制度の考察など、多様な視点からの研究が登場してきた。

本章では、先行論文に依拠しつつ、鎌倉幕府前期の訴訟制度について、特に問注所の活動を中心に検討を加えることを目標とする。なおここで課題を限定しておきたい。ややもすれば近年の研究では、源頼朝期における問注所の活動を否定的に評価しがちであった。そこでまず、幕府機構のなかで問注所が占めていた位置を、もう一度見直すことから始めたい。そのうえで、問注所勘状の分析を行うこととする。勘状については、佐藤・マス・工藤各氏も論及しているが、いまだ包括的な検証が行われていない感が残る。特に、問注所勘状の「登場」と「消滅」は、当該時期の幕府内の権力構造を考察するうえでも、重要な問題を提起すると思われる。

このテーマに迫るため本章では、『鎌倉遺文』所収の文書と『吾妻鏡』とを基本的史料として使用することになる。近時史料的価値を益々下落させている『吾妻鏡』に頼らざるをえない点が多々あることは、致命的欠点になりかねない。その意味で、あくまでも「試論」にとどまるものであることを、予めお断りしておきたい。

## 一　鎌倉幕府初期における問注所の位置

本節では、鎌倉幕府初期における問注所を中心に諸機関の考察を行う。そこでまず、貴族の家政機関について井原今朝男・元木泰雄両氏の成果(6)に依拠しつつ、簡単に触れておきたい。政所は、中枢的位置にたつ家政機関であり、文書発給機能を独占していた。長官である別当は、家政全般に指導的役割を果しており、別当らの会議が家政運営を担っていた。一方侍所は、主従関係を担当する部署として、別当・所司などの職員を有する機関であった。このように政所と侍所は、多数存在する貴族の家政機関のなかでも中心的位置を占めていた。

政所・侍所と比較すると、当然のことながら、問注所のみ貴族の家政機関の系譜をひかない。しかしながら貴族社会においても、問注対決を行う「場」という意味で、問注所の語は使用されていた。『玉葉』建久二（一一九一）年三月一日条には、

親雅(藤原)重申云、狭山庄事付国司陳状(河内国司也)、寺家未申左右。(中略)又申云、問注所事兼尤可被申定歟、先々寺家望申氏院問注、他諸司諸国等又望申官庁院庁等、今度又同前歟者。余仰云、(中略)問注所事、於今度者氏院尤宣歟、件趣同可奏聞者。

との文言がある。興福寺領河内国狭山荘をめぐる相論の際に際して、問注対決の場所として寺家は氏院＝勧学院を、

国司側は官庁又は院庁をそれぞれ主張した。訴訟当事者は、互いに自己に有利な場での問注を要求していたようである。この史料は、幕府問注所を検討するうえで参考となる。即ち幕府は、朝廷内で問注対決を執行する場所という意味で使用していた問注所を、機関化したと評価できるであろう。

次に、問注所と政所との関係を見ていきたい。源頼朝が前右近衛大将として政所吉書始に臨んだことを伝える『吾妻鏡』建久二年正月十五日条には、

政所
別当
前因幡守平(大江)朝臣広元
令
主計允藤原朝臣行政
案主
藤井俊長鎌田新藤次
知家事
中原光家岩手小中太
問注所執事
中宮大夫属三善康信法師法名善信
侍所
別当

左衛門少尉平朝臣義盛治承四年十一月奉此職

所司

平　景時梶原平三

という、著名な史料がある。既に工藤勝彦氏も指摘[7]しているがこの書式が注目される。政所及び侍所は、「機関名・職名・人名」を順次記載している。これに対して問注所については、「問注所執事」と機関名と職名とを一行に記すという他と異なる書式となっている。このことは、問注所が政所の一別局であること、政所の下部機関として発足していたことを示唆する。さらに翌年八月、源頼朝の征夷大将軍就任に伴う政所始の記事より、大江広元以下の家司についで、公事奉行人の伺候が明らかとなる[8]。この伺候人の筆頭に三善康信の名が記載されている。これも康信が政所寄人として活動していたことを示す[9]ものであろう。また、政所・侍所の別当に対して、問注所長官を「執事」と称することも当然斟酌されるべきであろう。『武家名目抄』は、

問注所は政所の別庁にて、ともに政事を沙汰する中にも、訴訟の裁判を本務とする所なり[10]。

と記していたが、かように問注所はまず政所の下部機構として出発したのである。これは、幕府の政治組織が貴族の家政機関を継承しつつ発足していたことを思えば当然ともいえる。

政所と問注所の位置関係をさらに検討するために、『吾妻鏡』の吉書始の記事に着目したい。同書には、元暦元（一一八四）年の公文所新造に伴う吉書始[11]以下、幾つか記載がある。北条泰時の執権就任以降の所謂執権政治期では、政所吉書始の儀式は執権・連署・評定衆らの出席のもとで遂行[12]されていた。政所執事を軸として儀式における職務内容をみるならば、執事は儀式全般を奉行することにあった。また、吉書を作成し終ると執事は、執権（政所別当）に供奉して吉書を持参する役割も果していた。その後執権が将軍に披露する次第となる。しかし、執事の職掌のなかに、

吉書を執筆することは含まれていなかったようである。[13] では承久以前ではどうであろうか。

去二日将軍家(源実朝)令任右大臣給。仍今日有政所始。右京兆(北条義時)幷当所執事信濃守行光(二階堂)及家司文章博士仲章朝臣(源)・右馬権頭頼茂朝臣(源)・武蔵守親広(大江)・相州(北条時房)・伊豆左衛門尉頼定(源)・図書允清定(清原)等着布衣列座。清定為執筆書吉書。右京兆起座、為覧吉書、参御所給。路次行光捧持之、従于京兆御後。将軍家、故以出御南面階間覧之(京兆持参彼吉書於御前給。)京兆又令帰政所給、被行垸飯。其後行光進御馬御剣等於京兆。

これは、『吾妻鏡』建保六(一二一八)年十二月二十日条の源実朝の右大臣就任後の吉書始の記事である。執事が吉書を「捧持」し、執権が将軍に披露するなど、執権政治期の吉書始の儀式次第とほぼ一致していることが明らかとなる。[14] 従ってこの儀式の骨格は、少なくとも建保六年段階で既に成立していたことになる。

さらに時代を遡ると、吉書始では政所別当(大江広元・北条時政)が奉行となり、吉書を将軍に持参・披露[15]していた。これは、後の執権と政所執事の両者の役割を兼ねていたといえよう。しかるに執権制の成立により、執事が政所の実務責任者となり、この儀式に際してはほぼ元来別当の果していた職掌を担うようになり、執権には別当の地位に就いている者として、将軍に披露することのみが職務として残されるという形式に変化したと考えられる。

承久以前の吉書執筆者をみていくと、藤原邦通[16]・三善康信[17]・二階堂行光[18]・清原清定[19]らの名を挙げることができる。政所寄人である邦通・行光・清定らの名があるのは当然としても、康信もまた右筆役を勤めていた。これは、幕府内での彼の地位を検討するうえで見逃せない事実である。問注所執事は、前述したように、やはり政所寄人のなかに含まれていたというべきであろう。

ところで、問注所においてもこの儀式は行われていた。『吾妻鏡』では、建暦元(一二一一)年が唯一の史料[20]となるが、そこには、

政所問註(注)所吉書始也。行光(二階堂)・善信(三善)各参行之。

との記事がある。政所と問注所とを並列に記載するのみならず、問注所執事の康信とともに、政所における儀式担当者として、別当ではなく二階堂行光の名が記されていることが注意を引く。行光が政所執事に就任していたことを確実に示す初見史料は、先に引用した建保六年の吉書始の記事とされてきた。しかしこの記事を踏まえるならば、彼は既にこの時点で政所内において執事的な地位を占めていたのではあるまいか。またここでは両機関を並列しているが、これは当初上下関係にあった政所と問注所の位置関係に、微妙な変動が生じたことを示唆するものといえよう。頼朝期における訴は、原則として政所に提起[21]されたと考えられる。例えば文治二（一一八六）年、高野山の使者が相論の解状を所持し鎌倉に到着したが、この事実を伝える文書には、「文治二年五月廿日鎌倉政所出立御使者[22]」との記述がある。鹿島社領での相論においても、「親広(中臣)猶言上子細於彼右大将家之政所処[23]」と記されていた。ところが正治元（一一九九）年に「十三人合議制」が成立すると、訴の提起は評定参加者が独占した[24]と考えられる。そしてこの評定では多様な問題を処理[25]していた。このことも政所の訴訟処理機能の削減につながったであろう。さらに源頼家・実朝期になると、問注所は判決草案ともいうべき勘状を作成するなど、職務権限を大幅に拡大していた（次節参照）。これに連動するかのように、同所では、職員の充実も図られていった[26]。

以上のような事情を踏まえるならば、執権制の成立により、政所では実務責任者の地位を示す執事の職が設置されるに至り、それとともに問注所と同格の地位にたつことになったと推測される。これは政所の地位下降という事態につながるものであったろう。

侍所[27]についても若干触れておきたい。周知のとおり、建保元年の和田義盛の乱後に北条義時が侍所別当に就任[28]する。そして義時は、別当就任の翌日には被官人金窪行親を同所の所司に任命[29]した。他方『吾妻鏡』には、建保六年に北条泰時以下五名が侍所職員に任命されたとする記事がある。[30] そこに行親の名を見出すことはできないのではあるが、同年九月に「以金窪兵衛尉行親為御使、被糺明去夜宮寺狼藉事」[31] れていたことは、依然として彼が所司として活動していたことを示す。[32] 侍所では、和田合戦以後、一貫して得宗家被官人が所司に任命されていたといってよかろう。『鎌倉年代記』以下の年代記には、侍所についての記述がみられないことも、この点と関連するものであろう。

政所・問注所・侍所について、それぞれ簡単に考察を加えてきた。政所で執事、侍所で所司が、それぞれの機関の実務担当者として、活動するようになることが明らかになったと思う。頼朝期では、貴族の家政機関の影響をうけて、政所と侍所の二機関が中核に位置付けられていた。しかし、少なくとも建保元年には執事・所司体制をとるようになり、問注所を加えて三機関化したとの結論を得ることができたと思う。そしてこの体制は、執権の強い指導下に置かれることによって成立したといえる。

## 二　問注所勘状

### 1

源頼朝期では、問注記または問注所勘状に言及した史料がほとんど存在しない。ここを論拠として、この時期における問注所の存在・活動を疑問視する見解がある。[33] しかし、佐藤進一氏が既に指摘していたように、[34] 問注所は勘状ではなく問注申詞記（問注記）の作成を主職務とするにとどまっていたのであり、この故に裁許状中に同所の名が記されることはなかったと推測される。三善康信の私宅で問注対決が行われていたことも、[35] 問注所の活動を不明瞭にしたであろう。また、この時期の裁許状は様々な形式をとるが、特に上申文書を受けるという様式が多くみられる。この点も頼朝期における問注所の活動が、今一つ判然としない理由ともなったように思われる。

さて、源頼家・実朝期になると、問注所勘状を含む裁許状が発布されるようになる。『鎌倉遺文』所収の文書中より、同所勘状を含む或いは勘状の存在に言及した文書を表4に示した。(36)

表を一瞥すると、当然のことながら、御家人相互間の訴訟に関するものの多いことが看取される。検討を要すると思われる事例をみていきたい。

(1)　肥前国武雄社司職などをめぐる裁許状（⑤）

武雄社の宮司職をめぐる相論は、久安年中（一一四五〜一一五一）から武雄（藤原）氏内で続発していた。(37)武雄氏は、武雄社司職を相伝し、代々将軍家下文を得ており、鎌倉時代初期より御家人関係を結んでいた。(38)⑤文書について、後世「当宮為関東御祈禱所之間〔条〕、建保三年十月二日御下知炳焉」(39)と記されている。このように「家門への大宮司職安堵は関東御祈禱所として幕府への奉仕と密接な関係」(40)にあった。

(2)　宇佐神宮領をめぐる裁許状（⑧・⑨）

宇佐八幡宮大宮司宇佐公通が、治承・寿永の内乱に際して平氏側についた後、鎌倉初期より大宮司神官の御家人化が進められた。(41)「宇佐大宮司家の庶子家を始め他の宇佐宮祠官は、宇佐直営地に於てはその名主職を得ると共に御家人として二重支配」(42)に入っていた。

(3)　摂津国東寺領垂水荘をめぐる裁許状（⑪）

寺家より任命された預所と下司・公文との、年貢直納をめぐる相論の裁許状である。鎌倉時代を通して、垂水荘では東寺と在地側との相論が続く。同荘下司重経は、平家与党の科として所帯を没収されたが、幕府は重代相

伝を理由として子孫に安堵した。[43]鎌倉末期になると下司側から、

件所者、為下司開発之地、三職兼帯重代相伝之所帯也。於預所職者、可為下司請所之旨、就文治　院宣、関東御口入之地也。[44]

と主張されることになる。「三職兼帯」が文書のうえで明らかになるのは、嘉禎二（一二三六）年の譲状[45]であるが、結局下司請所の形態で固まっていった。[46]垂水荘は、関東御口入地であり、三職兼帯については鎌倉・六波羅の下知状などで確認された。

以上の検討により勘状を含む裁許状は、御家人相互間または論所が関東御口入地であるなど、幕府の介入が可能な相論に際して、限定的に下付されていたと推測しえよう。ここで思いだされるのが『吾妻鏡』の、

就関東御寄進石清水住吉広田等御領訴訟事、社解令到来者、不経宿可申沙汰之由、被仰問注所。[47]

との記事である。「関東御寄進」とわざわざ限定していたのは意味のあることといえるだろう。

次に、表4をもとにして問注所勘状の存在が、史料上明らかとなる時期を確認しておきたい。従来①の建仁三（一二〇三）年の関東御教書案が初見史料とされてきた。この文書中には、

家宗家基相論申親父家秀未処分田畠事、如勘状者、家宗所給故殿御下文内歟。然者無相違可令知行之由、依前左衛門督殿仰、執達如件、（源頼家）

との文言がある。②以下の裁許状では、「如問注所某年某月某日勘状者」を典型とする形式を取っていた。しかるにこの文書には、「如勘状者」の文言が記されるのみである。従って、①の勘状を問注所作成と断定してよいのか、やや不安を残す。[48]

一方②の文書には、

言及する文書

| 相　論　内　容 |
| --- |
| 父の未処分地につき相論,「如勘状者」 |
| 武蔵国別符郷をめぐる兄弟相論,「見于問注所之勘状」 |
| 尾張国尾塞村の職相論,「任勘状」 |
| 筑後国上妻荘内の地頭職相論,「如問注所重勘状者」 |
| 武雄社と黒髪社の社司職など相論,「如去年七月廿六日問注勘状者」 |
| 豊前国吉富などの地頭職と謀書についての相論, 鎌倉殿下文を引用しそのなかに「如問注所建保三年十二月日勘状者」 |
| 大隅国禰寝院内南俣地頭職の相論,「如問注勘状者」 |
| 宇佐宮領豊前国江島別符小犬丸名の相論,「如去三月廿八日問注所勘状者」 |
| 宇佐宮領豊前国秣・糸永名の相論,「今年七月　日問注所勘状云」 |
| 羽島浦・牟木浦・狼藉につき相論,「如承久二年五月日問注所勘状者」 |
| 摂津国垂水荘の年貢抑留相論,「如問注所元仁元年十一月日勘状者」 |
| 大隅国禰寝南俣院地頭職の相論,「建保五年正月日問注所勘状」,「建保五年於問注所,彼是対決之後, 就勘状同年八月賜政所下文」 |
| 肥前国宇野御厨内小値賀島地頭職の相論,「如建永二年五月三日問注所勘状者」,「就問注所勘状, 尋覚建永二年給御下文畢」 |

表4　問注所勘状に

| 年　月　日 | 文書名(『鎌倉遺文』)所収番号) | 訴　論　人 |
|---|---|---|
| ①建仁3年(1203)4月10日 | 関東御教書案(「筑後上妻文書」,1354号) | 上妻家宗と家基 |
| ②元久元年(1204)12月18日 | 将軍家下文(「集古文書」,1509号) | 別符能行と行助 |
| ③元久2年(1205)3月22日 | 関東下知状案(「山城菊大路家文書」,1529号) | 前欠文書にて不明 |
| ④建暦2年(1212)12月13日 | 将軍家政所下文案(「筑後上妻文書」,1958号) | 上妻家宗と資綱・家守 |
| ⑤建保3年(1215)10月2日 | 将軍家政所下文案(「肥前武雄神社文書」,2181号) | 藤原家門と実直 |
| ⑥建保5年(1217)正月22日 | 大宰府守護所下文案(「豊前末久文書」,2285号) | 田部太子と宗成・俊忠 |
| ⑦建保5年8月22日 | 将軍家政所下文(「禰寝文書」,2332号) | 禰寝清忠と曽木重能 |
| ⑧貞応元年(1222)7月7日 | 関東下知状案(「豊前益永文書」,2974号) | 宇佐継輔と糸永昌秀 |
| ⑨貞応元年11月　日 | 関東下知状案(同上文書,3018号) | 宇佐継嗣と糸永昌重 |
| ⑩貞応2年(1223)4月　日 | 関東下知状案(「薩藩旧記」,3089号) | 相良長継と薩摩忠友 |
| ⑪元仁2年(1225)4月2日 | 関東下知状案(「東寺百合文書」,3362号) | 預所承宣と下司藤原家行・公文藤井重綱 |
| ⑫嘉禄元年(1225)8月　日 | 大隅国守護北条朝時下知状(「禰寝文書」,3400号) | 禰寝清綱と曽木重能 |
| ⑬安貞2年(1228)3月13日 | 関東下知状案(「肥前青方文書」,3732号) | 源持と山代固 |

兄弟相論之間、或遂問注対決、或経次第沙汰之後、去建仁二年九月令大和前司光行（源）朝臣幷右衛門次郎光俊等加実検。

という記述があり、建仁二年九月以前に問注対決が行われていたことが判明する。しかも同文書中に「見于問注所之勘状」るとあることは、同時に勘状が作成されていたことを示すだろう。すると問注所勘状の作成は、建仁二年九月以前に遡ることが可能となる。正治元（一一九九）年に問注所が郭外に建設[49]されるとともに、同所の職掌は拡大されていたと考えてよいだろう。一方問注所勘状は、⑪の元仁元年を下限とする。即ち、同所勘状を引用する裁許状は、源頼家期から北条政子による将軍代行期までに限って、発給されていたことになる（この点はさらに後述）。

ところで⑬には、

宰府問注之後、是包前妻藤原氏幷尋覚・囲相共参関東就問注所勘状、尋覚建永二年給御下文畢。

との文言がある。表中の相論内容欄に記したように、この問注所勘状は建永二（一二〇七）年五月三日に作成されていた。この勘状に基づいて発給された下文は、次に掲げる「肥前青方文書」所収の同年六月四日将軍家政所下文案[50]のことを指す。

下　肥前国宇野御厨内小値賀嶋住人

補任地頭職事

僧尋覚

□人、任故大将家政所下文、補任彼職之状、依鎌倉殿仰、下知如件、以下。（以下略）

この文書は補任状の様式をとっており、問注対決や勘状については全く言及していないことに注意したい。問注所勘状は、必ずしも裁許状中に引用されねばならぬものではなかったことを示唆すると思われる。

また御家人間の相論といえども、問注所勘状を引用しない裁許状も多い。この点を考えるうえで参考となるのは、時代は降るが、寛元元（一二四三）年の追加法である。

諸人訴訟事、差奉行人、可被召決之由、雖被仰下、云先々成敗事、云理非顕然事、子細分明者、不及対決之由、先日被定置畢。[51]

この法令にみるように問注対決を要する相論は、子細不分明な場合に限られていた可能性がある。また問注自体は、守護所等の地方機関においても行われていた。[52]問注所勘状に依拠した裁断は、訴訟の一部に限定されていたという当然ともいうべき結論を、ここで確認しておきたい。[53]

## 2

平安時代には、問注対決に基づく問注記（問注申詞記）が登場していた。この問注記は、朝廷内（官底）をはじめとして、摂関家政所・東大寺公文所等々の、諸権門の家政機関においても作成されていた。しかしこれはあくまでも問注対決の内容を記録するにとどまるのであり、問注者自身による理非判断を含むものではなかった。訴論人が提出した具書などとともに問注記は、記録所・官底或いは明法家による勘文作成のための、参考資料という性格を持っていたのである。[54]このようななか特に記録所では、問注から理非勘決に至るまで一環して行うようになり、その結論（記録所勘状）は「裁許を事実上拘束[55]」するようになった。問注所勘状の機能は、記録所勘状に極似している。記録所勘状は陣定で審議していたが、問注所勘状もまた上級機関に提出されたとみてよいであろう。[56]

それでは幕府の場合、上級機関とはどこになるのであろうか。既にマス氏は政所と指摘していた。[57]さらに氏は、源実朝暗殺後に政所が消滅すると同時に、勘状は北条氏得宗の許に提出されたとする。この見解は、政所下文の消失と北条義時下知状の出現という、幕府発給文書（裁許状）の変化を根拠としたものである。しかしながら、あまりにも文書様式に囚われすぎた解釈といわざるをえない。

別符郷事、兄弟相論之間、或遂問注対決、或経次第沙汰之後、去建仁二年九月令大和前司光行朝臣幷右衛門次郎光俊等加実検之処、惣田数弐百五拾弐町参段小也。（中略）但親父行隆法師契約当郷能行・行助共半分可知行之由見干問注所之勘状。仍自石車赤木奥宮以通于長止呂之小道、自河之西、為行助分、以同小道東所相加能行之分也。件東分内有四拾壱町壱段小之田、此内於八町九段六十歩者、可為行助分。田幷在家者。如元不可有相違。抑此度々経沙汰之処、能行所申有其謂歟、仍所分給彼境也。[58]

この史料は、前項においても一部を引用した表4中の②の文書であり、武蔵国別符郷をめぐる兄弟相論に対する、裁許状の事実書である。訴の提起後、(1)問注対決に基づき勘状が作成され、(2)これによって一旦「次第沙汰」を得た。しかしこの裁定に不満が生じたので、(3)実検使が派遣されて論所の調査が行われ、(4)「度々経沙汰」て漸くこの裁許状が交付されるという経過を辿ったことが判明する。さて、この「沙汰」は、いかなる機関で行われたのであろうか。政所である可能性を完全に否定することはできないが、正治元（一一九九）年に設置された「十三人合議制」[59]を先蹤とする評定制が審議機関であったと考えたい。[60]前節で検討を加えたように、少なくとも源実朝期に入ると、幕府内における政所の地位は下降し、問注所とほぼ同格となっていた。従って、問注所勘状が政所に提出されるべきものとするよりも、両者より上位の機関＝評定制こそ、その審議機関として相応しいと思われる。

評定制については次章で詳論するが、叙述の都合上、簡単に触れておきたい。この時期の評定制は、将軍の直断権剝奪を狙いとして（但し将軍は最終的な裁断権を保持）、実質的な審議権の掌権を意図して設置されていた。例えば、「豊前高牟礼文書」所収の嘉禄元（一二二五）年十一月二十三日付けの関東下知状にも、

宇佐宮官人代氏安訴申土器工長職幷高村名田畠事、去建暦三年之比、其沙汰出来之間、依非地頭幷御家人之事、不及成敗之由、御評定了。(61)

という文言があり、相論の審議権を評定が保持していたことが明白となる。このように、評定制は当該時期においては、審理機関としての役割を十分果していたと思われる。さて先の武蔵国別符郷の裁許状に話を戻すと、史料上には現れないが、実検使の報告と問注所勘状とを踏まえて評定で「沙汰」が行われ、この下知状が下付されていたと解釈できよう。

さて⑩文書において幕府は、問注所勘状に基づく裁断を行ったが、その事実書には、

以前三ケ条、大略如此。於勘状正文者、先日於筑後介秀朝之許、令紛失了。仍以案文所有御成敗也。(62)

と記されている。ここでわざわざ案文を根拠とした裁決であることを明示している。これは勝訴人には裁許状とともに、裁断の論拠となった問注所勘状もまた、送付されていたことによると思われる。また⑫文書は、相論が続発した大隅国禰寝南俣院地頭職をめぐる守護の下知状である。訴論人は、互いに具書を提出していたが、そのなかに問注所勘状も含まれていた（⑦文書所引）。これらの事実は訴訟当事者が問注所勘状を重視していたことを示すものなのであろう。

### 3

前掲の表4からも明らかとなるように、管見の限り、元仁二（一二二五、同年四月二十日に嘉禄と改元）年の裁許状⑩が問注所勘状を引用した最後の文書となる。逆にいえば、嘉禄元年以降の裁許状では勘状に基づく裁断が消失することが注目される。勿論訴の審理における問注対決の重要性に変化はない。このことは裁許状の事実書冒頭に、

「対決之処、問答之趣子細雖区」もという文言が記されている文書が多いことに明らかである。また裁許状は当然として、御成敗式目や追加法においても、「問注」・「対決」・「問注記」等の文言が頻出している。[63]

そこで問注所勘状が失われたことの意義を考察するまえに、まずは嘉禄以降の裁断と問注記との関連を検討しておきたい。

　下　神護寺領播磨国福井庄西保住人
　　仰条々
(1)　一　下司・公文両職事
　右、預所法橋有全与地頭藤原氏代右兵衛尉頼康遂対決之処、（中略）
(2)　一　地頭名所当未済事
　右、彼是申状子細雖多、（中略）
(3)　一　役夫工米未済事、
　右、如問注記者、（下略）

この文書は、「山城神護寺文書」所収の貞永元（一二三二）年九月二十四日関東下知状[64]である。事実書の冒頭部分には、それぞれ異なる文言が記されており、一見(3)のみが問注を行ったうえでの裁決であったかにみえる。しかるに、この相論についての翌年の六波羅下知状案には、

　右、対決預所法橋有全与地頭代右兵衛尉頼康、令進覧申詞記於関東之処、去貞永元年九月廿四日御下知状云。[65]

と記されていた。史料中の(1)と(2)の項目についても、六波羅での申詞記（問注記）に基づく審理をもとに、前年の裁断が行われていたことが明白となる。康元元（一二五六）年、六波羅探題は問注について鎌倉に問い合わせた。

一　以問注記下沙汰人等、令勘理非之処、其数輩之中、於縁者々、令起其座畢。而其外或号先論人、又称前々縁者、嫌申沙汰人催之事、御評定之時、用捨何様被定候覧。不審事候之間。内々尋申候。委可蒙仰候焉。[66]

記事中の「沙汰人」とは、六波羅探題の評定衆またはそれに類する職に就いていた者と思われるのであり、六波羅では問注記を参考資料として評定衆らによる理非判断が行われていたことを示す。六波羅のみならず幕府においても、依然問注記は裁断の際に書面審理とともに重要視されていたのであろう。[67]

ここで、嘉禄元年以降になると、問注所勘状の存在を示す裁許状が認められないという点について検討したい。勘状が裁許状から消失するのは、いかなる理由によるのであろうか。問注所勘状には、冒頭に「彼此申状子細雖区」もしくは「両方申状其詞雖多」もとの文言が多くみられる（表4中の④・⑥・⑧・⑨・⑪）。これは嘉禄以降の裁許状においても常套句となっていたが、勘状では問注記と異なり、訴論人両者の事細かな訴陳の様相を記載しないことが一つの特徴となる。また末尾には問注所の理非判断を記していた。問注所勘状と問注記との決定的な差違は、当然のことながら、この理非判断の有無にある。問注所は、嘉禄以降になると、いわば勘状作成権というべきものを喪失していたことになる。

そしてこの時期が、幕府内の裁断権の移動に符合していたことに着目したい。源頼家・実朝期の評定制は、実質的審議権こそ掌握していたが、最終的な裁断権は将軍が行使するところであった。問注所勘状の登場は、朝廷の記録所勘状の制度を導入することによって、将軍の専恣な判断を制御し事実上その裁断を拘束することを意図したものといえる。しかるに嘉禄元年には、評定制の強化により将軍の裁断権は剝奪され、評定が裁決権を掌握した。[68]このような体制になると、もはや下部機関である問注所に勘状の作成を求める必要性はなくなったと考えられる。ここに、勘状は消失することになったと思われる。

# おわりに

本章を終えるにあたり、簡単に論点を整理しておきたい。

幕府政務機関は、貴族の家政機関に倣い、まず政所・侍所といういわば二官体制で成立し、問注所は政所の下部組織として出発した。従って、この時期の訴訟は、御前対決以外の場合でも、政所を中心に処理される場合が多かったと思われる。

源頼家期以降になると、執権制の成立のもとで問注所が加わり三機関化した。これは、政所・侍所の地位下降につながるものであり、逆からみれば、相対的に問注所の比重が増すことにつながった。このような事情を背景として、問注所の職掌は拡大し、理非判断を含めた勘状の作成を行うに至った。この勘状は将軍の裁断権を拘束する性格をもっていたと評価したい。

しかしながら、評定制が裁断権を掌握するようになると将軍の無力化は決定的となり、もはや彼に対する束縛の必要性は薄れて、この結果、問注所勘状は消失してしまうこととなった。その後の問注所は職務権限が限定されて、同所は訴論人に対して問注を行い、評定で問注記を読み上げたり[69]、「預下問」[70]ることが主職務となるのである。

注

（1）石井氏『中世武家不動産訴訟法の研究』（弘文堂書房、一九三八年）。
（2）佐藤氏『鎌倉幕府訴訟制度の研究』（岩波書店、一九九三年。原版は一九四三年）。
（3）マス氏「鎌倉幕府初期の訴訟制度」（『古文書研究』一二号、一九七八年）。

(4) 工藤氏「鎌倉幕府初期の訴訟制度に関する一考察」(『史叢』三五号、一九八五年)。
(5) 山本氏「裁許状・問状から見た鎌倉幕府初期訴訟制度」(『史学雑誌』九四編四号、一九八五年)。
(6) 政所については、井原氏「摂関家政所下文の研究」(同氏『日本中世の国政と家政』校倉書房、一九九五年、初出は一九八一年)、及び元木氏『院政期政治史研究』思文閣出版、一九九六年)第五章参照。また侍所についても元木氏著書同章参照。
(7) 工藤氏前掲注(4)論文参照。
(8) 『吾妻鏡』同月五日条。前年正月十八日条の記事で公事奉行人として列記されていた人物のうち、中原親能と三善宣衡の名がこの日にはみえない。
(9) 政所寄人と考えられる公事奉行人に中原仲業がいる。彼は承元四(一二一〇)年に問注所寄人となる。このことを伝える記事中には、「中民部大夫仲業可相兼問註(注)所寄人之由、被仰含」るとの文言がある(『吾妻鏡』同年十二月二十一日条)。このように、政所寄人が問注所寄人も兼帯するのが通常の形態であったことも参考となる。
(10) 同書「職名部(八)上」(『故実叢書』明治図書出版、一九五三年)。なおこの点を傍証するものとして、弘長元(一二六一)年に起きた政所火災の記事がある。この時焼失したのは「庁屋、公文所、問注屋」であった(『吾妻鏡』同年三月十三日条)。「問注屋」とは問注所のことではないだろうか。とすると宇津宮幕府を建造した際又はそれ以後に、問注所は政所の郭内に建設されていたことになる。これもかつて政所と問注所とが、上下関係にあったことを示唆するといえよう。
(11) 同年十月六日条参照。
(12) 例えば、『吾妻鏡』寛元二(一二四四)年四月二十一日条など参照。
(13) 前掲注(12)の『吾妻鏡』記事参照。
(14) 政所始の時期的な相違点としては、執権政治期になると政所家司に代り評定衆が列参することがあげられる程度である。
(15) 『吾妻鏡』元暦元(一一八四)年十月六日条・正治元(一一九九)年二月六日条・同二年正月七日条・建仁三(一二〇三)年十月九日条など参照。
(16) 同右書元暦元年十月六日条参照。
(17) 同右書正治元年二月六日条参照。
(18) 同右書建仁三年十月九日条参照。

(19) 同右書建保元（一二一三）年八月二十日条参照。
(20) 同右書同年正月十日条参照。なお『永仁三年記』に問注所の吉書始の記事があることをみれば（正月五日条）、当然年始などの場合は同所でも吉書始が行われていたであろう。
(21) 政所が文治元（一一八五）年に開設されていたと考えられることは、石井良助氏「鎌倉幕府政所設置の年代」（同氏『大化改新と鎌倉幕府の成立』創文社、一九五八年、初出は一九三七年）参照。
(22) 同年七月七日高野山寺解使者注文（「高野山文書　又続宝簡集八十四」『鎌』一二四号）。なお文中の解状とは、文治二年五月日高野山住僧等解（「高野山文書　宝簡集二十七」『鎌』一〇八号）のことを指しており、そこには源頼朝の安堵外題が記されている。
(23) 建久二（一一九一）年十一月日　摂政家政所下文（「鹿島神宮文書」『鎌』五六一号）。また『吾妻鏡』文治元年九月五日条に、
　小山太郎有高押妨威光寺領之由、寺僧捧解状。仍令停止其妨任例可経寺用。若有由緒者、令参上政所可言上子細之旨被仰下。

との文言があることも参考となる。
(24) 次章参照。但し、評定参加者による訴訟受理機能の独占が、制度として根づいていたかについてはなお検討の余地を残す。例えば、承久の乱後においても、「肥前石志文書」中の貞応元（一二二二）年十二月二十三日　大宰府守護所下文案（『鎌』三〇三二号）には、「此上貽其憤者、言上　鎌倉殿政所、可蒙御裁下」しとの文言があることを踏まえると、政所が訴を受理することもあったようである。
(25) 折田悦郎氏「鎌倉幕府前期将軍制についての一考察（上）」（『九州史学』七六号、一九八三年）及び次章参照。
(26) 問注所寄人として、中原仲業（前掲注(9)参照）・橘惟広（『吾妻鏡』建暦元〈一二一一〉年正月十日条参照）などをあげうる。
(27) 佐藤氏前掲注(2)書第三章第三節、及び茨木一成氏「侍所考」（『史泉』一一号、一九五八年）など参照。
(28) 『吾妻鏡』建保元年五月五日条参照。
(29) 同右書建保元年五月六日条参照。
(30) 同右書同年七月二十二日条参照。
(31) 同右書同月十四日条参照。
(32) 同右書安貞元（一二二七）年三月九日条・寛喜二（一二三〇）年五月五日条にも、行親が侍所司として活動していたことを示す記事がある。なお、同右書延応元（一二三九）年五月二日条には「侍所司金窪行親」と記されている。

(33) 前掲注(3)・(4)のマス・工藤両氏の論文参照。
(34) 佐藤氏前掲注(2)書第一章第二節参照。
(35) 『吾妻鏡』正治元年四月一日条によると、熊谷直実と久下直光との御前対決(同書建久三年十一月二十五日条参照)後に、三善康信宅において問注が行われたという。
(36) 貞応二年五月二十五日　関東下知状案(「石見益田家文書」『鎌』三一〇八号)の事実書には、
　右、如今年二月九日問注記者、彼此申状子細雖多、所詮兼季三代知行之旨、仲広承伏之上、可為地頭之由、兼季度度給御成敗状畢。然則任先御下知之状等、停止仲広非論、不可有相違之状、依仰下知如件。

との文言がある。この文書は勘状ではなく問注記を引き、しかも理非判断が含まれていない。この問注記は、石見国守護所または六波羅探題において作成されていた可能性が高いと思われるので、分析対象からはずすことにしたい。
(37) 西垣晴次氏「中世社会の形成と神社」(東京教育大学昭史会編『日本歴史論究』、一九六三年)参照。
(38) 瀬野精一郎氏『鎮西御家人の研究』(吉川弘文館、一九七五年)第三章第一節参照。
(39) 元亨二(一三二二)年十一月二十九日　鎮西下知状案(「肥前武雄神社文書」『鎌』二八二六五号)参照。
(40) 西垣氏前掲注(37)論文参照。
(41) 建仁三年八月六日　宇佐公方解写(「豊前宮成家文書」『鎌』一三七四号)及び「宮成文書解題」(『大分県史料』第四巻、一九五三年、中野幡能氏執筆)参照。
(42) 中野幡能氏『八幡信仰史の研究　増補版』(吉川弘文館、一九七七年、初出は一九六〇年)第一部第四章第三節参照。
(43) 元久元(一二〇四)年九月六日　関東下知状案(「東寺百合文書ゐ」、『鎌』一四七九号)参照。
(44) 正和三(一三一四)年十二月二十七日　教誉・播磨連署譲状案(「東寺百合文書ぬ」『鎌』二五三八六号)参照。
(45) 同年三月二十三日　采女いつも譲状案(「東寺百合文書京」『鎌』補一一九六号)参照。
(46) 網野善彦氏『中世東寺と東寺領荘園』(一九七八年)第1部第二章第一節参照。
(47) 同書建暦二年九月十七日条参照。
(48) この勘状を問注所勘状と断定する見解がある(マス氏前掲注(3)論文及び工藤氏前掲注(4)論文参照)。その根拠は、表4中の④の裁許状中の「如問注所重勘状」との文言から、同一案件についての相論と理解したことにある。しかし、①と④とでは、訴論人が異なり、また訴の内容も異なるように思える。さらに、「左衛門尉」（二階堂行光を比定）が奉じた御教書の様式をとることも釈然としない点を残す。

(49)『吾妻鏡』正治元年四月一日条参照。

(50)『鎌』一六八七号。

(51) 同年五月十七日鎌倉幕府追加法二〇八条（佐藤進一・池内義資氏編『中世法制史料集』第一巻　鎌倉幕府法、岩波書店、一九五五年。以下同書よりの引用は、年次・条文番号で記す）。なお、『吾妻鏡』寛元元年七月十日条にも「諸人訴論事、両方証文分明之時者、雖不遂対決可有成敗之由、被仰問注所」るとある。

(52) 工藤氏前掲注(4)論文参照。

(53) 天福元（一二三三）年五月二十一日　九条道家奏状案（「天理図書館所蔵九条家文書」『天理図書館善本叢書　古文書集』）の「訴訟決断」の項には、

理非決断者政化肝心也。殊有沙汰可求道理。大事者下記録所可被勘決、小事者於御所中可有評議。

との文言がある（この文書については本章初出時に市沢哲氏の御教示を得た）。朝廷内では訴訟を「大事」・「小事」に分けて、大事は記録所での予備審議を踏まえて評議で裁断しようとしていたことも参考となる（市沢氏「公家徳政の成立と展開」『ヒストリア』一〇九号、一九八五年参照）。

(54) 棚橋光男氏『中世成立期の法と国家』（塙書房、一九八三年）第Ⅱ章・第Ⅲ章・第Ⅳ章が、平安期の訴訟制度について詳細に論及している。

(55) 五味文彦氏『院政期社会の研究』（一九八四年）第三部第三章三二七頁参照。記録所については、不十分なものながら、拙稿「平安・鎌倉初期の記録所について」（『日本歴史』三五一号、一九七七年）も参照されたい。なお記録所において問注から理非判断まで行っていたことを示す史料に、次の『三長記』建仁元年七月二十九日条がある。

主水司申、丹波神吉氷室供御人訴事、

仰、於記録所遂問注、可勘申理非之由、可下知。

(56) 嘉禄元（一二二五）年八月十二日　大隅守護北条朝時書状（「禰寝文書」『鎌』三三九六号）には、「遂対決及勘状御裁断之上」との文言があり、問注所勘状に基づく裁断という審理手続の存在が明らかとなる（表4の⑫参照）。

(57) マス氏前掲注(3)論文参照。
(58) この文書については、折田悦郎氏「鎌倉幕府前期将軍制についての一考察(下)」(『九州史学』七七号、一九八三年)参照。
(59) 杉橋隆夫氏「鎌倉執権政治の成立過程」(『御家人制の研究』一九八一年)及び次章参照。
(60) 既に佐藤氏は、問注所の職掌が判決手続に関与するようになった理由として、頼家の独断を封ずるための「老臣の合議政治の発生に求められる」と指摘していた(同氏前掲注(2)書二〇頁)。
(61) 『鎌』三四三二号。
(62) 文中にみえる秀朝は、『吾妻鏡』承久三(一二二一)年十二月十一日条に「筑後介秀朝」として登場する人物と同一人と思われ、のちに問注奉行人として起請文に署名していた(同書文暦元〈一二三四〉年七月六日条)。なお、『吾妻鏡』承久三年一月二十五日条に「大夫属入道善信宅災。重書幷問注記以下焼失」との記事がある。これは、問注記(問注勘状も含むか)が作成されると、執事宅にも案文などが保存されていたことを示すのかもしれない。
(63) 御成敗式目一二条・三〇条、寛喜三年五月十三日追加法三〇条・建長七(一二五五)年三月二十九日追加法三〇三条など参照。
(64) 『鎌』四三七九号。
(65) 天福元年九月十七日　六波羅下知状案(「山城神護寺文書」『鎌』四五六三号)。
(66) 『吾妻鏡』同年十二月二十日条参照。
(67) 六波羅探題の例であるが、寛元元年十一月二十五日　六波羅裁許状(「東寺百合文書ほ」、『鎌』六二五四号)には、「以前条々、就申詞記、所加下知也」の文言がある。
(68) 次章参照。
(69) 『吾妻鏡』寛元二年六月二十七日条参照。
(70) 同右書宝治二(一二四八)年十一月二十三日条参照。

# 第四章　鎌倉幕府評定制の成立過程

## はじめに

鎌倉幕府において、執権・連署および評定衆で構成する合議制＝評定沙汰が、政務・訴訟の裁決機関として、重要な位置を占めていたことは周知のとおりである。また評定衆の設置は、御成敗式目の制定とともに、所謂「執権政治」体制の確立を示すメルクマールとしても評価されてきた[1]。この故に、従来の評定制の研究は、評定衆設置の意義・人的構成或いはその性格等の分析に集中してきた感がある。これに対して、評定制そのものの成立過程・運用（実態）等に関わる考察は、比較的看過されてきたように思われる[2]。

そこで本章では、評定衆の設置を含めて、裁決機関としての評定制がいかなる過程を経て確立したのか、この解明を課題とする。『関東評定衆伝』[3]は、評定制を分析する際の基本的文献である。近時に至るまで諸論考では、『群書類従』所収の刊本が使用されてきた。しかるに、同本には幾つかの疑問点が存在しており、その史料批判も重要となる。まずは『関東評定衆伝』に史料的検討を加え、次いで評定制の成立過程を考察することとしたい。

## 一　『関東評定衆伝』写本の検討

『関東評定衆伝』（以下「評定伝」と略称）は、嘉禄元（一二二五）年より弘安七（一二八四）年に至る間の、執権・連署・評定衆・引付衆（建長元〈一二四九〉年以降）、それぞれの補任者を伝える書物である（但し、嘉禄二年から寛喜三〈一二三一〉年の六カ年は「未詳」とする）。各年次にはその年の出来事を簡潔に記載しており、なかには『吾妻鏡』の欠年を補う記載もある。このように「評定伝」は、評定衆を検討するための基礎的史料であるにとどまらず、鎌倉幕府の政治史を考察するうえでも重要な文献といえる。

現在「評定伝」の刊本としては、『群書類従』（以下「類本」と略称）と『新校群書類従』[4]（以下「新類本」と略称）に収められている二本がある。両刊本には、記載内容に少なからず相違が認められるのであり、必ずしも「類本」を善本とすることはできない。

## 1

「類本」貞永元（一二三二）年条では、

執権
相模守平時房
武蔵守平泰時
評定衆
(A)摂津守中原師員
(A′)前右馬権頭平政村
駿河守平有時

武蔵守平朝直
相摸三郎平資時法師
前摂津守中原師員朝臣
蔵人大夫大江季光法師
民部大夫藤原行盛法師
前甲斐守大江泰秀
前若狭守平泰村
前佐渡守藤原基綱
前出羽守藤原行義
(A″)秋田城介藤原義景
前駿河守平義村
隠岐守藤原行村法師
前出羽守藤原家長
加賀守三善康俊
民部大夫藤原行盛法師
左衛門少尉藤原基綱
外記大夫三善倫重
玄番允三善康連

相模守(大カ)掾藤原業時
左兵衛尉藤原長定法師
（以上人名のみ列記）

という延べ二十三名が評定衆として名前を連ねている（執権・連署を除く）。しかるに同本翌天福元年条が評定衆を十二名としていたことからすると、貞永元年条の記載メンバーは明らかに多すぎることを意味している。また、前記の人名中、大江季光は天福元年、平資時は嘉禎三（一二三七）年に、各々評定衆に加えられていたのであり[5]、本来は貞永元年条に記されるはずのない人物となる。さらに不可解なのは、中原師員・藤原行盛・藤原基綱の三名が、重複して記載されていることである。かく考えると「類本」貞永元年条には、錯誤があるといわざるをえない。

同じく「類本」寛元元（一二四三）年条には、

執権
(B)左近大夫将監平経時
(B′)前大宰少弐藤原為佐
前対馬守三善倫重
民部大夫三善康持
民部大夫三善康連
右衛門大夫清原季氏
左衛門尉清原満定
前下野守藤原泰綱
（以上人名のみ列記）

と記載されている。この記事を額面どおり受け取ると、平（北条）経時以下八名が執権に就任していたかのごとくであるが、勿論執権は経時ただ一人である。前後の年の評定衆補任者を考慮すると、同年の七名という人数はいかにも少ないし、史料中に評定衆という職名が存在しないのも不審といえよう。寛元元年条の「(B)―(B′)」の間には脱文があると思われる。

この二年分について「新類本」はどのように記載しているのであろうか。周知のとおり、『新校群書類従』は『群書類従』を底本に使用する。「新類本」においても同様であり、他に内閣文庫所蔵の「古写本」を以て校訂を加えていた。さて同本貞永元年条は、「(A′)―(A″)」間の人名十二名を削除し、評定衆を残る十一名とする。他方寛元元年条では、「(B)―(B′)」間に「評定衆」という職名とともに、「(A′)―(A″)」の人名を挿入していた（従って、同年の評定衆は十九名となる）。この「新類本」の記載は、「類本」の疑問点を解消するものといえよう。では、「新類本」の校訂は正しいのであろうか。

## 2

現在「評定伝」の写本としては、五本が残されている。即ち、

(イ)　内閣文庫所蔵のもので、「淺草文庫」と「日本政府圖書」の二種の蔵書印をもつ写本（以後「内閣甲本」と略称、以下同じ）

(ロ)　同右文庫所蔵のもので、「弘文學士院」とその他の蔵書印のある写本（「内閣乙本」）

(ハ)　同右文庫所蔵のもので、「秘閣圖書之章」とその他の蔵書印のある写本（「内閣丙本」）

(ニ)　水戸彰考館所蔵の写本(6)（「彰本」）

(ホ)　神宮文庫所蔵の写本（「神本」）

という五写本である。

各写本の伝来を簡単に触れておきたい。内閣甲本には前記二種類の蔵書印が存在するのみであり、遺憾ながら伝来は不明とせねばならない。内閣乙本にみられる「弘文學士院」印は、寛文三（一六六三）年に弘文院学士に任官した林鵞峰が新写した図書に押したものであり、この蔵書印そのものは寛文八年の曝書の際に初めて使用したと思われる。[7]同本には林述斎の蔵書印（「林氏藏書」印）と「昌平坂學問所」印も押されており、昌平坂学問所の蔵書となっていた。内閣丙本の「祕閣圖書之章」印は、歴史課が明治五（一八七二）年以降に使用した蔵書印であり、紅葉山文庫所蔵本に押したものである。[8]「彰本」・「神本」には、「以修理大夫酒井忠直之本写焉」という共通の奥書があり、両本の近縁関係が示されている。また「神本」には、

天明四年甲辰八月吉旦奉納皇太神宮林崎文庫以期不朽京都勤思堂村井古巌敬義拝

という印が押されていることより、同本は京都の蔵書家村井古巌から天明四（一七八四）年に林崎文庫に献納された諸本中に含まれていたことが判明する。

写本の仕立て方をみると、内閣甲本は「綴葉装」という特殊な綴じ方をしているが、その他の写本は全て「袋綴」である。本文の行数は、全写本ともに一冊目を九行、二冊目を八行とする。従って総枚数も一致する。

各写本では、貞永元・寛元元両年条をどのように記載しているのであろうか。内閣甲本は、「新類本」が校訂に使用した写本（「古写本」）であり、既述したように、貞永元年条に十一名、寛元元年条には十九名の評定衆を記していた。これに対して、内閣乙本以下四写本の記事内容は大略「類本」と一致する。但し四写本では、「（A）―（A′）」間に「評定衆」の文言が書き込まれているのが注目される。即ち、四写本の貞永元年条には、中原師員（A）の人名を挟んで、前後に「評定衆」という職名が記載されていることになる。ここで注目すべきは、四写本が「（A）―（A′）」間

の評定衆という文言と、「(A′)―(A″)」間の人名とを合わせて一紙としていたことである。するとこの一紙は、同年条に誤って綴じられてしまった可能性が生ずることになる。四写本の記事中で、評定衆の職名と一部人名の欠如した年を探すと、当然の如く寛元元年条が思いだされる（「(B)―(B′)」)。この一紙は、本来寛元元年条に記載されるべきものとするならば、「新類本」の校訂（内閣甲本の記載）と完全に一致することとなる。寛元元年条の一紙が、誤って貞永元年条に継ぎ合されたことによって、「類本」の錯誤が生じたと考えられるのである。従って、「新類本」の両年条に対する校訂は正しいと認められるのであり、且つ前後の事実関係からしても記事に矛盾はなくなる。この意味で、史料的にいうならば、「新類本」なかんずく同本が校訂に使用した内閣甲本を重視しなければならない。(9)

次に、各写本相互の関係を検討する。

〔「内閣甲本」と「内閣乙本」について〕

内閣甲本は、江戸初期の写本と考えられ、(10)「新類本」の校訂にも使用されていた。一方、内閣乙本は、林鵞峰による『続本朝通鑑』編纂のために書写されたと思われる。(11)

さて、内閣乙本には、字句を抹消し改めて書き直したとみられる箇所が幾つかある。このなかには単なる誤字の訂正もあるが、書写に際して使用した底本に校訂を加えたとすべき箇所がある。例えば同本の建治元（一二七五）年条では、年次と執権以下の人名との間に記されている「文永十二年　改建治元」という一行分の文言を抹消していた。これは当然であって、その他の改元が行われた年次においても改元の旨を示す記述はない。これに対して内閣甲本にはそのままの記載が存在する。しかし、甲本でも他の改元年にはこの種の文言が残されていないことからすると、同本（あるいは同本の底本）の錯誤とすべきであろう。内閣乙本は、一旦書写したこの一行を抹消したことにより、結局変則的な余白を残してしまったのである。

さらに、両写本の記事内容を比較分析することにしたい。

(I) 嘉禎三(一二三七)年条の北条時房項

(内閣甲本)

修理権大夫兼相摸守平時房朝臣　連署十一月廿九日辞

相摸守

(内閣乙本)

甲本と同文を一旦書写した後に、同項の注記「連署十一月廿九日辞」の九字を抹消し、その上に「連署十一月廿九日辞相摸守」の十二字を書す。一方、本文二行目の「相摸守」の三字を抹消し、この一行は空白とする。

(II) 弘長三(一二六三)年条の宗尊親王上洛延期の記事

(内閣甲本)

八月十四日大風依将軍御京上延引

(内閣乙本)

甲本と同文を書写した後に、「大風依」の三字を抹消し、その上に「依大風」と書す。

この二例は、内閣甲本の錯誤に乙本が校訂を行った例といえよう。

(III) 文永二(一二六五)年条

(内閣甲本)

正朔蝕、依雨不正現。八月廿一日姫宮誕生、御験者良基僧正、医師舟波守長世朝臣。十二月十一日暁

(内閣乙本)

本文は甲本に同じ。「十二月十一日暁」の文言に「本ノマヽ」との注記をつける。

甲本の記事では、「十二月十一日暁」の出来事は全く不明である。[12]これに対して乙本は、一旦は底本を忠実に書写したものの、十二月十一日に関係記事が記されていないのを不審として、注記を付加したと推測される。内閣乙本は、この他にも甲本の錯誤あるいは意味不明瞭な文章に校訂を行っている。[13]従って、両写本の記事内容の関連からすると、内閣乙本は甲本または甲本と同系統の写本を底本に書写されたと考えられよう。[14]

では、内閣乙本作成者は、いかなる意識に基づき校訂を加えたのであろうか。この点を検討するためには、同本の成立事情に着目する必要がある。鵞峰が乙本を書写したのは、先述したように、『続本朝通鑑』の編纂材料として利用することにあった。『吾妻鏡』の記事を欠く文永三年八月以降については、『鎌倉執権記』等とともに「評定伝」は重要な役割を果していた。[15]それ故に書写に際しては、厳密な校合が要求されていたであろう。この姿勢が内閣乙本の種々の校訂となって表われているといえる。内閣乙本は、枚数あるいは行数を底本と一致させようとする努力を払ったが、結局はやむをえない余白が生ずることとなったと思われる。

〔「内閣乙本」と「内閣丙本」について〕

両写本の記載内容はほぼ一致しており、差異は認められない。逆に同系統の写本とすべきである。前項で触れた嘉禎三年条の北条時房項について、内閣丙本もやはり一行を空白とするが、同本には字句の訂正や抹消などは存在しない。それにもかかわらず、内閣丙本が一行分を余白にするという記載方法を取った理由は、乙本の記述に合致させようとする意図から生じたといわざるをえまい。丙本では、その他にも前述の建治元年条の空白や文永二年条の注記等も乙本と同一である。なお建治三年条の北条時村項には、彼の上洛を伝えるとともに尻付が記載されている。内閣乙本ではその行間に、

私書之　嘉元三年四月廿三日討死六十四才

と書き入れられている。この記事がやや窮屈な形で記されているのは、同本の底本となった内閣甲本系統の写本に、この記事が存在しないことによると思われる。内閣乙本作成者は、一旦底本どおり書写した後に、この一行を加えたのであろう（この故に、「私書之」の文言がある）。丙本は、この記事をそのまま踏襲していた。以上の記載内容の緊密な関連からみて、内閣丙本は乙本を底本として書写されたと断定してよかろう。(16) これらの点より内閣丙本は乙本と同時期またはそれ以後に書写されたと考えられる。(17)

〔「内閣乙（丙）本」と「彰本」・「神本」について〕

彰本と神本には、幾つかの共通点が認められる。そこでまずは両写本相互の関係を確認しておく。両本では、①奥書、②一部人名に引かれている朱線、③標出の引用書物、などの一致を指摘することができる。なかでも、建治元年条に記載されている『宋元通鑑』が興味をひく。というのは、同書は明の薛應旂が撰した書物であり、当然『宋史』・『元史』よりも史料的価値が劣る。それにもかかわらず、両本に『宋元通鑑』よりの引用が存在することは、彰本・神本が同一の性格をもつ写本であることを示唆している。

このうち彰本は、『大日本史』の編纂材料として書写されたと考えられる。事実、『大日本史　列伝』では、随所に「評定伝」からの引用をみてとれる。前記②・③の特徴は、史書編修に使用するという意図に基づくといってよかろう。神本にもまたこの特色は継承されていた。とすると両本は、『大日本史』編纂時に書写されたか、または「彰本→神本」の順で成立したと想定できよう。(18)

本題に戻って内閣乙（丙）本と彰本・神本とは、いかなる関連にあるのだろうか。これまで触れてきた嘉禎三年条の時房項及び建治元年条にみられた二つの余白は、彰本・神本にも同様に存在する。さらにこの両写本には、建治三

表5　写本相互間の主要相違点一覧

| | 内閣甲本 | 内閣乙本 | 内閣丙本 | 彰本 | 神本 |
|---|---|---|---|---|---|
| 貞永元年条の評定衆数 | 十一人 | 二十三人 | 同上 | 同上 | 同上 |
| 嘉禎三年条の北条時房項の相模守 | 本文中に「相模守」あり | 本文中の「相模守」の字句を抹消し、一行を余白とする。 | 一行の余白のみ | 同上 | 同上 |
| 寛元元年条の評定衆数 | 十九人 | 七人 | 同上 | 同上 | 同上 |
| 弘長三年条の年次下の文言 | 「大風依」 | 「大風依」の字句を抹消し、「依大風」と校訂 | 「依大風」とする | 同上 | 同上 |
| 文永二年条の年次下の記事 | 「十二月十一日暁」のみ | 「十二月十一日暁本ノマ、」とする | 同上 | 同上 | 同上 |
| 建治元年条の改元記事 | 「文永十二年　改建治元」とする | 「文永十二年　改建治元」の字句を抹消し、一行を余白とする | 一行の余白のみ | 同上 | 同上 |
| 建治三年条の北条時村項の尻付 | 時村の死亡記事なし | 時村の死亡記事に「私書之」の注記 | 同上 | 同上 | 同上 |

年条の平時村項尻付の死亡記事も記されていた。これらの事実は、内閣乙（丙）本と両写本との密接さを窺わせる。両写本の記事中には内閣文庫所蔵三本と異なる記載[19]も存在している。しかしながら、その多くは年月日の記述についてのものであり、これは『大日本史』編纂の材料として利用するための校訂と判断される。

彰本・神本の直接の底本は、奥書より酒井忠直所蔵の写本とすべきである。「酒井忠直本」自体は前述の記載内容の比較からいえば、内閣乙（丙）本と同系統の写本と考えられる。従って、両写本もまた内閣乙（丙）本系統の写本とすべきである[20]。

以上諸写本相互の関連を検討してきたが、主要な論点を整理すると表5のようになる。この表からも明らかとなるように、内閣甲本と乙本以下の四写本との間には顕著な違いがある。その相違点は、甲本系統の写本を底本として書写された内閣乙本が成立の際に、校訂が加えられたことにより生じたといえよう。[21]

次に、「類本」について検討しておきたい。貞永元・寛元元両年条の錯簡が同本に認められることは、内閣甲本が使用されていないことを示す。従って、内閣乙本以下の写本が底本に選ばれていたと思われる。「類本」は「一本」による校訂を加えている。このうち三カ所は、内閣文庫本系統の写本を彰本（神本）系統の写本で訂正したとみられる。[22]

「類本」記事中で注目すべきものに、嘉禎元（一二三五）年条の藤原（結城）朝光項がある。そこには、

前上野介藤原朝光法師　法名日阿。〻加即辞退。

小山入道政光男。建永二年四月十日任左衛門尉。嘉禎元年五月廿二日甲寅加評定衆。閏六月三日甲午辞評定衆。寛喜元年十月五日任上野介。同日叙爵。〻出家。建長六年二月廿四日卒。年八十七。

と記載されている。この尻付では、建永二（一二〇七）年の左衛門尉任官と寛喜元（一二二九）年上野介任官との記事の間に、嘉禎元年の評定衆就任とその辞職の文言が挟まれている。即ち、時期を前後して、嘉禎元年の記事が書き込まれていることになる。これは尻付が本来もつ意味からみても不可解といわざるをえない。しかも、姓名の下に彼の評定衆就任と辞退が記されているのであるから、尻付にその旨をわざわざ記載する必要性がないことを示しているはずである。内閣文庫所蔵三本の尻付にはこの嘉禎元年の二つの記事はない。これに対して彰本・神本では、嘉禎元年以下の二十六文字を朱筆で頭注としていた。「類本」朝光項の錯誤は、彰本・神本の頭

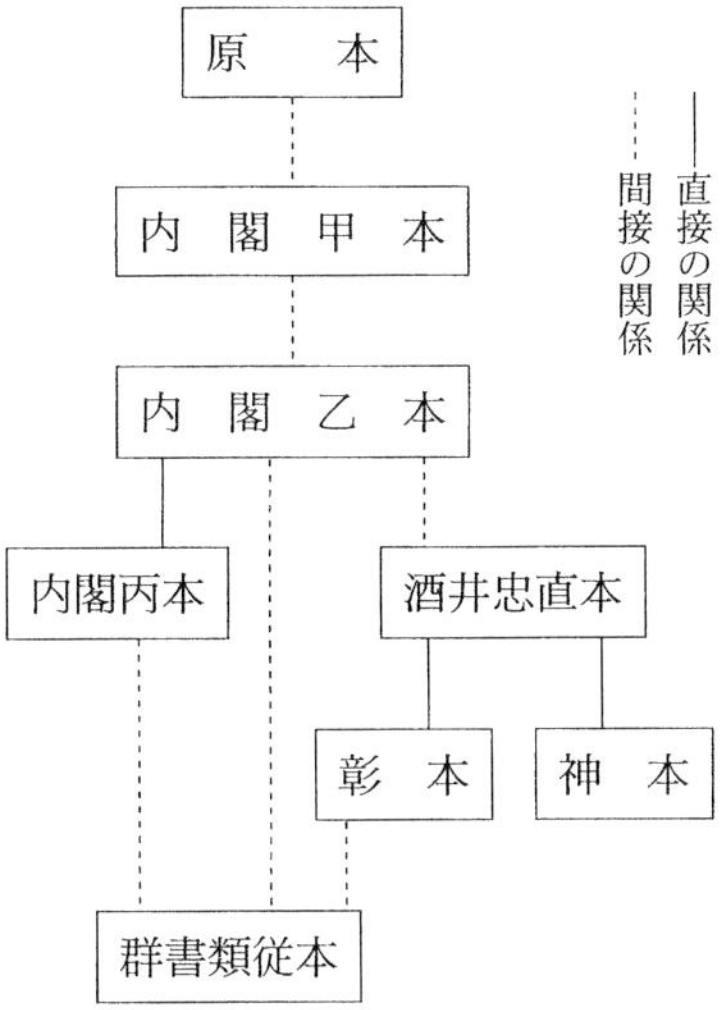

原　本
内閣甲本
内閣乙本
酒井忠直本
内閣丙本
神　本
彰　本
群書類従本

表6　『関東評定衆伝』の伝本系統想定図

——直接の関係
┈┈間接の関係

注でしかなかった字句を記事として採用したことに起因している。貞永元・寛元元両年条の錯簡、さらにこの結城朝光項の記述等を斟酌するならば、「類本」編修には、内閣乙本以下の写本が使用されていたと考えてよかろう。[23]諸写本と「類本」との関係を整理すると、表6のように図式化できよう。[24]

## 3

「評定伝」の成立は何時のこととすべきであろうか。『群書解題』の解説は、記載の下限が弘安七（一二八四）年にあることを根拠として、成立年代を「それ以降さして下らぬ期に編された」とする。さて評定伝の尻付をみると、上洛あるいは罷免等により、評定衆（または引付衆）を辞した人物のその後の動静を知りうる。その記事の最下限は、文永七年条の藤原基頼項と建治三年条の北条時村項に記されている正安三（一三〇一）年と思われる。[25]この点を踏まえると、「評定伝」の成立は十四世紀以降にずれ込むと推測できる。

成立年代を考察するうえで興味をひくのが内題である。各写本には、一冊目を「評定伝　春分」、二冊目を「評定伝　夏分」とする内題がある。この「春分」・「夏分」の文言に着目するならば、本来「評定伝」は「秋分」・「冬分」もまた編されていた、即ち四冊本として作成されていた可能性が生ずる。

「評定伝」一冊目は、嘉禄元（一二二五）年より弘長三（一二六三）年までを記載対象とする。同巻の目次には、執権に就任した人物として泰時・経時・時頼の三名が記されている。このうち時頼は、康元元（一二五六）年出家し同年長時に執権職を譲った。しかるに、目次に長時の名をみいだすことはできない。二冊目は文永元（一二六四）年から弘安七年までを範囲とする。その目次は執権就任者として時宗の名のみを挙げる。しかし、彼が執権に任ぜられたのは文永五年のことであり、それ以前は長時・政村が執権として活動していたはずである。「評定伝」目次では、将軍と執権の就任記事のみを記載しているのにもかかわらず、両名が記されていないのはいかなる理由によるのであろうか。ここには編者の意図が働いていたと思われる。

「評定伝」は嘉禄元年を記事の出発点とするが、これは同年が評定制にとって一つの画期になっていたという意味からも当然である。では、一巻目の下限を弘長三年とするのは何故なのか。その理由は同年の時頼の死亡に求められるだろう。彼は康元元年の出家後も、得宗として依然実権を掌握し続けたとみなされる。この故に目次には長時の名が存在しないのであり、かつ時頼の死去で一冊目を終えることになった。即ち、「評定伝」作成者は、一巻目に北条嫡流（得宗）である泰時・経時・時頼の時代を記述しようとしていたと考えられる。編者のこの思惑が鮮明となるのは二冊目である。二巻目は、時宗の連署就任（文永元年）より彼の没年（弘安七年）までを対象とする。そして目次では、彼の連署就任を「執権始」とも記していた。ここには、時頼に続く得宗としての時宗の時代を記載するという意識が、強く反映されていると思われる。

従って、「評定伝」の分冊は、北条氏嫡流（得宗）による時期区分という意図から行われていたとすべきだろう。この結果北条氏の傍流である長時・政村の名が目次にみいだせない。また本来編纂されていたと考えられる分冊「秋分」・「冬分」には、それぞれ得宗貞時・高時を中心とする時代を記載していた可能性がでてくる。私見を支持するかに思える史料に、『沙汰未練書』の「関東代々将軍家幷執権時代事」[26]条がある。ここで執権として列記されていたのは、全て北条嫡流の人々（得宗）のみである。鎌倉末期には、得宗による時代区分という意識が、既に存在していたのではなかろうか。

それでは逆に、「評定伝」が四冊本として成立したとすることにより矛盾がでてくるだろうか。鎌倉幕府の評定制は、周知のとおり、幕府滅亡時まで機能し続けた。とするならば、弘安七年という中途で「評定伝」の記述が終わるというのは、評定衆等の補任者を記録するという同書の性格に反することになるだろう。前述したように、記事の下限は正安三（一三〇一）年にある。従って、同書の成立は十四世紀初頭以降と考えることができるのであり、編者は弘安七年条の補任者のその後の動静を知りえたはずである。「評定伝」が二冊本として作成されていたのならば、同年条に彼らの尻付が存在して初めて書物として完結するといえよう。しかし尻付はない。この理由は、第三冊目（秋分）等に彼らの尻付が記載されることになる故に、編者は二冊目に記す必要性を認めなかったことに基づくのであろう。

以上のことから、「評定伝」は本来、鎌倉幕府滅亡時までを対象として成立したと考えられるのであり、同書は南北朝期以降に作成されたとすべきである。しかしながら江戸時代以前に「秋分」・「冬分」ともに散逸してしまい、現存している写本の作成者は、「春分」・「夏分」を書写することで満足せざるをえなかったと考えられる。

## 二　評定制の成立過程

### 1

評定衆は、嘉禄元（一二二五）年に創設されたとするのが通説であるが、その史料的根拠には疑問があるといわざるをえない。そこでまずこの点を検討しておきたい。

史料としては、『吾妻鏡』と「評定伝」に尽るといってよかろう。『吾妻鏡』同年十二月二十一日条には、

相州（北条時房）、武州（北条泰時）、助教（中原師員）、駿河前司（三浦義村）、隠岐入道（二階堂行村）等参御所、有評議始。

との文言があり、この記事が評定衆設置を示す根拠の一つとされてきた。ところがここには、直接その設置を示す記述は全くなく、あくまでも「評議始」を伝える記事にすぎない。同月宇津宮辻子に幕府が新造されており、前日の二十日には藤原頼経の移徙の儀式が執行されていた。[27] この記事は、移徙にともなう「吉書始」として解釈すべきであろう。

では「評定伝」はどうであろうか。内閣甲本嘉禄元年条には、

嘉禄元年乙酉

七月十一日二位家（北条政子）薨逝。年六十九。以後被始評定、年紀不分明。十二月廿九日若君御元服。加冠泰時朝臣。

執権

相模守平朝臣時房

武蔵守平朝臣泰時

評定衆

助教中原師員

駿河前司平義村

隠岐守藤原行村法師　法名行西

出羽守藤原家長

民部大夫三善康俊　問注所執事

民部大夫藤原行盛　政所執事

民部大夫三善倫重

左衛門尉藤原基綱
玄番允三善康連
相摸大掾藤原業時
左兵衛尉藤原長定法師　法名浄圓

と記載されている。この記事には幾つか不審な点がある。一つは書式についてである。平（北条）時房項の氏名の下に、連署の職名が記されていない。彼は同年の七月から十一月の間に連署に就任していたのであるから、当然その旨が明記されるべきである。事実同年条以外は連署在任者には必ず注記がある。時房・泰時項にみられる「朝臣」の姓の位置にも疑問を感ずる。というのは、「評定伝」では通常「氏・名・姓」の順の書式を取るが、同年条のみは「氏・姓・名」という様式での記述となっている。この書式上の相違は、「評定伝」嘉禄元年条の信憑性に疑問を抱かせるであろう。[28][29]

そこで次に嘉禄元年条のメンバーを検討したい。同年の評定衆十一名は、内閣甲本貞永元（一二三二）年条の人名と完全に一致している。貞永元年条のメンバーは、同年七月の「評定衆連署起請文」の署名者と同一であり、正しく評定衆全員を示す[30]（本節第3項参照）。とすると評定衆は、嘉禄元年から七年間固定して変動がなかったこととなる。しかし、貞永以降では連年のように新加あるいは死闕等を認めうる評定衆が、この七カ年に限り全く異動がなかったというのは不自然ではないだろうか。一方「評定伝」は、嘉禄二年より寛喜三（一二三一）年までの六カ年を「未詳」とする。もし、嘉禄元年から七カ年間メンバーに変動がないのであるならば「未詳」とする必要はないのであり、省略する旨の文言や場合によってはそのままの人名を記載してもよいはずである。同一メンバーを記録した年も確かに存在する。[31]また嘉禄元年条の十一名のうち、三善康連は安貞元（一二二七）年、藤原長定は寛喜二年、藤原業時は同三年を、それぞれ史料的初見とする。[32] 評定衆という重責を担う人物が、その就任以後もしばらくの間活動を窺うことができないというのも不審といえる。

「評定伝」嘉禄元年条の記載には、書式・人名の両面ともに疑問が残る。従って同書は、評定衆創設を示す史料的根拠とはなるまい。この点を考えるうえで興味を引くのが、同年条の記事に北条政子の死後に「評定」が始められたと記しながらも、わざわざ「年紀不分明」との書き入れがあることである。この文言の意味するところは、文脈から判断すると、評定自体の開始された年が不明であったことを指すと思われる。「評定伝」編者は、評定は政子の死後に始められたとする認識を持っていたが、泰時主導による評定の開始時期を確定することはできなかったことを示すのであろう。従来、評定衆設置を示す史料的根拠とされてきた『吾妻鏡』及び「評定伝」の記事に分析を加えた結果、通説には再検討の余地がある。

## 2

評定の制度化は、嘉禄元年の評定衆の創設により達成されたとするのが通説となってきた。しかし「源家将軍期」には既に、「評議」・「評定」あるいは「群議」という表現を見出すことができる。[33] 但し頼朝期では、主に「群議」の語が使用されており、かつ戦術決定に際して多く開かれていたことから、後世の評定制とは直接つながらないかに思われる。これに対して頼家・実朝期の評定は、訴訟裁決・法令制定などに関与しており、[34] 一つの制度として機能していた。そこで本項では頼家・実朝期を中心に考察を加える。

さて、当該時期に評定制が存在していたとするならば、その制度的出発点は何時のこととすべきであろうか。ここで思いだされるのが、正治元（一一九九）年の所謂「十三人合議制」[35] である。その史料には、

(A)諸訴論事、羽林(源頼家)直令決断給之条、可令停止之。(B)於向後大少事、北條殿(北条時政)・同四郎主(義時)、并兵庫頭広元(大江)朝臣、大夫属入道善信(三善)、掃部頭親能(中原)在京、三浦介義澄、八田右衛門尉知家、和田左衛門尉義盛、比企右衛門尉能員、藤九郎入道蓮西(安達)、足立左衛門尉遠元、梶原平三景時、民部大夫行政(二階堂)等加談合、可令計成敗。(C)其外之輩無左右不可執申訴訟事之旨被定之。(36)

との記載がある。この記事は、三部分に分けて解釈される。訴訟については、頼家の直断を停止し（Ⓐ）、十三名の談合による「計成敗」を定め（Ⓑ）、そして最後に訴訟受理を十三名に限定する（Ⓒ）、と理解しえよう。(A)は頼家の権限に対する規制であり、(B)と(C)は合議の性格に関する規定、と整理できる。

将軍の直断とはいかなる行為を指すのであろうか。実朝期の史料ではあるが『吾妻鏡』に、

安芸国壬生庄地頭職事、山形五郎為忠与小代八郎等相論之間、就守護人宗左衛門尉孝親注進状、今日於御前被一決。遠州(北条時政)幷広元(大江)朝能(臣)等被候御前。是将軍家直令聴断政道給之始也。(37)

という記事がある。直断には御前対決が含まれていたことが明らかになる。そもそも御前対決とは、「鎌倉殿自身の訴訟指揮による対決」(38)のことであった。頼家の直断停止とは彼の訴訟指揮に基づく裁断の禁止を意味すると考えられる。この結果訴論人の対決を含む訴訟の実質的な審議は、合議制の場に移されることになるのであろう。そしてその会議で一定の結論を作成する。この一連の過程を「計成敗」と呼んでいたと考えられる。

では頼家は、裁決に全く関与しないことになるのであろうか。しかし、頼家が相論を裁断した実例が存在すること(39)は、この解釈が成立し難いことを示している。次に、将軍の裁断と合議制の権限との関係を検討していく。正治二年佐々木経高は、罪科により守護職と所帯を没収された。(40)彼はこの返還を求めて翌建仁元（一二〇一）年欵状を幕府に提出した。このことを伝える『吾妻鏡』には、

昨日、佐々木中務入道経蓮以子息高重、捧一通欵状(去月廿一日状。)今日遠州(時政)以善信(三善)令披露彼状給。是於身雖無所犯、依傍人之讒、蒙御気色之條、含愁訴云々。（中略）爰被究評儀之淵源被免。(41)

とする記事がある。傍点部を注目したい。この文言が『吾妻鏡』編者の評語である可能性も否定はできない。たとえ編者の解釈であるとしても、頼家期の評議の存在を前提としての言葉であることが重要である。評議の場での「計成敗」を踏まえて（欵状は前日到着）、頼家は裁断していたのではなかろうか。時代は下るが、承久三（一二二一）年の北条義時に対する追討宣旨の際の評議も参考になる。この時、幕府側の方針は、

於右京兆(北条義時)館、相州(北条時房)、武州(北条泰時)、前大膳大夫入道(大江広元)、駿河前司(三浦義村)、城介入道(安達景盛)等凝評議。意見区分。所詮固関足柄・箱根両方道路可相待之由云々。大官令覚阿(広元)云、（中略）任運於天道、早可被発遣軍兵於京都者。右京兆以両議申二品(北条政子)之処、二品云、不上洛者更難敗官軍歟。相待安保刑部丞実光以下武蔵国勢、速参洛。(42)

という過程を経て決定された。追討宣旨への対応策をめぐり、執権義時宅で評議が開催された。その意見は二様に分れて一致をみない。そこで義時は、幼少の三寅（藤原頼経）の後見として、鎌倉殿の地位を代行していた北条政子に両説を伝えていた。結局政子の裁断により決着をみたのである。このプロセスは、将軍の裁決Ⓐと合議の計成敗Ⓑとの関係を明確にするものといえよう。合議の場において実質的審議が行われて草案が作成され（Ⓑ）、この意見を受けて将軍の裁断が下される（Ⓐ）、という脈絡で捉えることができる。即ちこの合議制下での将軍は、直断権は停止されたものの、依然最終的決定権＝裁断権を保持していたといえる。

先に、合議体構成者には訴訟受理の機能があると指摘した（Ⓒ）。このことの意義も無視できない。頼朝期の訴訟手続については不明な点が多いが、問注所に訴訟受理の機能が存在したとは考えられない。(43)同時期では問注所内での機能分化は認められず、将軍頼朝の許に直接訴が提起されていたであろう。また幕府訴訟制度の完成期になると、問

注所の一部局である所務賦に相論は提起された[44]。従って、(C)の規定は、頼朝期と訴訟制度完成期とをつなぐ、過渡的な形態ともいえそうである。堺相論に際して、将軍頼家自ら絵図の中央に墨線を引いたという著名な挿話がある。この時訴人は係争地の惣地頭である畠山重忠の成敗を望んでいたのだが、彼は「重忠難自専者、則付大夫属入道善信（三善）挙申之[45]」した。重忠は三善康信を通して頼家の裁断を求めた。ここで康信を経由したのは、やはり彼が「執申訴訟事」すべき人物の一人であったことに求められよう。訴訟受理機能が合議体メンバーに限定されたということは、将軍への直訴方式の廃止にもつながる画期的な変更と評価できるのではないだろうか。

評定制は「十三人合議制」を出発点とし、頼家の訴訟直断権の剝奪をまずは目標に、①訴訟受理機能の独占と②訴訟の実質的審議権の掌握を意図していたといえよう。そしてその後の評定制は、訴訟のみならず、徐々に重要な政務にまで職権が拡大されていくのである。

従来、「十三人合議制」は、その意義は認められながらも、実質的な活動については否定的に理解されてきた。その理由の一つは、合議制と頼家の恣意的な裁断とは相容れないとする解釈にあった。しかしながら前掲した十三人合

評定参加者（*1）

| 三善康信 | 三浦義村 | 安達景盛 | 二階堂行光 | 二階堂行村 | 中条家長 | 備考 |
|---|---|---|---|---|---|---|
| ○ | | | | | | |
| ○ | | ○ | | | | （*2） |
| | | ○ | | | | 政子も参加か |
| ○ | | | | | | |
| | | | | | | |
| ○ | | | ○ | ○ | | |
| | ○ | | | | | |
| | ○ | ○ | | | | 康信は病欠(5月21日条) |
| | ○ | | | ○ | ○ | 三善康俊・藤原兼佐の奉行 |
| | ○ | | | ○ | | 他に中原師員参加 |

大夫属入道」と記されており，御家人制研究会編『吾妻鏡人名索引』（吉川弘
信は「大夫の属入道」と称されることが多い，の二つを根拠として前記『吾妻

表7　『吾妻鏡』記事にみる

| | 将軍 | 開催場所 | 北条時政 | 北条義時 | 北条泰時 | 北条時房 | 大江広元 |
|---|---|---|---|---|---|---|---|
| 建仁1(1201)年4月3日条 | 頼　家 | | ○ | | | | ○ |
| 元久2(1205)年壬7月20日条 | 実　朝 | 義時宅 | | ○ | | | ○ |
| 8月7日条 | 〃 | 政子宅 | | ○ | | | ○ |
| 建暦2(1212)年2月28日条 | 〃 | | | ○ | | | ○ |
| 建保1(1213)年6月26日条 | 〃 | | | ○ | | ○ | ○ |
| 2年4月18日条 | 〃 | 御　所 | | ○ | | | ○ |
| 承久1(1219)年3月12日条 | (政子) | 政子宅 | | ○ | | ○ | ○ |
| 3年5月19日条 | 〃 | 義時宅 | | ○ | ○ | ○ | ○ |
| 貞応2(1223)年12月20日条 | 〃 | 御　所 | | ○ | | | |
| 嘉禄1(1225)年12月21日条 | 頼　経 | 御　所 | | | ○ | ○ | |

(＊1)　複数の参加者名を確認できる記事に限定した.　(＊2)『吾妻鏡』には,「前大膳
文館, 一九七一年) は広元こととする. しかし (1) 広元の出家は建保5年11月9日, (2) 康
鏡』の記事は書写の際の誤りと考える. よって表では, 広元と康信の二人を指すとした.

議制の記事は、あくまでも頼家による「直断」の停止を示すのであって、彼の「裁断」権そのものが禁止されたのではないとするならば、何ら矛盾は生じないだろう。『吾妻鏡』の記事においてしばしば彼の裁決が非難されているのは、合議制のルールを無視し専恣な裁断をしたことに基づくと思われる。

十三人合議制は、将軍頼家の抵抗を受けつつも、評定の制度化への端緒と位置付けることができるだろう。評定制は、実朝期そして鎌倉殿代行北条政子の時代を通して機能し続けた。実朝期の評定の例を一つ検討しておきたい。建保二（一二一四）年鎌倉大慈寺の供養が行われた。この時導師の選定をめぐり評議が開催されているが、その審議の様相を記す『吾妻鏡』には、

於御所、大倉新御堂供養事、被経評議。相州（北条義時）、前大膳大夫（大江広元）、民部大夫行光（二階堂）、大夫属入道善信（三善）、山城判官行村（二階堂）等参候。供養導師可被召請京都高僧之由、有御気色。而広元朝臣、行村、善信等、勝長壽院已下伽藍供養日、被請三井寺醍醐碩徳之時、往還之間、多以万

民之煩也。頗非作善本意。於今度者、被用関東止住僧侶之條、可為一徳政之由、頻以申之。(46)

との文言がある。将軍実朝の意向と評議の大勢との間に、食い違いを認めることができる。結局、彼の主張は否定され鎌倉在住の栄西が導師となった(47)。評議の多数意見が採用されていたのである。この記事からも明らかとなるように、実朝期においては将軍の裁断が下る前に評議が開催されて、審理機関（または諮問機関）としての役割を果していたのである。

十三人合議制の実質的な活動が疑問視されてきたもう一つの理由は、全構成員による評議が行われていたことを示す史料を見出せないということにある。そこで十三名の構成員を検証しておきたい。メンバーのうち、三浦義澄・安達盛長・梶原景時の三名は翌正治二年に死去（滅亡）しており(48)、比企能員は建仁三年そして和田義盛は建保元年にそれぞれ討滅された(49)。中原親能は、前掲史料の注記にもあるとおり、京都守護として在京しがちな人物であった。八田知家・足立遠元・藤原（二階堂）行政等は、『吾妻鏡』でみる限り、重要政務に直接関与していた形跡はほとんど認められない。即ち、十三名中九名までが、合議制成立後の比較的早期に政務からは離れてしまっていた。この合議制は、その出発点において、人的に困難な状況下に置かれていたといえる。しかしながら、残る北条時政・同義時・大江広元・三善康信の四名に、義澄・行政・盛長それぞれの後継者である義村・行光と行村・景盛らを加えたメンバーによる評定はしばしば開催されていた（表7参照）。そして、これらの人物或いはその子孫は、後に評定衆を輩出する家柄ともなっていく。十三人合議制は発足直後から全員による開催が難しい状態におかれていたのは確かなことであるが、新たな参加者を補充しつつ固定的なメンバーで行われていたことになる。正治元年の合議制は、人的構成の面からみても、後の評定制につながる出発点と考えることは許されよう。

ところで幕府は、正治元年という時点で、何故合議制を導入したのであろうか。しばしば説かれてきたように、放埒な頼家の行動に対する御家人の不満がまずは挙げられる。新たな近習を養成しようとする頼家に頼朝側近層の反発も考えうるし、北条氏の権力掌握への足がかりという意味合いもあるだろう。[50] さらには朝廷の議定制への理解も、幕府の合議制の採用を容易にしたと思われる。幕府の政治機構・運営方法と朝廷との類似性は、つとに指摘されてきた。合議制のみをその例外とすることはできまい。文治元（一一八五）年幕府は、後白河院の恣意的な議定運営に介入しその抑制を意図して「議奏公卿」を指名[51]していた。頼家の専恣な直断を停止するために、朝廷内において議定制の果している役割に着目し、幕府は合議制を取り入れることになったともいえるだろう。

## 3

評定制の成立過程を考えるうえで、正治元年の「十三人合議制」は画期的な出来事であった。合議制＝評定制は、その後も実朝・政子の時期を通してさらに拡充されていった。この意味で注目されるのが、当然のことながら嘉禄元年である。

従来同年については、評定衆が「設置」された年として重視されてきた。しかしながら、本節第1項で論じたように、その史料的根拠は薄弱である。同年の意義はどこに求められるのであろうか。この年の七月には鎌倉殿代行ともいうべき地位にあった政子が死去した。彼女の死は、早急な三寅（藤原頼経）の元服と征夷大将軍就任を促す[52]こととなる。その威儀を整えるために、十二月には宇津宮辻子に幕府を新造[53]していた。政子の死と幕府新造は、評定制の役割にも重大な変更をもたらすことになった。

『吾妻鏡』翌嘉禄二年十月九日条には、

有評議、駿河前司（三浦義村）以下衆皆参候。諸人訴論事被決断。爰尾張国御家人中民部丞泰貞与駿河前司郎従大屋中太家重泰貞親昵、年来所領有相論。其事今日被経沙汰之処、泰貞窃廻謀（マヽ）評定所之後、窺評議之趣。

という文言がある。この記事は二つの点で興味を引く。一つは、評議開催の場所としての「評定所」の存在が明らかとなる初見史料ということである。これは前年の幕府移建に際して、評定所もまた建造されていたということを示すのではなかろうか。そしてこのことは、評定の自立性を強めるとともに、幕府内における重みが増していたことを意味するものでもあろう。第二点としては、「諸人訴論事被決断」との文言から明らかとなるように、評定の場において裁断が行われていることが注目される。ここに評定制が、源家将軍期の機能とは異なり、裁決機関として位置付けられるようになったことを示唆するものであろう。評定制の職権の変化は、当然幕府の政策決定過程にも大きな影響を与えることになる。評定に裁断権が付与されるとは、具体的にはどのような意義をもつことなのか、この問題を次に検討したい。

貞永元（一二三二）年幕府は、評定衆から「為表政道無私」めに起請文を召した[54]。この起請文は「御評定間理非決断事」を事書とし、評定衆たるべき者の規範が表明されている。笠松宏至氏は、その内容を(1)主体的判断に従い理非を発言すべきことと、(2)裁決に対する連帯責任の二つに集約したうえで、「よりよき『理非の決断』を目的としたものでは」ないと指摘した[55]。これに対して、嘉禎四（一二三八）年の執権北条泰時単独の起請文には、

虞芮之訴訟、呉楚之諍論、御成敗之間、被裁許之趣、蒙昧之愚、不意而迷理致、庸材之拙、短慮而乖人心歟[56]。

と記されている。泰時は、まさに執権としての立場から、理非に基づく決断という行為そのものについて起請していた。二つの起請文には明らかに内容上の差違が認められる。即ち評定衆には理非に関わる発言と裁断に対しての連帯責任が求められているのであり、本来的な意味での理非決断＝裁断は執権の権限に属していたことを意味すると思われる[57]。『吾妻鏡』には、評定衆の起請文に署名した人名を記載した後に、

相州（北条泰時）・武州（北条時房）為理非決断職、猶令加署判於此起請給。[58]

との文言がある、この記事は、執権（連署）と評定衆との職権の違いを明確にするものであり、私見を補強すると考える。

それでは、評定衆の「理非決断」にはいかなる意義があるのだろうか。朝廷の官務小槻有家は文永十（一二七三）年一通の置文を書いたが、そこには、

一、理非決断事

訴訟勘決之時、不恐貴種、不嫌下賤、為先道理、更不可有引汲思之由、先祖之遺誡也。末代之肝要、専在此事。固守起請、弥勿違越。[59]

と記述されている。小槻氏は代々記録所寄人に任ぜられてきており、有家もまた勘状の作成に携わっていたことであろう。鎌倉期の記録所勘状は、周知のとおり、判決草案として審議機関に提出されるという性格をもっており、裁断はあくまでも議定の場で行われていた。[60]従って、有家は訴訟裁決にまで直接関与できたのではない。それにもかかわらず、彼が「理非決断」を起請していたのは、裁決成立の手続に参加していたからにほかならない。当時の「理非決断」という文言のなかには、判決作成に至る諸手続に参加した者の行為を含むという、広義の用法が存在していたことを示すと考えたい。この点を押さえれば、評定衆も裁断に至るまでの審議過程に参加する故に、理非決断を起請することになったと推測される。

嘉禄元年は、評定構成員を考えるうえでも重要な年である。この時期、幕府の重鎮かつ評定参加者達の相次ぐ死去が伝えられている。二階堂行光は承久元（一二一九）年、三善康信は同三年、北条義時は元仁元（一二二四）年、そして北条政子・大江広元はこの年に、それぞれ死去した。[61]ここに前代以来の評定参加者としては、執権泰時・連署時房

を除くと、三浦義村・二階堂行村のわずかに二人が残るのみとなる。(62) 嘉禄元年という時点で幕府は、頼家以来の評定メンバーの大半を失ってしまい、その補充は緊急の課題となっていたと思われる。評定制は「評定伝」嘉禄元年条を根拠として、泰時・時房と評定衆十一名の合わせて十三名で再出発すると理解されてきた。しかしながら同年条には疑問があり、そのメンバーを鵜呑みにはできない。『吾妻鏡』の記事を参考にするならば、評定衆はまずは七・八名前後で構成され次第に増員されて、貞永元年に至り漸く十一名になったとすべきであろう。

正治元年の合議制を出発点とする評定制は嘉禄元年にその機能が大きく変化した。それは、評定所が新造されて独立性が強化されたことと、評定会議＝評定沙汰に裁断権が付与されたことに起因する。但し評定での裁断とは、評定衆の多様な意見を踏まえたうえでの、執権の裁決を指すと考えるべきである。また同年には評定構成員の増員も図られていた。ここに評定制は、名実ともに、幕府諸機関の中心に位置付づけられることになったのである。

## おわりに

先に「評定伝」貞永元（一二三二）年条の記載は、ほぼ信頼しうると指摘した。その根拠は同書の記すメンバーと「評定衆連署起請文」の署名者とが一致していることにある。では「評定伝」が同年以降の評定衆補任者を記録することが可能だったのは、いかなる事情によるのであろうか。貞永元年は、御成敗式目が制定された年であり、「幕府訴訟制度の出発点」(63)ともいうべき位置にある。式目を遵守し執行していくために、当然評定制は裁決機関としての重要性を増すことになる。これは、評定参加者としての評定衆に対する認識を深めさせることにもなったであろう。幕府内で、そのメンバーを記録するという意識がでてくるのは、ここに理由があると考えたい。

他方寛喜三（一二三一）年以前の補任資料については、「評定伝」編者の手許に集積されてはいなかったと思われる。しかし編者自身は、嘉禄元（一二二五）年の北条政子の死後、評定制が開始されたとする認識をもっていた。このために「評定伝」は同年を起点としなければならない。そこでやむをえず、貞永元年のメンバーをそのまま引き写すことにしたのであろう。嘉禄元年条の記載にみられる疑問点は、この無理が原因となり生じたのであろう。

注

（1）佐藤進一氏の諸論文にこの傾向を窺うことができよう（同氏『日本中世史論集』岩波書店、一九九〇年所収の「幕府論」〈初出は一九四九年〉・「武家攻治の成立」〈同一九五四年〉・「鎌倉幕府の専制化について」〈同一九五五年〉等参照）。また上横手雅敬氏『日本中世政治史研究』第三章第四節（塙書房、一九七〇年）が評定衆設置の問題に言及している。

（2）評定沙汰の運用については、石井良助氏『中世武家不動産訴訟法の研究』（弘文堂書房、一九三八年）二一一～二一六頁参照。

（3）『関東評定伝』と通称されているが、『群書類従』四　補任部は『関東評定衆伝』とする（但し、木版本は『関東評定伝』）。写本では、外題に『関東評定伝』とあるも、内題で『関東評定衆伝』あるいは『関東評定家伝』とする。『関東評定家伝』の「家」は「衆」の誤写の可能性もある。鎌倉幕府の評定衆名を年次別に記すのが、編者の意図と考えられることから、『関東評定衆伝』こそが内容を体現した書名と思われる。なお『群書解題』五巻（群書類従刊行会、一九六〇年）解説（田沼睦氏執筆）は、元来は単に『評定伝』という名称だったのではないかと推測している。

（4）『新校群書類従』第三巻　補任部（二）・系譜部・伝部。

（5）「類本」当該年条参照。なお政村・有時・朝直・行盛・泰秀・泰村・行義・義景それぞれについても、暦仁元（一二三八）年以降の補任が確認できる。

（6）『補訂版　國書総目録』（岩波書店、一九八九年）は、水戸彰考館に「評定伝」は二部四冊が所蔵されているとする。しかし、現在所蔵するのは一部二冊のみである。

（7）内閣文庫編『内閣蔵書印譜』（国立公文書館、一九六九年）林鵞峰項参照。

（8）同右書紅葉山文庫項参照。なお十九世紀に作成された「重訂　楓山御書籍目録」（『大日本近世史料　幕府書物方日記』（八）、東京大学出版会）の「武家類」項に「關東評定傳　二冊」との記載がある。この写本は内閣丙本と考えてよかろう。

（9）「新類本」には不正確な校訂も見受けられ（例えば、嘉禎元〈一二三五〉年条藤原朝光項・建治三〈一二七七〉年条北条時村項等々がある）、史料としては内閣甲本を使用すべきである。

（10）同本は、既述したように綴葉装という綴じ方をしている。この綴じ方は江戸時代以前に多いという（本章初出時に国立公文書館館員長澤孝三氏の御教示を得た）。とすると内閣甲本の成立は遡る可能性もある。

（11）「本朝通鑑引用書目」（『本朝通鑑』首巻）の「將家」章に「評定伝」の名が挙げられている。

（12）「十二月十一日暁」には、本来いかなる記事が存在したのであろうか。『鎌倉年代記裏書』文永二（一二六五）年条には、

正朔、蝕依雨不正現。

八月廿一日姫宮誕生、御験者良基僧正、十二月十一日暁、彗星出現。

との文言がある。この記事内容は、「評定伝」の記載とほぼ同一である。傍点部に注目したい。「評定伝」原本には、「彗星出現」に関連する（あるいは全く同文の）記事が存在していたのではなかろうか。益田宗氏は、「評定伝」の年紀の下に書き込まれている記事と『鎌倉年代記裏書』との史料ソースの一致を指摘していた（「吾妻鏡の伝来について」、「中世の窓」同人編『論集中世の窓』東京大学出版会、一九七七年参照）。文永二年条もまたその例とみてよかろう。なお一言付け加えるならば、『武家年代記裏書』にも着目する必要がある。「評定伝」の尻付は各年代記と大略一致する。このことは、「評定伝」の史料批判の際に各種の年代記との比較検討が重要なことを示している。

（13）文永二年条の藤原行泰項、同五年条の干支、建治二年条の藤原時盛項等々、数多くの校訂が認められる。

（14）内閣乙本が、「評定伝」原本を底本とした可能性も残る。しかし、(i)内題の不統一（前掲注（3）参照）、(ii)史料(III)の文永二年条の記事の欠如などより判断して、本文のごとく解釈すべきと考える。

また、内閣乙本弘安四（一二八一）年条藤原宗景項は、次の如く校訂している。

（内閣甲本）

城九郎藤原宗景　二月加賦廿二父例云〻 廿二才

（内閣乙本）

本文は甲本に同じ。割注部分では一旦甲本と同文を書写した後に、「廿二父例云〻廿二才」の九字を抹消し、その上に「于時

廿二才父例云〻」の九字を書す。

これは、いささか大胆な校訂と思われる。乙本の校訂には甲本よりも善本が使用されていた可能性が生じることになる。しかしながら私見は、後述するとおり、乙本作成者による校訂と考えているが、なお検討の余地を残す。

(15) 安川実氏『本朝通鑑の研究―林家史学の展開とその影響―』(安川実先生遺著刊行会、一九八〇年)一六二・一六三頁参照。

(16) 近藤守重「右文故事附録」巻之三(『近藤正斎全集』第二、国書刊行会、一九〇六年)の「金澤畧譜」中に、「評定伝」よりの引用がある。これは内閣丙本を利用したと考えられる。

(17) 林鵞峰の蒐集した史料は、国史館において正副二本が謄写され、正本は紅葉山文庫に納められ、副本は林家に止められたという(近藤守重「好書故事」巻第六十二 書籍十二 抄寫中、『近藤正斎全集』第三、国書刊行会、一九〇六年に、「春勝ニ属スル書手ヲシテ謄録セシメ次本ヲ進呈シ副本ヲ家ニ留メシ」との記事がある。なお小野則秋氏『改訂新版 日本文庫史研究』(下)、臨川書店、一九八〇年、六八頁参照)。とすると、「評定伝」写本もまた二部作成されていた可能性が生ずる。即ちまず副本が書写されて記事の校訂が行われ(内閣乙本)、次いで正本(内閣丙本)が成立したと考えるべきかもしれない。

(18) 『続史愚抄』にも「評定伝」よりの引用と思われる記事がある(同書文永十年三月一日条・建治元年九月六日条・弘安四年閏七月十四日条。但し、書名は『評定伝』あるいは『鎌倉評定伝』と一定せず)。同書は、安永六(一七七七)年より寛政十一(一七九九)年までの数次にわたり編修されたが、寛政三年には一応の稿本が成立していたとみられる(武部敏夫氏「続史愚抄」坂本太郎氏他編『国史大系書目解題』(上)、吉川弘文館、一九七一年参照)。「評定伝」を引く部分は、全十八冊中の三～五冊目に属しており、比較的早期に編纂されたと思われる。一方、同書の編者柳原紀光が史料採集のために家人を江戸に遣わすのは寛政九年であり(是沢恭三氏「柳原紀光の諸家記録探求に就て」『国史学』四五号、一九四二年参照)、内閣文庫所蔵の三本、または彰本を利用しえたとは考え難い。とするならば、『続史愚抄』が引用した「評定伝」は、村井古巌所蔵の神本の可能性が高い。

(19) 延応元(一二三九)年条の三浦義村項の卒月日(内閣文庫本は十一月十五日とするが、両写本では十二月十五日。但し『吾妻鏡』は十二月五日)・仁治元(一二四〇)年条の北条時房項の相模守辞任月日(内閣文庫本は十一月二十九日とするも、両写本は十二月二十九日とす)等を挙げることができる。

(20) 酒井忠直所蔵本に若干の考察を加えておきたい。忠直は徳川幕府の重鎮であった小浜藩主忠勝の子息で、明暦二(一六五六)年襲封した。忠勝は林家の庇護者であり、林鵞峰もまた「余久蒙羽林眷遇」ると述懐していた(『国史館日録』寛文十〈一六七〇〉

年八月六日条)。両者の関係は忠直にも受け継がれていたのであり、『国史館日録』の記事の端端に親密な間柄を窺うことができる。忠勝・忠直父子は学問を愛好し儒者を招聘していた(『福井県史』〈一九二一年〉第二冊第二編三章参照)。忠勝時代に召し抱えられた人物に田中好安・犀(理介)兄弟がいる。好安は忠勝の死後も忠直に仕え、その名代として度々鵞峰を訪問していた(『国史館日録』参照)。また弟の犀は、鵞峰が『続本朝通鑑』編修員への採用を意図した人物である。しかし幕府はこれを許さず、結局彼は『大日本史』の編集を考えていた徳川光圀の「書生」に任用された(以上、『国史館日録』寛文四年十月二十七日条・同八年四月二日条等参照)。

鵞峰と田中兄弟との関係は、「評定伝」諸写本の成立に示唆を与えてくれる。即ち、鵞峰所蔵の内閣乙本が好安を通して書写され忠直が蔵書とする(酒井忠直本の成立)、この写本を彰考館が好安・犀の兄弟の縁を利用して『大日本史』編纂のために書写した(彰本の成立、あるいは神本も)、このような脈絡で捉えることができるのではないだろうか。憶測にとどまるが、一つの仮説としておきたい。

(21)　本文のごとく諸写本の成立を考えるならば、貞永元(一二三二)・寛元元(一二四三)両年条の錯簡はいつ生じたのであろうか。二つの可能性が考えられよう。一つは内閣乙本の底本設階で既に錯簡が存在していた場合であり、二つめとしては乙本を袋綴に仕立てた際に誤った場合である。前者のケースでは、内閣乙本が錯簡を受け継いだとせねばならない。しかしながら乙本では、書写した後に校訂が行われており、単なる誤りを見逃すとは思えない。では後者の場合はどうか。貞永元年条の錯簡が認められる一紙の筆跡には、やや崩れたところが感ぜられ、前後紙の筆力とは明らかに異なる。そしてこの錯簡部分の筆勢は、寛元元年条とは一致しているように見える。これらのことから両年条の錯簡は、内閣乙本を袋綴にする際に一紙分を誤って綴じたことが原因となって生じたと考えられる。内閣丙本以下の三写本は、乙本の錯誤をそのままに書写したのであろう。

以上の検討により、「類本」に錯誤が存在する理由も明白となる。「類本」作成者は、評定衆という職名が二度記載されている底本に不審をもち、結局「(A)―(A′)」間に挟み込まれた職名のみを削除したのであろう。しかし、一紙分の錯簡にまでは思い及ばなかったのではなかろうか。

(22)　延応元年条の三浦義村項、仁治元年条の北条時房項、寛元四年条の北条経時項など。

(23)　塙保己一は、寛政元年に『大日本史』の校正を依頼され水戸藩主の知遇を得た。これにより、『群書類従』に収められた書目には、彰考館の所蔵本あるいは修史事業と関係の深い書名が多く見出せるという(太田善麿氏『塙保己一』吉川弘文館、一九六六年、九三頁参照)。

(24) 但し、「類本」には、内閣乙本以下四写本の記事を以て校訂している箇所がある(例えば、暦仁元年条の藤原行村項、寛元二年条の三善倫重項など)。これは同本成立にあたり、未知の写本もまた使用されていた可能性を示唆する。しかし、本文中で考察したように、表6のごとくみて大過なかろう。

(25) 「類本」建治三年条の北条時村項には、「嘉元三(一三〇五)年四月廿三日討死」とある。この記事を最下限とみなすこともできようが、既述のとおり、内閣乙本校訂の際に書き加えられた文言とすべきである。

(26) 佐藤進一・池内義資両氏編『中世法制史料集』第二巻 室町幕府法(岩波書店、一九五七年)附録一。但し、同条には年代の誤りが幾つか認められ、史料としての信憑性には疑問を残す(石井良助氏「中世の訴訟法史料二種について」同氏『大化改新と鎌倉幕府の成立』創文社、一九七二年、初出は一九三一年)。なお同史料には、北条経時の名が記されていないが、これは彼の時期を時頼時代に含めるという意識に基づくのであろう(石井進氏他編『中世政治社会思想』(上)、岩波書店、一九七二年、鎌倉幕府追加法四四六条の笠松宏至氏執筆による頭注参照)。

(27) 『吾妻鏡』同日条参照。

(28) 上横手雅敬氏前掲注(1)書三八七~三九〇頁参照。

(29) 「評定伝」では、従四位下に叙位された後に初めて「朝臣」という姓を記す。泰時が同位階に叙されたのは嘉禎二年のことであり(『吾妻鏡』同年三月十二日条)、同書もこの年以降「平泰時朝臣」と記載する。なお時房は文暦元(一二三四)年に従四位下に叙されており、やはり同年以降に「朝臣」の姓が記されていた。しかるに嘉禄元年条では、当時従五位下にすぎなかった両名に朝臣の姓を記している。この点もまた疑問といえよう。

(30) 『吾妻鏡』貞永元年七月十日条。佐藤進一・池内義資両氏編『中世法制史料集』第一巻 鎌倉幕府法(岩波書店、一九五五年)所収の起請文も参照。

(31) 建長二(一二五〇)年条は、前年と同一の人名を記載している。同様の例は幾つか存在する。

(32) それぞれ、『吾妻鏡』安貞元(一二二七)年二月十九日条、寛喜二(一二三〇)年十月十六日条、同三年十月二十七日条を初見とする。

(33) 『吾妻鏡』では、「評定」・「評議」・「群議」・「僉議」・「議定」・「討議」などの多様な表現がみられる。なかでも本文で触れた「評定」・「評議」・「群議」との文言が頼家期以降には多い。しかし、これらの字句には内容上大きな差はないと思われる。同書では「評議」を「群議」と言い換えている箇所もあり（安貞二年十月十八日条など）、ほぼ同義の意味で使用されていたと考える。本章においても、「評定」・「評議」の文言を使用するが意味するところは同じである。

(34) 訴訟裁決の例としては、『吾妻鏡』建暦二（一二一二）年六月十五日条などがある。また、法制定の例では、鎌倉殿代行政子期ではあるが、同書貞応二（一二二三）年八月三日条がある。

(35) 十三人合議制については、佐藤進一氏前掲注(1)書所収の「武家政治の成立」論文をはじめ、諸氏により論じられてきた。ここでは、小要（柏）美恵子氏「頼家政権の一考察―『十三人の合議制』を通して―」（『史路』三号、一九七九年）・杉橋隆夫氏「鎌倉執権政治の成立過程―十三人合議制と北条時政の『執権』職就任―」（御家人制研究会編『御家人制の研究』吉川弘文館、一九八一年）を挙げるにとどめる。

(36) 『吾妻鏡』正治元年四月十二日条。

(37) 元久元（一二〇四）年七月二十六日条。

(38) 佐藤進一氏『鎌倉幕府訴訟制度の研究』（岩波書店、一九九三年。原版は一九四三年）三一頁参照。

(39) 例えば、『吾妻鏡』正治二年五月二十八日条等参照。

(40) 同右書正治二年七月二十七日・八月二日条参照。

(41) 同年五月六日条。

(42) 『吾妻鏡』同年五月十九日条。

(43) 佐藤進一氏前掲注(38)書二八～三九頁参照。また前章においても論及した。

(44) 石井良助氏前掲注(2)書五三頁参照。

(45) 『吾妻鏡』正治二年五月二十八日条参照。

(46) 同年四月十八日条。

(47) 『吾妻鏡』建保二年七月一日条参照。

(48) それぞれ『吾妻鏡』正治二年正月二十三日条、『尊卑文脈』第二巻　二八六頁、『吾妻鏡』正治二年正月二十日条など参照。

(49) 能員については『吾妻鏡』建仁三年九月二日条参照。義盛は同書建保元年五月二日条参照。但し、彼は奉行として「群議」に参加した例がある（同書承元三〈一二〇九〉年十一月二十日条）。しかし、義盛はその武官的性格により、政務担当能力には限界があったであろう。

(50) 前掲注(35)諸論文参照。

(51) 橋本義彦氏「院評定制について」（同氏『平安貴族社会の研究』吉川弘文館、一九七六年、初出は一九七〇年）六三・六四頁参照。

(52) 元服は『吾妻鏡』同年十二月二十九日条、また征夷大将軍職の就任については、同書翌二年二月十三日条参照。

(53) 同右書嘉禄元年十二月二十日条参照。なお上横手雅敬氏前掲注(1)書九二頁参照。

(54)『吾妻鏡』同年七月十日条参照。

(55) 笠松氏「中世の政治・社会思想」（同氏『日本中世法史論』東京大学出版会、一九七九年、初出は一九七六年）一八一頁参照。

(56) 前掲注(30)『中世法制史料集』第一巻　鎌倉幕府法所収。

(57) 評定会議では、多数決制が採用されていたとするのが通説である（石井氏前掲注(2)書、二一二～二一五頁参照）。私見とは解釈を異にするが、執権と評定制の関係を考察するうえで重要な問題であり、後考を期したい。

(58)『吾妻鏡』貞永元年七月十日条。

(59) 同年七月小槻有家起請文（「壬生家文書　異国御祈事」『鎌』一一三六九号）。

(60) 橋本氏前掲注(51)論文参照。

(61)『吾妻鏡』には、行光は承久元年九月八日条、康信は同三年八月九日条、義時は元仁元年六月十三日条・政子は嘉禄元年七月十一日条、広元は同年六月十日条に、いずれも死亡記事が載せられている。

(62) 評定参加者としては、他に安達景盛がいる。しかし彼は実朝死後に高野山で出家してしまう。

(63) 笠松氏前掲注(55)論文一八二頁参照。

〔追記〕初出原稿を作成するにあたり、国立公文書館（内閣文庫）・水府明徳会彰考館・神宮文庫より、貴重な史料の閲覧を許可された。また、東京大学史料編纂所所員後藤紀彦氏より種々の御教示を頂いた。末筆ながら、感謝の意を表する次第である。

# 索　引

## 一般項目

### あ　行

## か　行

## さ　行

## た　行

## な　行



## は　行

## ま　行

## や・ら・わ　行

# 法　令

## 公家新制（過差禁制を一部含む）



## 雑　訴　法



## 鎌倉幕府法

## 関東新制



## 室町幕府法

本書は、佐伯先生のご推挙をいただき、一九九五年より吉川弘文館編集部大岩由明氏を通して、出版への準備を進めてきた。生来の怠惰とそれ以上に能力不足から、執筆作業は遅々として進まず、大岩氏への弁解を重ねることになった。この間佐伯先生が二〇〇五年ご逝去されてしまった。先生は私の怠け者の性格を見抜き、専門とする時代を異にしながらも、論文集を編集する際にはいつも声をかけて下さり、本書に収載した拙稿の多くが生まれた。先生に本書を献呈できないというのは誠に痛恨事である。今はご冥福をお祈りするばかりである。

最後に、本書の刊行にあたりお世話になった上野純一氏に衷心より御礼申し上げる。

二〇〇八年三月二十五日

佐々木文昭

# あとがき

私は学部在籍時、中世の村落共同体に関心を寄せていた。そこで義江彰夫先生のお薦めにより、伊賀国黒田荘の史料を読むことにした。竹内理三氏編『平安遺文』を一頁ずつめくりながら関係文書を湿式複写機でコピーを取り、五万分一の地図を横に置いての作業となった。卒業論文のテーマにしたいとの思いもあったが、浅薄なる読解力と膨大な研究史に圧倒され、数ヶ月も経たないうちに断念せざるを得ない状況に陥った。焦りを感じ始めた頃に、大山喬平氏『日本の歴史　鎌倉時代』（小学館、一九七四年）と出会い、鎌倉時代にも記録所が存在していたことを恥ずかしくも始めて知り、卒論の課題とすることにした。無知のなせる技としかいいようがない。しかも『鎌倉遺文』が刊行中という事情から、あっさりと鎌倉時代初期をもって打ち切るという杜撰さであった。ただその過程で公家新制の重要性を知ったことが、修士論文にて扱って以来、遅々たるもその後の歩みに繋がることとなった。

この間義江先生は東京大学に移り、私は佐伯有清・大隅和雄両先生、次いで河内祥輔先生を指導教官としてきた。特に河内先生には、職を得てからもご指導いただいた。このたびは初出時を思い出しながら校正を行ったが、叙述内容が自分の考えをもとにしたものなのか、それとも先生からのご教示を無断で取り入れていたのか、怪しき部分を多々感じながらとなった。本書唯一の新稿である第二部第二章についても、重要な点に学恩を得ている。先生は、職務の一環にすぎないとして、学生からの献辞を常に辞退されてきた。しかしこのたびは満腔よりの思いを込めて謝意を表したい。

著者略歴

一九五二年　北海道に生まれる

一九八四年　北海道大学大学院文学研究科日本史学専攻博士後期課程単位取得満期退学

現在　北海道武蔵女子短期大学教授

博士（文学）

〔主要論文〕

「平安・鎌倉初期の記録所について」（『日本歴史』三五一号）

「奈良・平安時代における『後家』について」（大隅和雄氏編『文化史の構想』吉川弘文館）

中世公武新制の研究

二〇〇八年（平成二十）六月一日　第一刷発行

著者　佐々木文昭（ささきふみあき）

発行者　前田求恭

発行所　株式会社　吉川弘文館

郵便番号一一三―〇〇三三

東京都文京区本郷七丁目二番八号

電話〇三―三八一三―九一五一〈代〉

振替口座〇〇一〇〇―五―二四四番

http://www.yoshikawa-k.co.jp/

印刷＝株式会社　三秀舎

製本＝誠製本株式会社

装幀＝山崎　登

中世公武新制の研究（オンデマンド版）

2018年10月1日　発行

著　者　佐々木文昭（ささきふみあき）
発行者　吉川道郎
発行所　株式会社 吉川弘文館
〒113-0033 東京都文京区本郷7丁目2番8号
TEL 03(3813)9151(代表)
URL http://www.yoshikawa-k.co.jp/

印刷・製本　株式会社 デジタルパブリッシングサービス
URL http://www.d-pub.co.jp/

佐々木文昭（1952～）
ISBN978-4-642-72877-5